VIVRE SANS
SOUFFRIR

Stan Carrey

VIVRE SANS SOUFFRIR

Un manuel de développement personnel avancé

Biographie de l'auteur

Je me nomme Stan Carrey et j'exerce en tant que sophrologue, coach en développement personnel et écrivain depuis 2015.

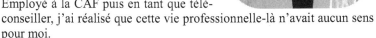

Jusqu'à mes dix-neuf ans, j'ai vécu dans un climat familial violent psychologiquement et physiquement.

Après avoir quitté ce milieu, j'ai rapidement commencé à travailler. Employé à la CAF puis en tant que télé-conseiller, j'ai réalisé que cette vie professionnelle-là n'avait aucun sens pour moi.

Je me suis alors formé en coaching et en sophrologie avant de me lancer dans la création de mon entreprise.

Tout en construisant ma vie professionnelle, j'ai travaillé à la construction de ma vie intérieure. Année après année, j'ai progressé dans un long travail d'introspection, de méditation et d'entraînement de l'esprit grâce au coaching, à la sophrologie ainsi qu'à mes propres méthodes de développement personnel.

Le but de ce travail était de dépasser mes blocages et souffrances psychologiques et émotionnelles. J'ai par la suite pu aider plus de 1500 personnes en consultations individuelles grâce à ces méthodes.

Aujourd'hui, je vous partage dans ce livre l'essence de mon travail. Vous y trouverez mes meilleurs outils pour mener une vie sereine et cultiver la paix de l'esprit.

Du même auteur :

- *Canaliser, l'art de communiquer avec l'univers*, Éditions JATB, 2017

- *Journal d'un explorateur de la conscience*, 2018

- *Pervers narcissique : l'identifier, le fuir, se reconstruire*, Améthyste Éditions, 2019

ISBN : 9798672963686

Dépôt légal : août 2020

Livre écrit par : **Stan Carrey**

Photo de la couverture : **Noellia Chami**

Corrections et travail sur le livre : **Mélodie Atlani**

Un coaching gratuit avec moi, ça vous tente ?

Vous souhaitez approfondir les conseils donnés dans ce livre ?

Vous souhaitez obtenir mon aide personnalisée pour dépasser une problématique à laquelle vous êtes confrontée ?

Ça tombe bien, car j'offre un coaching 100% gratuit personnalisé en ligne pour remercier toute personne qui laissera un avis sur Amazon pour ce livre ?

Comment participer :

- Rendez-vous sur cette page de mon site : https://masophrologie.fr/coaching-gratuit/

- Téléchargez le petit questionnaire et complétez-le. Vous m'y expliquerez votre problématique et pourrez me formuler votre demande d'aide à l'écrit.

- Laissez un avis sur Amazon pour ce livre « Vivre sans souffrir »

- Envoyez-moi par mail : Votre formulaire complété ainsi qu'une capture d'écran de votre avis laissé sur Amazon

- Mon adresse mail : stancarrey@masophrologie.fr

- Vous recevrez ensuite par mail un audio MP3 contenant mon avis concernant votre problématique, des idées de solutions et des pistes de réflexion à étudier pour avancer. Le tout vous sera envoyé dans un délai de deux semaines au maximum.

Important : Le contenu de ce coaching est soumis au secret professionnel. Il est donc confidentiel.

Durée Limitée : Ceci est une offre de lancement disponible seulement pour les 100 premiers participants.

Amicalement, Stan Carrey

SOMMAIRE

9

INTRODUCTION

Vous êtes-vous déjà demandé s'il était possible de mettre fin à toute forme de souffrance ? De pouvoir décider de l'émotion que vous alliez ressentir, entre l'angoisse, la tristesse, la joie ou la culpabilité ? D'être en paix intérieure quelle que soit la situation que vous vivez, même face à l'échec, à l'abandon ou à l'injustice ?

Moi, oui.

En deux-mille-quinze, j'ai fait le constat que je n'étais pas heureux. J'angoissais tout au long de ma journée. Je n'aimais pas mon travail, je n'étais pas épanoui dans mon couple, j'étais en colère, j'avais peur d'abandonner, d'être abandonné, peur de l'échec, et je ne trouvais aucun sens à ma vie. Je subissais mon existence sans en avoir conscience. Par moments, je parvenais à être heureux, mais le bonheur laissait rapidement place à l'angoisse.

Un beau jour, j'ai compris que si je pouvais être heureux par certains moments et malheureux par d'autres, alors cela signifiait que quelque chose en moi s'activait et produisait ma souffrance. Si je trouvais la cause de cette souffrance et que j'agissais dessus, alors je pourrais la maîtriser. J'ai alors décidé de consacrer ma vie à l'étude de la souffrance et de la paix intérieure.

J'ai donc suivi des formations de sophrologie et de coaching en développement personnel, lu de nombreux livres, médité, et je me suis trituré les méninges pour essayer de comprendre le fonctionnement de mes émotions. De mois en mois, mon approche a évolué. J'ai compris de nouvelles choses et acquis de nouvelles connaissances qui m'ont permis de mettre un terme aux émotions de souffrance.

Mon introspection a fait resurgir des choses profondes qui sommeillaient en moi. Les aspects de mon quotidien qui auparavant n'étaient que « gênants » sont alors devenus littéralement insupportables. J'ai donc mis un terme à deux relations de couple et changé plusieurs fois de travail jusqu'à devenir coach en développement personnel. J'ai affronté mes plus grandes peurs et connu trois périodes de dépression que j'ai su dépasser.

Mon aspiration à ne plus souffrir a réactivé chacune des souffrances psychologiques qui étaient latentes depuis mon enfance. Durant trois ans, j'ai alors affronté respectivement ma jalousie, ma peur de l'abandon, du jugement, de l'échec, mon manque de reconnaissance, ma peur d'abandonner l'autre, ma culpabilité, ma peur de m'affirmer et de dire « non », ma colère, mes doutes, l'absence de sens de ma vie et mon sentiment d'enfermement.

Chacun de ces combats intérieurs m'a fait plonger dans mes émotions de souffrance. Je les ai ressenties plus vives et plus envahissantes que jamais. J'ai alors pu observer que chacune des libérations émotionnelles que j'avais opérées comprenait quatre étapes :

1. Tout d'abord, la souffrance est latente. Elle est présente en moi, mais pas assez vive pour que je la remarque.

2. Son intensité augmente. Je réalise que je souffre et je ne peux plus le nier.

3. L'intensité de la souffrance augmente encore. Durant plusieurs semaines ou mois, je vis avec tout en l'étudiant, en quête de solutions.

4. Je me libère de la souffrance grâce à la compréhension ou à la méditation.

À chaque souffrance intérieure que j'ai vécue, j'ai pu trouver une solution définitive. Chacune de ces solutions m'a permis de déjouer le mécanisme psychologique qui produit la souffrance, qu'il s'agisse de l'angoisse, de la culpabilité, de la colère, de la tristesse, du doute ou de la dépression.

Grâce aux méthodes que j'ai mises au point pour déjouer ma souffrance et grâce à mes formations de sophrologie et de coaching, j'ai passé les années suivantes à accompagner des personnes en suivi de coaching en développement personnel. Mon but était de les aider à dépasser progressivement leurs souffrances, tout comme j'avais réussi à dépasser les miennes.

Au fur et à mesure des consultations de coaching, mes méthodes et ma compréhension des émotions se sont affinées.

Aujourd'hui, je suis heureux de vous présenter ce livre dans lequel j'ai regroupé toutes mes connaissances en matière de paix intérieure. Voyez-le comme un manuel qui contient la solution potentielle à la plupart de vos problèmes. Dans ses différents chapitres, vous trouverez des conseils, explications et stratégies qui vous permettront de débloquer vos pensées et de mettre un terme définitif à chaque souffrance que vous traversez. Les solutions qui y sont fournies sont simples à intégrer et directement applicables. Elles vous permettent de comprendre ce qui se produit en vous lorsque vous souffrez et d'amorcer un changement psychologique.

Libre à vous de lire ce livre d'une traite, ou bien de le consulter lorsque vous faites face à une situation problématique du quotidien que vous ne parvenez pas à dépasser seul, quelle qu'elle soit. V oyez-le comme un guide pratique pour débloquer votre esprit et trouver la paix intérieure

PARTIE 1 :
COMPRENDRE ET DÉPASSER
LES ÉMOTIONS
DE SOUFFRANCE

Mon but premier, en écrivant ce livre, est de vous transmettre ma connaissance sur les émotions. La peur, la joie, l'amour, la colère, la tristesse et la culpabilité rythment nos vies. Elles peuvent nous donner de la force tout comme nous faire souffrir. La souffrance émotionnelle peut causer davantage de dégâts que la souffrance physique. Souvent de cause inconnue, elle apparaît lorsque vous ne l'attendez pas. Il suffit que vous pensiez à ce que vous redoutez pour que votre esprit s'assombrisse tel le ciel avant un orage, que votre cœur se serre dans votre poitrine et que votre regard se vide. Vous n'êtes alors plus « présent ».

Lorsque l'émotion de souffrance s'empare de vous, les pensées deviennent envahissantes. Ces pensées engendrent l'angoisse, la colère, la tristesse ou bien une sensation de blocage. Vous avez beau lutter contre elles, elles demeurent toujours. Il se peut que cette émotion de souffrance passe sans que vous ne l'ayez décidé, ou encore que vous fassiez de votre mieux pour arrêter de souffrir mais que la souffrance redouble d'intensité.

Mon étude de ces dernières années a porté sur la souffrance émotionnelle. J'ai tenté de comprendre comment ne plus la produire. J'ai alors observé mes émotions de souffrance et j'ai cherché et expérimenté différentes solutions me permettant de ne plus les produire. Je ne parle pas ici de m'anesthésier et de ne plus rien ressentir, mais de comprendre le mécanisme qui produit la souffrance pour m'adapter à lui.

Cette recherche m'a permis de comprendre bon nombre de mes émotions et de ne plus les produire. J'ai réussi à dépasser le sentiment de culpabilité et de redevabilité, l'angoisse liée à plusieurs situations, la jalousie, la colère et même la tristesse.

Tout ce que je vous transmets dans ce livre est basé sur le résultat de mon étude des émotions et sur mon expérience en accompagnement de coaching en développement personnel. Voici donc mes clés de compréhension pour vous aider à ne plus souffrir.

CHAPITRE 1 :

COMPRENDRE POURQUOI SE PRODUISENT LES ÉMOTIONS

Qu'est-ce qu'une émotion ?

Selon le dictionnaire Larousse, une émotion est un « état affectif intense caractérisé par des troubles divers (pâleur, accélération du pouls, etc.), état affectif, plaisir ou douleur, nettement prononcé. »

Il s'agit d'une réaction de votre esprit et de votre corps à une situation extérieure ou bien à vos pensées. Les émotions que nous pouvons rencontrer sont riches et variées : joie, motivation, sentiment amoureux, détermination, culpabilité, colère, tristesse, angoisse, panique et bien d'autres.

Lorsque l'émotion est présente, elle affecte à la fois notre corps et nos pensées, c'est-à-dire que notre manière de penser diffère selon l'émotion que nous vivons. Nous ne pensons pas de la même manière selon que nous sommes inquiets ou motivés, par exemple.

Selon l'intensité de l'émotion, notre corps peut développer différents symptômes : une boule dans la gorge, un poids sur la poitrine, le cœur qui se serre, des maux de têtes ou de ventre, ou encore des troubles gastriques. Si l'émotion de souffrance persiste durant plusieurs années, elle peut aussi influencer l'apparition de maladies plus importantes.

Notre cadre de vie extérieur semble lui aussi différent en fonction de l'émotion que nous vivons. Cette émotion influence fortement la perception que nous avons de notre environnement. Nous ne voyons pas la vie de la même manière lorsque nous sommes amoureux, lorsque nous nous préparons à une compétition sportive, lorsque nous sommes licenciés, ou lorsque nous nous sentons bloqués face à une décision difficile à prendre. Le monde entier semble alors changer de couleur.

Comment l'émotion est-elle produite ?

L'émotion est habituellement produite par votre organisme de manière non-consciente, mais elle peut aussi être produite de manière consciente, c'est-à-dire qu'habituellement, vous ne choisissez pas d'avoir peur, de vous sentir coupable ou de tomber amoureux : vous réagissez simplement de manière automatique en réponse aux événements extérieurs. Mais vous pouvez aussi décider d'influer sur votre état émotionnel en vous y entraînant, tout comme les moines bouddhistes cultivent la paix intérieure par la méditation ou comme les entrepreneurs cultivent la motivation.

L'émotion est toujours produite en réaction à quelque chose : une pensée ou une situation extérieure. Vous pouvez angoisser en pensant à un événement futur que vous redoutez, ou bien avoir peur d'une personne qui vous agresse.

La plupart des émotions que nous produisons sont directement liées à ce à quoi nous pensons.Il vous est probablement arrivé d'angoisser ou bien d'être triste alors que vous étiez seul chez vous sans aucun danger environnant. Dans ce cas, l'émotion ne se produit pas en lien avec votre environnement extérieur mais en lien avec ce à quoi vous pensez.

De même, lorsque vous êtes en colère contre quelqu'un depuis plusieurs jours, la colère ne se produit pas à cause de l'autre personne, mais à cause des pensées que vous entretenez à son égard.

Je ne parle pas ici de valeurs morales ou de ce qui est bien ou mal, mais plutôt de faits. Lorsque vous vous trouvez dans un environnement physique non-dangereux et que vous éprouvez une émotion liée à la souffrance (colère, peur, culpabilité, doute ou dépression), cela signifie que ce qui provoque l'émotion n'est pas la situation extérieure mais votre pensée elle-même.

Dès lors que vous entretenez un certain type de pensée, une certaine émotion y est associée :

- Lorsque vous souhaitez vous venger, punir quelqu'un, le corriger ou lui faire du mal, la colère apparaît instantanément.

- Lorsque vous pensez que vous êtes une mauvaise personne, alors c'est la culpabilité qui fait surface.

22

- Lorsque vous pensez à un danger qui risque de se produire et que vous ignorez comment l'éviter, la peur vous envahit.

- Lorsque vous pensez que vous avez perdu quelqu'un ou quelque chose d'irremplaçable, alors la tristesse s'installe.

Cela signifie que ce sont vos pensées qui déterminent l'émotion produite par votre organisme). Vous ressentez alors les symptômes psychologiques et physiques liés à l'émotion : pensées confuses et répétitives, sensation de blocage dans la gorge, dans le ventre ou sur la poitrine, faiblesse, manque d'énergie et bien d'autres. Les personnes qui vivent une émotion de dépression sont tellement impactées par leurs émotions que le simple fait de marcher jusqu'à l'autre bout de la rue devient pénible pour elles.

Je tiens à préciser qu'autrui n'est pas responsable de vos émotions. Quelqu'un qui vous manque de respect ne vous met pas en colère pour autant. Il vous manque de respect et vous réagissez à son manque de respect par la colère : ce n'est donc pas lui qui vous met en colère. C'est pourquoi les personnes qui vous disent « tu m'as mis en colère ! » ou bien « c'est de ta faute si je suis en colère » ont tort.

De la même manière, une personne ne peut pas vous culpabiliser. Elle peut jouer sur votre tendance à vous culpabiliser vous-même. Cela signifie qu'en travaillant votre maîtrise des émotions, vous parviendrez possiblement à ne plus laisser personne influencer vos émotions.

Les différentes étapes qui vous amènent à vivre une émotion correspondent en général à ce schéma :

1. Le déclencheur. Il s'agit d'une situation en lien avec laquelle vous vivez une émotion de souffrance. Il peut s'agir d'une situation extérieure (une personne qui vous fait des reproches ou qui vous manque de respect, un conflit...) ou bien d'une pensée (vous redoutez de ne jamais arriver à réaliser vos rêves, vous ne savez pas comment éviter une catastrophe, ou alors vous devez prendre une décision difficile).
Chacun a ses propres déclencheurs. Ce qui déclenchera une émotion de peur chez l'un peut déclencher une émotion de joie chez l'autre. C'est pourquoi un vécu qui vous a laissé un bon souvenir peut avoir laissé un mauvais souvenir à une autre personne qui était présente au même moment.

2. Une fois confronté au déclencheur, votre esprit se comporte d'une manière spécifique. Vous réagissez vivement.

3. Votre organisme produit l'émotion adaptée à votre comportement psychologique (donc à la manière dont vous pensez).

4. L'émotion perdure.

Tout cela se produit en une fraction de secondes. En modifiant la manière dont vous percevez un événement et dont vous y réagissez, vous avez le pouvoir de modifier votre émotion et donc de rester en paix face à une situation dont vous avez habituellement peur.

Votre organisme crée lui-même sa propre souffrance

Mon étude des émotions m'a amené à constater que celles-ci se produisaient toujours en lien avec une pensée ou une situation extérieure. Elles ne se produisent jamais de manière aléatoire et spontanée.

À chaque fois que l'angoisse se manifeste, nous avons peur *de quelque chose* et non peur *tout court*. Il y a toujours un objet de la peur, de la colère ou de la tristesse, même s'il peut être inconscient.

Je sais également que certaines personnes peuvent avoir peur d'une chose dont d'autres personnes n'ont pas peur : je n'ai pas peur des chiens, mais je connais des personnes qui en ont la phobie.

De même que je peux surmonter certaines de mes peurs ; je l'ai déjà fait à plusieurs reprises. Il y a quelques années, j'avais peur du conflit, peur de dire « non » et peur d'abandonner une personne. J'ai réussi à surmonter ces peurs et maintenant j'ai appris à être plus à l'aise dans ces situations.

Dans une même situation, certaines personnes peuvent donc éprouver une émotion, tandis que d'autres ne l'éprouvent pas. Vous pouvez également dépasser votre souffrance et parvenir à être en paix avec une situation dont vous souffriez auparavant.

Cela signifie que la souffrance est une émotion qui peut être modifiée. Elle n'est pas inévitable. Nous ne sommes pas condamnés à souffrir à chaque fois que nous vivons la même situation.

Ce n'est pas la situation extérieure qui produit l'émotion en moi, mais plutôt la manière dont j'y réagis. Ce n'est pas le chien qui crée ma peur du chien. Je la crée moi-même lorsque je me trouve face à un chien. Lui n'est pas responsable de ma peur, c'est mon organisme qui la crée, tout comme ma colère. Lorsque quelqu'un agit de manière injuste, il ne me met pas en colère. Je me mets moi-même en colère en réaction à l'injustice que je vis. La personne qui agit de manière injuste est responsable de ses actes, certes, mais c'est moi qui suis responsable de la souffrance que j'éprouve en réaction à ses actes.

Après avoir compris cela, je me suis alors demandé pourquoi je souffrais face à certaines situations, et quels étaient les critères selon lesquels mon organisme produit la souffrance. Il est intelligent, alors j'étais certain qu'il ne me faisait pas souffrir sans raison. La souffrance avait forcément une utilité que je devais découvrir.

Mon observation m'a amené à constater que l'émotion se produit en fonction de la manière dont mon esprit se comporte dans une situation. Cela signifie que dans un premier temps, je fais face à une situation physique (ou bien je pense à quelque chose). Ensuite, j'y réagis psychologiquement (j'essaye de la fuir, de la changer, de m'y adapter, ou bien j'y projette mes attentes et croyances). Enfin, mon émotion apparaît.

L'analogie du collier électrique pour chiens

Connaissez-vous le collier à électrochocs pour chiens ? Il s'agit d'un collier contenant une balise GPS qui est fixé au cou du chien. Tout autour de la maison sont plantés des poteaux munis d'un détecteur pour la balise GPS du collier. Dès lors que le chien passe entre deux poteaux, il reçoit une décharge électrique qui ne s'arrête que lorsqu'il retourne dans la maison. Le chien retiendra qu'il reçoit une décharge électrique dès lors qu'il sort du périmètre. Il se peut qu'il n'ose plus sortir par peur de se prendre un coup de jus et ce, même s'il ne porte plus le collier électrique.

Les émotions fonctionnent de la même manière que le collier à électrochocs. Dès lors que votre esprit adopte un certain comportement, vous recevez une décharge de souffrance émotionnelle et celle-ci ne s'interrompt que lorsque votre esprit change de comportement.

Selon Khalil Gibran, « la souffrance est la potion amère grâce à laquelle le médecin qui est en vous soigne votre moi malade. ».

25

Dès lors que votre esprit pense d'une manière qui n'est pas saine pour vous, alors vous souffrez. Voici les trois façons de penser qui produisent la souffrance :

1 - Votre esprit n'est pas en accord avec la réalité.

Dès lors que vos pensées sont irréalistes, vous souffrez et cela est tout à fait normal.

Par exemple : vous continuez à croire que vous pouvez faire changer votre conjoint qui ne vous manifeste aucune affection, bien que toutes vos tentatives de le changer se soldent par un cuisant échec depuis des années. Votre esprit n'est donc pas en accord avec la réalité. La souffrance se produit dans ce cas parce que votre vision erronée du monde vous empêche d'y naviguer tranquillement et d'y satisfaire vos désirs correctement. Dans cet exemple, votre croyance selon laquelle vous pouvez amener votre conjoint à changer (dans le cas où la réalité vous prouve le contraire) vous empêche de satisfaire votre désir d'affection car vous attendez que votre conjoint vous l'apporte alors qu'il n'en est pas capable. Vous vous privez d'affection car vous refusez celle d'autrui par loyauté envers votre conjoint qui ne vous en apporte pas.

Le fait de croire que vous avez la capacité de le changer vous pousse à essayer de le changer.

Un esprit en désaccord avec la réalité vous amènera forcément à souffrir et cette souffrance aura pour utilité de corriger vos pensées et de les aligner sur la réalité. Dès lors que vous penserez de manière irréaliste, votre organisme produira la souffrance telle une décharge électrique pour vous éduquer à penser autrement. Ce processus est long et douloureux, mais il porte bien ses fruits.

2 - Vous adoptez un comportement autodestructeur

L'émotion de souffrance se produit dès lors que vous adoptez un comportement autodestructeur, donc lorsque votre pensée vous sert à vous faire du mal et non à avancer.

Voici quelques exemples de comportements autodestructeurs :

- Vous reniez vos besoins et vos désirs dans le but de rendre une personne heureuse. Vous vous sacrifiez pour faire plaisir à autrui. Vous vous faites du mal pour faire du bien à une autre personne et cela n'est pas fait avec le cœur mais à contrecœur. L'émotion apparaît car vous vous empêchez de vous épanouir.

- Vous renoncez à réaliser vos rêves. L'émotion de souffrance apparaît alors car vous ne trouvez plus de sens à votre vie alors qu'elle pourrait en avoir un.

- Vous voyez les autres comme vous étant supérieurs. L'émotion est alors utile pour regagner une vision objective des autres et pour les voir tels qu'ils sont.

- Vous vous jugez et vous dénigrez. Vous vous critiquez et vous insultez intérieurement.

L'émotion est là pour vous apprendre que ces jugements que vous portez sur vous-mêmes ne vous permettent pas de progresser dans l'atteinte vos objectifs.

Dès lors que vous utilisez votre esprit comme une arme pour vous faire du mal, vous souffrez. Si la souffrance n'était pas présente, alors vous continueriez à vous détruire à petit feu de l'intérieur, sans que rien ne vous y empêche.

Les émotions peuvent être écrasantes et difficiles à vivres, mais le fait de vous de vous plaindre d'elles ne les fera pas disparaître. Dans le cas où vous souhaitez dépasser une souffrance émotionnelle, vous pouvez l'étudier, la comprendre et mettre au point une stratégie durable pour ne plus la produire.

3 - Vous vivez un conflit intérieur

La souffrance émotionnelle se produit aussi dans ce troisième cas : lorsqu'un conflit entre deux désirs éclate en vous. Cela crée un sentiment de confusion, de blocage et d'enfermement, comme si votre situation ne comportait aucune issue.

Il s'agit de deux désirs qui coexistent et qui s'empêchent mutuellement d'être assouvis. Par exemple :

- Vous souhaitez sortir de la précarité mais vous refusez de travailler car vous avez vécu des expériences professionnelles traumatisantes par le passé.

- Vous souhaitez savoir si une personne vous aime mais vous n'osez pas le lui demander ou bien lui déclarer vos sentiments par peur du rejet.

- Vous voulez arrêter de penser à votre ex mais vous refusez de le bloquer de votre téléphone et des réseaux sociaux.

Tous ces conflits intérieurs sont des causes de souffrance car vos deux désirs s'annulent mutuellement et demeurent insatisfaits. Le problème dans ce cas n'est pas le fait que vous ayez des désirs, mais le fait que satisfaire l'un d'entre eux vous amène à en évincer un autre.

Dès lors que votre esprit adopte l'un de ces trois comportements (des pensées irréalistes, l'autodestruction ou un conflit intérieur), les émotions de souffrance apparaissent pour vous signaler qu'une incohérence est présente en vous. Tant que l'incohérence n'est pas réglée, l'émotion continue à déclencher la souffrance.

Pour ne plus produire l'émotion de souffrance, il convient donc d'identifier sa cause et de l'inverser. Bien entendu, si vous faites ce travail seul, cela peut vous prendre plusieurs semaines, mois ou années de régler une incohérence dans votre pensée car chacun a son propre rythme d'évolution.

Mon but, dans ce livre, est de vous aider à remettre votre esprit en accord avec la réalité pour ne plus souffrir. Voici donc mes meilleures stratégies et mes plus puissantes clés de compréhension pour déjouer la souffrance émotionnelle.

CHAPITRE 2 :

DÉPASSER LA PEUR ET L'ANGOISSE

La peur est l'émotion de souffrance la plus présente dans nos vies. Elle accompagne le sentiment de danger ou de manque de sécurité. Je suis persuadé que vous la connaissez bien pour l'avoir souvent éprouvée, mais laissez-moi tout de même vous la présenter.

La peur est au fondement de notre société. Elle est utilisée par les médias pour influencer les foules, par les vendeurs pour nous inciter à consommer, et par les parents et l'école pour vous nous éduquer.

Plus le milieu dans lequel vous grandissez est violent (psychologiquement ou physiquement), plus vous allez développer des peurs qui vous serviront à survivre. Chaque peur développée durant l'enfance sert à vous protéger d'un danger extérieur. Elle fait office d'alarme qui vous rappelle que certains de vos actes auront une conséquence défavorable pour vous. Par exemple : la peur de la réprimande vous sert à éviter de faire quelque chose qui entraînerait une réaction de colère de la part d'un adulte. Elle est donc une sorte de gardien vous évitant de vous confronter au danger.

Lorsque vous êtes enfant, la peur est plutôt utile. Étant donné que vous êtes coincé avec vos parents et obligé d'aller à l'école tous les jours car vous n'avez pas encore l'âge d'être libre, la peur vous avertit du danger et vous pousse à adopter un comportement visant à l'éviter. Bien sûr, il existe d'autres moyens de se protéger du danger. La connaissance et un cadre de vie sain sont bien plus efficaces que le règne de la peur. Mais lorsque vous êtes enfant, la peur a bel et bien une utilité. Elle vous pousse à vous adapter à un milieu plus ou moins hostile. Elle peut vous amener par exemple à jouer un rôle pour être accepté par les autres et éviter de vivre le rejet et l'isolement ou bien à vous comporter en adulte lorsque vos parents vous sur-responsabilisent.

À ce moment-là, votre problème n'est pas la peur mais plutôt la situation extérieure que la société vous oblige à vivre. Lorsque vous êtes enfant, vous êtes contraint de vivre auprès de vos parents et d'aller à l'école. Vous devez donc « faire avec » et vous adapter sous peine d'être rejeté, agressé ou puni.

Peu à peu, vous apprenez ainsi à adopter un comportement en partie basé sur différentes peurs. Elles sont au fondement du comportement de la plupart des personnes en Occident. Vous pouvez avoir peur du conflit, peur de dire non, du changement, d'être abandonné, d'abandonner quelqu'un, de vivre une situation d'injustice, d'échouer, d'être jugé ou moqué, de vous faire prendre votre place par une autre personne, et de bien d'autres choses.

Tant que ces peurs sont présentes en vous, elles influenceront vos pensées, puis vos choix, vos actes et tout votre cadre de vie.

Lorsque vous devenez adulte, vous continuez à être confronté aux mêmes situations qui étaient dangereuses pour vous étant enfant : le rejet, la réprimande ou encore l'échec. Vous continuez à en avoir peur, sauf que désormais, elles ne constituent plus un danger réel. Vous avez grandi et vous êtes capable de faire face à la société, de modifier votre cadre de vie et de vous affirmer. Tant que vous ne l'avez pas pleinement intégré, vous gardez votre maturité émotionnelle d'enfant et donc vous continuez à avoir peur des mêmes choses. C'est pour cela qu'étant adulte, la peur elle-même est un plus grand problème que l'objet visé par la peur.

Il existe de nombreuses déclinaisons de la peur : la panique, la terreur, l'angoisse, ou encore la dépression. Certaines peurs sont vives et passagères. D'autres sont omniprésentes : partout où vous allez, elles ne vous quittent pas. Vous aurez beau les fuir en courant aussi vite que vous le pouvez ; il suffit que vous vous arrêtiez de courir ne serait-ce qu'un instant pour constater qu'elles sont toujours là, prêtes à vous bondir dessus.

Selon sa forme, l'émotion de peur comporte différents symptômes physiques et psychologiques.

Sur le plan des symptômes physiques, elle peut engendrer une accélération du rythme cardiaque, la boule au ventre ou dans la gorge, un poids sur la poitrine, des maux de tête, des diarrhées, une perte de l'appétit, ou encore une crise de panique.

Pour les symptômes psychologiques, la peur peut générer des pensées obsessionnelles, l'impression d'être absent, un déni de la réalité ou un conflit intérieur.

Comprendre le fonctionnement de votre peur est la clé qui vous permettra de vous en libérer

Si vous comprenez pourquoi et comment votre organisme produit la peur, vous pouvez alors agir sur sa cause pour vous en libérer. Imaginez une vie sans peur, où vous n'avez plus aucune interdiction intérieure, où vous pouvez faire ce que vous voulez au moment-même où l'idée émerge dans votre esprit, sans être paralysé par une insurmontable angoisse. Cela vous tente-t-il ?

Pour vous aider à comprendre votre peur, j'ai listé les différentes situations dans lesquelles celle-ci se produit.

1 – Une situation vue comme dangereuse mais qui ne l'est pas en réalité

Nombre de situations que nous voulons éviter ne sont pas réellement dangereuses. La peur peut se déclencher dès lors que vous percevez comme dangereuse une situation qui ne l'est pas.

Si la situation était réellement dangereuse, vous seriez occupé à la combattre ou à la fuir. Mais comme elle ne l'est pas, vous êtes occupé à penser compulsivement à comment tenter de l'éviter sans succès.

Certaines situations sont vues comme un danger mais ne vous sont pas réellement néfastes. Essayer par tous les moyens d'éviter le danger sera donc voué à l'échec, car le danger n'existe pas. S'il n'existe pas, alors vous ne pouvez pas l'éviter parce qu'il n'y a rien à éviter.

Pour vous citer un exemple : admettons que vous ayez le projet de monter une entreprise et que vous considériez chaque échec comme un danger vous rapprochant de votre perte. Les échecs sont en réalité obligatoires lorsque vous commencez quelque chose de nouveau. Ils vous enseignent le fonctionnement des choses et vous permettent de progresser. Essayer d'éviter le danger que représente l'échec est impossible car l'échec est inévitable et il n'est pas dangereux. Vous pouvez utiliser toute votre énergie pour tenter d'éviter l'échec, vous échouerez car il n'annonce rien de mal. Si l'échec représentait un réel danger pour vous, alors vous pourriez vous en protéger. En réalité, il ne représente aucun danger, alors vous ne pouvez pas vous en protéger, tout comme vous ne pouvez pas vous protéger des coups que pourrait vous porter une chaise inanimée.

La peur, dans ce cas, est présente pour vous signaler le « bug » présent dans votre esprit. Dès lors que vous prenez une situation pour dangereuse alors qu'elle ne l'est pas, la peur apparaît. Dans ce cas, elle ne vous dit pas de fuir le danger. Elle vous envoie un électrochoc de souffrance dès lors que vous tentez de fuir alors qu'il n'y a rien à fuir.

La solution, dans ce cas, consiste à porter un regard plus réaliste sur les choses que vous considériez comme un danger, de voir ce qu'elles peuvent vous apporter sur le court terme mais aussi sur le long terme.

2 - Vous essayez d'éviter un réel danger mais vos actions sont vaines

La peur est également présente lorsque vous voulez éviter une situation vraiment déplaisante mais que vous ne parvenez pas à la fuir. Dans ce cas, l'émotion de peur indique une incohérence logique entre l'objectif que vous souhaitez atteindre et le moyen utilisé pour l'atteindre. Le problème n'est donc pas d'avoir l'objectif d'éviter d'affronter une situation déplaisante (ce simple désir n'est pas un problème à lui seul) mais plutôt de ne pas savoir comment le combler.

Que vous vous refusiez d'exploiter vos capacités à pleine puissance parce que vous croyez que c'est mal, que vous essayiez de rendre un proche heureux sans y parvenir ou que vous souhaitiez atteindre la liberté financière mais sans y travailler sérieusement, l'angoisse n'est pas présente parce que vous fuyez un danger.

Elle est présente parce que le moyen utilisé pour fuir le danger ne vous permet pas en réalité de le fuir. L'angoisse est produite par l'inadéquation entre votre volonté et le moyen utilisé pour la satisfaire.

Par exemple : admettons que vous souhaitiez fuir la précarité. Votre stratégie pour gagner de l'argent consiste à travailler une heure par jour sur votre nouveau projet. Au fil des mois, vous constatez que vos revenus n'augmentent que très lentement et vous approchez de l'échéance que vous vous étiez fixée. Vous ne souhaitez pas travailler plus d'une heure par jour car votre femme boude si vous ne passez pas suffisamment de temps avec elle et que votre emploi actuel est déjà très prenant. Pourtant, le fait de travailler une heure par jour ne vous permet pas d'avancer au rythme que vous auriez souhaité. L'angoisse commence à s'emparer de vous à ce moment-là. Vous souhaitez éviter la précarité, mais pas au prix d'un travail suffisant pour parvenir à l'éviter.

Un bon moyen de se défaire de l'angoisse consiste à régler votre conflit intérieur dans cette situation et à augmenter votre nombre d'heures de travail. Chaque fois que les pensées angoissantes reviendront, vous pourrez alors vous concentrer sur des actions qui vous feront avancer.

Le remède contre l'angoisse, dans ce cas, est donc la connaissance. Si vous savez ce que vous devez faire pour éviter le danger, pour le vaincre ou pour vous y adapter, alors la peur n'a plus lieu d'être car vous pouvez à ce moment-là, concentrer votre énergie là où il est le plus judicieux de le faire. La peur est présente lorsque vous ne savez pas dans quelle direction concentrer votre énergie pour résoudre le problème.

3 – Essayer d'éviter l'inévitable

Une grande partie de notre angoisse découle du fait que nous nous croyions capables d'éviter l'inévitable.

Certaines situations peuvent être évitées si nous travaillons dur pour cela ou si nous employons la stratégie adaptée. Avec de la détermination et une recherche spirituelle, beaucoup d'objectifs peuvent être atteints.

En revanche, certaines épreuves peuvent difficilement être évitées ou ne peuvent tout simplement pas l'être. L'angoisse est produite quand vous tentez d'éviter l'inévitable car vous cherchez en vous une solution pour y parvenir et cela ne donne aucun résultat.

Voici quelques exemples d'événements inévitables : le regard des gens, être jugé ou critiqué, l'échec, le rejet, ou encore la rupture dans une relation avec un pervers narcissique. Ces choses-là ne dépendent pas de vous mais d'autres personnes. Au cours de votre vie, vous allez être amené à vivre ces différentes situations. La survenance de ces événements est souvent imprévisible alors il vaut mieux accepter cela et vivre en paix avec.

Accepter de vivre le rejet, le jugement et la critique ne signifie pas que vous deviez vous plonger dans un environnement peuplé d'individus au comportement toxique. Cela reviendrait à vous résigner à accepter quelque chose que vous pourriez pourtant changer. Accepter de vivre ces situations inévitables (le jugement, le rejet, l'échec) signifie plutôt que vous devez être en accord avec le fait qu'elles peuvent se trouver sur votre chemin. Mais ne vous résignez pas à accepter de n'être bon qu'à échouer ou à vous faire rejeter, au contraire ! Créez-vous un environnement sain et étudiez l'art de la réussite.

4 – Vous tentez de contrôler le comportement des autres personnes

Il existe trois types de personnes qui essayent de contrôler les autres. Chacun ne le fait pas dans la même intention, mais chacun est soumis à une angoisse permanente et inévitable.

Premièrement, parlons des contrôlant-manipulateurs. Ils tentent de contrôler les autres pour obtenir quelque chose de leur part. Ils vont user de l'intimidation, de leur posture d'autorité, de chantage affectif et de mensonges pour parvenir à leurs fins. Leur intention (consciente ou inconsciente) est principalement d'utiliser les autres de différentes manières. Certains contrôlant-manipulateurs cherchent à maintenir les autres sous leur emprise pour satisfaire leurs pulsions sadiques, pour éviter d'être abandonnés ou bien pour obtenir des privilèges. Ces personnes vivent une angoisse permanente car elles sont toujours à deux doigts de perdre le contrôle qu'elles ont sur leurs victimes. Lorsqu'elles souffrent, elles ne pratiquent pas de travail sur elles. Elles redoublent d'efforts pour renforcer leur contrôle sur les autres.

Ensuite, il existe les contrôlant-sauveurs. Ils essayent de sauver une personne en souffrance de leur entourage. Leur souhait est donc d'avoir du pouvoir sur le comportement psychologique de leur proche pour l'aider à arrêter de souffrir. Ces personnes se trouvent souvent impuissantes à aider leur proche souffrant mais ne sont pas conscientes de leur impuissance. Elles tentent alors de modifier le comportement de la personne qu'elles souhaitent sauver, de lui ouvrir les yeux et de l'amener à prendre conscience de certaines choses. Les contrôlant-sauveurs souffrent car ils veulent contrôler le bien-être de leurs proches mais n'ont aucun pouvoir dessus.

Dernièrement, il existe ce que je nomme les contrôlant-soumis. Il s'agit de personnes qui tentent d'influencer l'autre à ne pas souffrir en réaction à leurs actes. Pour vous citer quelques exemples, un contrôlant-soumis tentera de :

- Ne pas énerver l'autre ;

- Ne pas faire de mal à l'autre ;

- Faire en sorte que l'autre l'accepte et soit d'accord avec ses choix ;

- Avoir de l'amour de la part d'une personne qui naturellement ne lui en donne pas.

Les personnes adoptant ce comportement tentent de contrôler les réactions de l'autre. Leur stratégie pour y parvenir est de s'autodétruire pour faire plaisir à l'autre. Elles essayent donc de jouer le rôle qui ferait plaisir à l'autre pour lui plaire et ne pas lui faire de mal. Leur intention est ainsi de contrôler la réaction émotionnelle de l'autre pour ne pas qu'il entre en souffrance en réaction à leurs actes. La plupart du temps, ce comportement est inconscient.

L'intention de ces trois types de contrôlant n'est pas la même, bien entendu. Les premiers tentent d'utiliser les autres comme des objets, les seconds essayent de sauver des personnes de leur propre souffrance, tandis que la troisième catégorie se sacrifie afin d'éviter aux autres de souffrir.

Si vous tentez de contrôler le comportement des autres, alors vous angoisserez inévitablement. Vous ne pouvez exercer aucun pouvoir sur ce qui se produit dans l'esprit ou dans le corps des autres personnes. Vous êtes impuissant à contrôler ce qui se produit dans l'autre, c'est un fait. Vous avez le pouvoir de communiquer avec lui pour voir s'il est d'accord de faire ce que vous attendez de lui. Vous pouvez également manipuler autrui, mais vous ne le contrôlez pas : vous l'influencez simplement à exercer son pouvoir de manière conforme à votre volonté. Cela peut échouer comme réussir.

Toutefois, vous n'avez aucun contrôle sur ce qui se passe dans l'autre. S'il ne souhaite pas se conformer à votre volonté et que vous ne souhaitez pas ou ne pouvez pas le manipuler, alors vous êtes impuissant à le changer. Tant que vous tenterez de le changer en dépit de votre impuissance à y parvenir, vous souffrirez.

À vous de voir dans lesquelles de ces différentes angoisses vous vous reconnaissez. Passons maintenant aux solutions concrètes pour les dépasser.

LES OUTILS POUR DÉPASSER LA PEUR

Voici une panoplie de clés de compréhension et de stratégies à appliquer qui vous permettront de dépasser l'émotion de peur. Après en avoir pris connaissance, vous pouvez appliquer celle qui vous semble la plus logique et évidente concernant votre situation.

Stratégie 1 - Le combat, la fuite et l'adaptabilité

Cette vision des choses est à mes yeux la plus importante à intégrer si vous souhaitez dépasser la peur mais aussi n'importe quelle autre émotion de souffrance.

Lorsque vous vous trouvez face à une situation désagréable, dangereuse ou anxiogène, trois choix s'offrent à vous : combattre, fuir ou vous adapter.

Le combat consiste à modifier la situation extérieure. Vous utilisez votre parole et vos actes pour changer quelque chose à l'extérieur de vous : vous pouvez discuter avec quelqu'un pour lui demander de changer de comportement, travailler dur pour modifier votre situation financière ou bien faire du sport pour vous sentir plus à l'aise dans votre corps.

Certaines fois, combattre peut s'avérer être votre meilleure solution pour vous apaiser. Vous pouvez mobiliser votre énergie pour modeler votre cadre de vie, pour persévérer malgré l'échec. D'autres fois, le combat est perdu d'avance. Le mener vous demanderait trop d'énergie pour n'apporter que très peu de résultats. Certains combats sont également stériles, notamment ceux qui impliquent de contrôler le comportement de quelqu'un.

L'adaptabilité consiste à faire un changement intérieur pour être en accord avec votre situation extérieure. Vous modifiez vos plans ou changez l'objet de vos désirs dans le but d'être en accord avec le monde qui vous entoure. Par exemple : vous pouvez accepter le décès d'un proche et vivre en fonction de cela, accepter l'échec et en tirer des leçons pour changer votre stratégie, ou encore parvenir à être en paix avec une situation que vous ne pouvez ni fuir ni modifier.

L'adaptabilité peut être la meilleure comme la pire des solutions. Dans certains cas, elle vous permet d'accepter l'injustice d'une situation ou votre impuissance à changer. Elle vous permet également d'ajuster votre stratégie et de contourner les échecs.

Toutefois, dans d'autres cas, s'adapter peut revenir à se sacrifier pour rendre une personne heureuse, à se résigner à accepter la privation de liberté, ou bien à renoncer à ces désirs profonds dans le but de se conformer aux attentes de votre conjoint ou de votre famille. L'adaptabilité devient alors la solution la moins profitable à utiliser car elle ne vous permet pas d'arrêter de souffrir.

La fuite, quant à elle, consiste à vous éloigner de la situation ou de la personne anxiogène avec laquelle vous prenez vos distances. Vous vous écartez de la cause du problème. La fuite est souvent assimilée à de la lâcheté. Les personnes qui vous traitent de lâche parce que vous les fuyez ont généralement un intérêt à ce que vous restiez en leur présence et essayent de vous manipuler à rester auprès d'eux en titillant votre ego.

La fuite est en réalité une solution comme une autre. Elle s'avère être la solution la plus sage à appliquer dans de nombreuses situations : lorsque le combat est perdu d'avance ou bien lorsque vous avez épuisé les limites de votre capacité d'adaptation. Elle vous permet d'économiser bien de l'énergie.

Si vos voisins sont bruyants et n'ont pas l'intention de se calmer, si votre travail ne vous correspond aucunement ou bien si votre mari est violent, mieux vaut fuir que de combattre ou vous adapter.

Lorsque vous vous trouvez face à une situation anxiogène ou problématique, il est courant d'employer les différentes stratégies à tour de rôle avant de mettre le doigt sur la bonne. Voici des exemples pour illustrer mon propos :

- Face à une relation de couple toxique, il est probable que vous essayiez de changer l'autre, puis de vous adapter avant de vous résoudre à fuir. Si le combat n'apporte absolument aucunrésultat durable et que l'adaptabilité revient à essayer de vous épanouir dans une situation enfermante, alors la fuite reste votre meilleure option pour vous libérer.

- Il est possible que vous ayez un rêve, un grand projet de vie. Face à l'échec, vous tentez de vous résigner à accepter votre impuissance fictive à réaliser votre rêve ou bien vous tentez d'y renoncer et de trouver votre bonheur ailleurs sans succès. La solution la plus épanouissante est alors le combat : faites preuve de détermination et mobilisez toutes vos forces pour matérialiser vos rêves.

Souvent, la solution à appliquer pour vous débloquer est un mélange du combat, de la fuite et de l'adaptabilité. Au sein d'un couple, vous pouvez vous adapter à votre conjoint, certes, mais celui-ci peut tenir compte de vos besoins pour vous faciliter l'adaptation. En faisant chacun un pas vers l'autre, vous alliez combat et adaptabilité pour un rapport sain.

Pour ouvrir votre première entreprise et fuir l'insécurité financière, vous pouvez vous adapter au marché et apprendre de vos échecs tout en œuvrant pour modifier votre cadre de vie.

Stratégie 2 – Est-il obligatoire d'affronter votre peur ?

L'origine de la peur est l'ignorance. De l'ignorance naît le doute et du doute naît l'angoisse. Lorsque vous ignorez ce que vous devez faire ou quelle décision prendre, alors l'angoisse apparaît. C'est cette peur-là qui est la plus paralysante. Plusieurs années durant, elle peut occuper votre esprit et vous plonger dans l'inaction, dans le non-choix.

Ce genre d'angoisse est bien plus paralysante que le trac que vous ressentez avant de passer à l'action. L'angoisse vous empêche d'agir et vous maintient dans une hésitation permanente.

Vous l'aurez compris, un bon remède contre cette angoisse consiste à acquérir la certitude de ce qu'est la bonne voie à emprunter pour vous. Une fois que vous êtes certain de ce que vous devez faire pour avancer, alors l'angoisse n'a plus lieu d'être. Vous pourrez encore avoir peur avant d'agir, mais cette peur sera moins handicapante que celle qui vous empêche de prendre une décision.

Affronter certaines peurs est donc obligatoire pour continuer à vous épanouir, tandis que vous pouvez éviter d'en affronter d'autres.

La solution que je peux vous proposer consiste à déterminer si, pour vous épanouir, vous devez affronter votre peur ou bien vous en écarter. Une fois que vous êtes sûr de la bonne direction à emprunter, une grande partie de votre angoisse disparaît car vous ne doutez plus de la direction à prendre. Vous savez alors ce que vous avez à faire et vous concentrez votre énergie dans des actions et non dans des pensées en circuit fermé.

Voici quelques exemples de situations que vous devez affronter pour continuer à avancer dans votre vie :

- Faire face au regard des gens lorsque vous faites quelque chose d'atypique ;

- Faire face à la déception de vos proches lorsque vous ne vous conformez pas à leurs attentes ;

- Sortir de votre zone de confort et tenter une nouvelle activité à la fois excitante et angoissante ;

- Vivre des échecs répétés jusqu'à la réussite ;

- Abandonner un conjoint au comportement toxique ;
- Se faire abandonner par un conjoint au comportement toxique.
- Autrement, il est plus sage d'éviter d'affronter certaines situations qui peuvent (selon votre cas personnel) vous écarter de votre épanouissement :
- La précarité (dans le cas où vous aspirez à une vie d'abondance) ;
- La violence psychologique ;
- Avoir un enfant (dans le cas où vous aspirez à une vie sans aucune responsabilité).

Certaines fois, la certitude que vous devez affronter l'objet de votre peur ou bien le fuir peut mettre plusieurs années à s'imposer à vous. D'autres fois, quelques minutes.

Pour savoir si vous devez affronter ou fuir votre peur, il vous suffit de voir si vous avez la possibilité d'être en joie et de vous épanouir durablement en renonçant à affronter votre peur. Si oui, alors il n'est pas nécessaire de l'affronter. Si le fait de fuir votre peur vous empêche d'avancer et vous bloque, alors l'affronter peut vous permettre de vous libérer.

Stratégie 3 - Agir malgré la peur

La peur vous empêche-t-elle d'agir ? Non, certainement pas. Certaines fois, l'intensité de cette émotion peut vous paralyser, j'en suis conscient. Mais dans les autres cas, il vous est possible d'agir malgré la peur. Si vous attendez d'avoir éliminé toute trace de peur en vous pour agir, alors vous n'agirez pas.

La peur a le droit d'être présente lorsque vous agissez. Je comprends que la peur puisse envahir votre esprit et vous obséder. Dans ce cas, il est important de la gérer. Mais dans d'autres cas, il n'est pas nécessaire de la gérer pour pouvoir agir. Elle constitue simplement un ensemble de signaux corporels et psychologiques : vos pensées et votre rythme cardiaque s'accélèrent, vous sentez un poids sur votre poitrine, une boule au ventre etc.

Vous avez le pouvoir d'agir malgré la peur. Avant de parler en public, il est normal que vous ayez le trac. Ce trac ne vous empêche pas d'agir. Vous pouvez parler en public même si vous êtes stressé. C'est d'ailleurs la manière la plus efficace de diminuer l'intensité de votre peur : agissez malgré la peur et vous vous sentirez ensuite capable de gérer le type d'événement que vous redoutez d'affronter.

Vous pouvez rompre même si vous avez peur du chantage affectif de votre partenaire. Vous pouvez changer de travail même si vous avez peur de ne pas réussir à être compétent dans votre nouveau job. Vous pouvez aborder une belle femme qui vous plaît même si vous avez peur de vous faire rejeter.

Stratégie 4 – Affronter sa peur progressivement

Cette méthode est particulièrement efficace lorsque vous affrontez votre plus grande peur. Je ne parle pas ici de la peur d'accomplir un acte qui nous soulagerait (comme le fait de parler en public ou de dire « je t'aime »). Je veux parler de l'angoisse écrasante qui constitue une part importante de votre personnalité, qui envahit votre esprit et contrôle vos pensées.

Elle est quasiment omniprésente et vous rappelle à l'ordre dès lors que vous êtes trop longtemps heureux sans penser à elle. Cette angoisse peut constituer votre sujet de pensée principal. Vous cherchez des solutions à votre problème mais vous n'en trouvez pas. Vos prières ne semblent pas être entendues. Votre niveau d'énergie est bas et vous hésitez entre deux choix difficiles à prendre.

Affronter ce genre d'angoisse se fait rarement d'un seul coup. Je veux dire par là qu'il est probable qu'agir vous semble inconcevable dans votre situation et que même si vous agissez, il est probable que votre peur ne diminue qu'après un certain temps.

Pour vous citer un exemple : prenons le cas d'une femme qui a été éduquée à penser au plaisir des autres avant le sien. Elle a retenu qu'il était égoïste de penser à son propre bien-être si cela déplaît à ses proches. Elle a donc peur d'être une mauvaise personne et d'affronter les reproches de sa famille si elle leur annonce qu'elle n'a pas envie de vivre la vie qu'ils ont prévue pour elle.

Elle en a tellement peur qu'elle ose à peine le penser. Et même si elle a le courage de leur dire qu'elle aspire à autre chose, il est possible que les reproches émis par les membres de sa famille l'amènent à remettre son choix en question.

Cela peut vous prendre plusieurs semaines, voire plusieurs mois pour vous déconditionner de ce genre de grandes peurs.

Lorsque vous vous trouvez face à ce qui vous semble être votre plus grande peur, n'hésitez pas à viser une libération progressive plutôt qu'une libération soudaine.

Vous pouvez affronter votre peur progressivement en respectant votre propre rythme. Il est normal pour un guerrier spirituel de devoir affronter sa plus grande peur durant plusieurs mois ou plusieurs années de suite. Ce n'est pas une tare. C'est déjà un signe de grande force intérieure que d'arriver à rencontrer sa plus grande peur et à la voir en face. La plupart des humains vivent en la gardant cachée dans leur inconscient. Ils ignorent son existence. Un signal instinctif leur indique que le fait d'affronter leur plus grande peur impliquerait d'avoir à faire trop de changements dans leur esprit et dans leur cadre de vie et ils ne se sentent pas prêts à cela.

Si vous avez réussi à affronter bon nombre de vos petites peurs et que vous êtes remonté jusqu'au boss de fin de niveau (soit la grande peur paralysante), alors n'ayez pas honte de prendre le temps dont votre organisme a besoin pour l'affronter. J'ai moi-même déjà affronté certaines de mes peurs durant plusieurs mois de suite jusqu'à les dépasser totalement.

Bien entendu, il est également probable que vous puissiez vous en libérer rapidement, cela dépend de vous, au cas par cas.

Affronter votre plus grande peur progressivement consiste à braver petit à petit vos différentes interdictions intérieures. Votre transformation intérieure ne sera peut-être pas perceptible d'un jour à l'autre, mais elle vous apparaîtra lorsque vous comparerez votre état d'esprit actuel avec celui que vous aviez il y a plusieurs mois.

Pour ce faire, vous pouvez repousser chaque fois un peu plus les limites que vous vous posez. Reprenons le cas de la femme qui n'ose pas contrarier ses parents en faisant ses propres choix de vie. Pour braver sa peur progressivement, elle n'est pas obligée d'annoncer du jour au lendemain à ses parents qu'elle ne veut plus travailler dans la finance et qu'elle part faire un tour du monde.

Elle peut leur parler dans un premier temps de sa souffrance liée au fait de travailler dans la finance. Dans les semaines suivantes, elle peut leur parler des nouvelles idées qui germent dans son esprit. Elle peut refuser petit à petit de leur obéir concernant des choix mineurs. Peu à peu, elle réussira à prendre la confiance et à constater qu'elle est toujours en vie même après leur avoir dit « non ».

C'est ce processus qui amène l'esprit à se déconditionner progressivement. Cette méthode est lente mais sûre. Je l'ai déjà utilisée à plusieurs reprises pour affronter mes plus grandes peurs.

Stratégie 5 – Voir les situations de peur comme des challenges

Nous avons pour habitude de voir les situations dans lesquelles nous avons peur comme des dangers à éviter. Là où la peur est présente, nous n'allons pas. Cette manière de voir le monde restreint considérablement notre champ des possibles.

Imaginez ce à quoi ressemblerait votre vie si vous vous donniez l'autorisation de faire tout ce dont vous avez peur. Que feriez-vous si la peur n'existait pas ?

Tant que vous évitez de rencontrer toutes les situations dont vous avez peur, vous laissez la peur diriger votre vie.

Vous pouvez choisir de voir toutes les situations de peur comme des défis à relever ! Je parle bien sûr ici des peurs qu'il est nécessaire d'affronter pour améliorer votre qualité de vie et non des dangers réels que vous perdrez votre temps à affronter. Chaque situation de peur peut alors être vue comme une occasion de grandir, de faire des choses nouvelles et de braver l'inconnu !

Cette vision des choses peut vous donner la motivation nécessaire pour vous surpasser et agir malgré la peur !

Stratégie 6 - Mobilisez à nouveau votre capacité d'affronter votre peur

Avez-vous déjà réussi à dépasser votre peur, ne serait-ce qu'une seule fois dans votre vie ? Avez- vous déjà osé avouer à un proche la vérité que vous lui aviez cachée pendant longtemps ? Avez-vous déjà tenu tête à une personne autoritaire ou manipulatrice ? Avez-vous déjà pénétré dans un nouveau milieu que vous appréhendiez ?

Je suis certain qu'au moins une fois dans votre vie, vous avez agi malgré la peur. Si vous ne vous en rappelez toujours pas, voici une question qui pourrait vous y aider : y a-t-il une activité ou une situation dans laquelle vous vous sentez à l'aise aujourd'hui, mais dont vous aviez peur quelques années auparavant ?

Si vous avez répondu par l'affirmative à l'une de ces questions, cela signifie que vous avez déjà dépassé une de vos peurs. Vous avez réussi à agir malgré la peur au moins une fois dans votre vie et grâce à cet acte, une situation qui vous faisait peur par le passé peut vous paraître aujourd'hui sans danger.

Vous détenez la capacité d'agir malgré la peur, alors je vous encourage à la mobiliser pour dépasser votre problématique actuelle !

Exercice :

Pour ce faire, vous pouvez vous plonger dans le souvenir d'un moment où vous avez agi malgré la peur. Rappelez-vous de ce que vous viviez juste avant d'agir. De quoi aviez-vous peur ? Comment vous sentiez-vous lorsque vous aviez peur ? En quel lieu ce souvenir se déroule-t-il ?

Prenez un moment pour vous imprégner des différents éléments du décor qui vous entourait à ce moment-là et de ce que vous ressentiez physiquement et mentalement.

Ensuite, je vous invite à vous souvenir du moment où vous avez agi malgré la peur. Vous avez décidé d'agir et d'être maître de vos actes. Rappelez-vous du moment précis où vous avez agi avec courage, où vous avez bravé le doute.

Encore une fois, prenez un moment pour vous imprégner des sensations physiques et mentales que vous éprouviez en agissant.

Enfin, remémorez-vous ce que le fait d'agir malgré votre peur vous a ensuite apporté de positif dans votre vie. Souvenez-vous de la fierté que vous avez pu éprouver juste après avoir bravé votre peur, ou bien des changements positifs que votre courage a crée dans votre cadre de vie et qui vous ont impacté plusieurs années durant.

Vous détenez la capacité d'agir malgré la peur, et vous pouvez en être sûr car vous l'avez déjà utilisée au moins une fois dans votre vie.

Si vous l'avez fait une fois, alors vous pouvez le refaire.

Vos capacités sont présentes en vous ; elles ne dépendent pas du cadre spatio-temporel dans lequel vous les utilisez. Une personne qui sait faire du vélo peut rouler sur n'importe quel vélo dans n'importe quel pays. Une personne qui sait affronter sa peur peut braver n'importe quelle peur.

Je vous invite ensuite à renforcer votre capacité d'agir malgré la peur. Vous pouvez prendre une inspiration profonde, puis expirer par le nez. À chaque inspiration, renforcez la puissance de votre capacité d'action malgré la peur. Vous pouvez respirer ainsi quatre à cinq fois pour bien assimiler cet exercice.

Une fois l'exercice terminé, vous pouvez passer à l'action à votre propre rythme après avoir évalué, grâce à votre discernement, quelle serait la meilleure solution à appliquer dans votre situation.

Stratégie 7 – Connaître ses besoins et les respecter

L'être humain dispose de besoins physiques et psychologiques. Si les besoins physiques ne sont pas respectés, le corps envoie des signaux de détresse. Si les besoins psychologiques ne sont pas respectés, l'esprit crée de l'angoisse.

Une grande partie de notre peur provient du fait que certains de nos besoins ne sont pas satisfaits car nous les ignorons. Ils demandent alors à être nourris, mais nous avons été éduqués à les ignorer, alors nous croyons que nous sommes anormaux de les ressentir et nous tentons de les faire taire.

Vous est-il déjà arrivé d'avoir une grande envie qui ne vous quitte pas et de vous demander si vous étiez normal de l'éprouver ? Peut-être y a-t-il un besoin non-satisfait derrière cela.

Vous essayez alors de faire taire votre besoin, mais autrement qu'en le nourrissant. Un besoin non nourri continuera à réclamer de la nourriture jusqu'à ce que vous la lui donniez. Ne sachant pas comment répondre à votre besoin, et essayant en vain de le faire taire, vous vous retrouvez coincé dans un cercle vicieux. Un de vos besoins crie famine ; vous percevez ses signaux d'alerte et vous tentez de le faire taire tout en refusant de le nourrir, donc il continue à crier famine et vous angoissez.

Voici une liste non-exhaustive des différents besoins de l'être humain :

Les besoins physiques : manger, boire, dormir, déféquer, et uriner, se soigner des maladies, veiller à ne pas avoir trop chaud ni trop froid, etc.

Le besoin de sécurité : l'être humain, pour s'épanouir, a besoin de se sentir en sécurité. Tant que vous vous sentez en danger, votre préoccupation principale sera d'échapper au danger.

Le fait de vous sentir en sécurité permet à votre esprit de se détendre, d'être en paix avec son environnement extérieur et donc d'être créatif et heureux. La sécurité que recherche votre organisme est à la fois psychologique et physique. Vous avez certes besoin d'être hors de portée des dangers physiques, votre esprit a néanmoins besoin de plusieurs autres sécurités également : la sécurité financière, trouver une certaine constance dans les intentions de vos proches à votre égard et vivre dans un milieu plus ou moins bienveillant.

Le besoin d'épanouissement : l'Univers tout entier s'épanouit. Les planètes s'écartent les unes des autres, les bébés grandissent, et les espèces évoluent. Vous n'échappez pas à cette règle. Votre organisme a lui aussi besoin d'évoluer physiquement et mentalement, à son propre rythme. Quoi que vous fassiez, vous chercherez toujours à explorer de nouveaux terrains et à découvrir et à faire preuve d'innovation.

Admettons que votre conjoint a un comportement instable et que vous ignorez si, en rentrant du travail, il va vous agresser ou bien être gentil avec vous : il est normal que vous angoissiez. Ce n'est pas vous qui avez un problème de vous sentir mal à l'aise dans votre situation, mais c'est votre conjoint qui a un problème d'humeur. Le fait que vous angoissiez face à son instabilité émotionnelle prouve que vous fonctionnez parfaitement bien. Il est bien entendu possible de ne plus angoisser dans le cas où vous prenez vos distances avec lui ou bien s'il pratique le développement personnel et parvient rapidement à contrôler sa colère.

De même que si vous vous maintenez dans un environnement qui ne vous correspond plus depuis bien longtemps, alors vous tentez de renoncer à votre évolution. Celle-ci ne pouvant être stoppée, vous vous retrouvez en conflit contre elle, donc contre vous-même. De ce conflit naît l'angoisse. L'évolution survient souvent de la manière dont on ne l'attend pas. Cela peut être lorsque nous renonçons à quelque chose, tout comme lorsque nous nous accrochons à nos rêves. Qu'on le veuille ou non, l'épanouissement de l'être est un processus continu contre lequel nous ne sommes pas en mesure de lutter.

Une grande partie de votre angoisse est produite lorsque vous ne prenez pas vos besoins en compte en faisant vos choix. Ceux-ci vous éloignent alors de la satisfaction de vos besoins, et vous vous retrouvez en proie à un conflit intérieur : devez-vous satisfaire vos besoins et renoncer à vos choix de vie ou vous maintenir dans vos choix au détriment de vos besoins ?

Prenons l'exemple d'un jeune homme qui a choisi de reprendre l'épicerie familiale comme l'ont toujours souhaité ses parents. Au bout de quelques années de travail, il ne se sent pas épanoui. Il ne trouve pas de sens à ses journées et ne s'épanouit plus. Il se retrouve alors partagé entre deux choix : suivre son besoin d'épanouissement quitte à faire face au mécontentement de ses parents ou bien se sacrifier par peur de les décevoir.

Un bon moyen de vous défaire de l'angoisse est de progresser au fil des années dans votre connaissance de vous-même. Plus vous vous connaîtrez, plus les choix que vous prendrez seront bons pour vous.

Concernant vos prochaines décisions importantes, prenez vos besoins en compte dans votre équation. Vos choix vous permettront-ils de vous épanouir ? De vous sentir en sécurité ? De combler tous vos besoins physiques ?

Stratégie 8 - Concentrez votre énergie dans des actions inutiles

Une autre cause de l'angoisse est la concentration de votre énergie dans des pensées stériles plutôt que dans des actions sécurisantes. De nombreuses personnes souhaitent atteindre un objectif qui leur tient à cœur. L'angoisse peut alors subvenir quand le moyen qu'elles utilisent pour atteindre leur objectif consiste à penser en boucle au problème.

Si vous considérez un événement à venir comme dangereux, alors je vous encourage à vous protéger. L'angoisse n'est pas produite parce que vous voulez éviter une situation que vous percevez comme dangereuse. Elle est produite car le moyen employé pour éviter la situation (penser en boucle au problème) ne vous permet pas de l'éviter en réalité.

Vous pouvez penser à votre problème et le retourner dans tous les sens dans votre esprit durant plusieurs semaines de suite sans pour autant progresser d'un pouce dans sa résolution. Je peux donc vous encourager à orienter votre énergie dans des actions qui vous permettront de vous mettre en sécurité et de supprimer définitivement l'angoisse.

Voici quelques exemples pour illustrer mes propos :

Dans le cas où vous ne vous sentez pas en sécurité dans votre ville et où votre corps vous paraît trop fragile, rien ne vous empêche de déménager dans un lieu plus sécurisant ou bien de pratiquer la musculation pour avoir davantage confiance en vous.

Dans le cas où vous angoissez car vos revenus mensuels ne vous permettent pas de couvrir vos dépenses, rien ne sert de vous dire que vous avez des blocages psychologiques par rapport à l'argent, ni même à essayer de « lâcher-prise » sur ce problème et de l'occulter. Dans ce cas, vous avez des problèmes d'argent, et vous pouvez concentrer votre énergie dans leur résolution. Cela vous sécurisera davantage que de vous remettre en question. Vous pouvez alors réduire vos dépenses et/ou trouver un moyen d'augmenter vos revenus.

Si votre ex compagnon crève les pneus de votre voiture ou vole votre courrier pour vous punir de l'avoir quitté : rien ne sert d'avoir peur de lui. Vous pouvez louer un garage fermé et changer la serrure de votre boîte aux lettres. Cela l'empêchera de sévir une prochaine fois. S'il trouve un autre moyen de vous nuire, alors sécurisez ce nouveau terrain à son tour afin de combler toutes les ouvertures dans lesquelles il pourrait s'engouffrer pour vous nuire.

Si vous avez peur d'avoir un enfant, rien ne sert de stresser chaque mois en attendant vos prochaines règles (ou celles de votre compagne dans le cas où vous êtes un homme). Vous pouvez utiliser une contraception, voire une stérilisation qui vous évitera d'avoir un enfant.

Ces solutions peuvent paraître évidentes pour certains, mais d'autres personnes ont tendance à croire qu'elles ont un problème lorsqu'elles ne se sentent pas en sécurité. Elles croient que ce sentiment d'insécurité est une sorte de blessure émotionnelle à éradiquer et que la solution pour la supprimer consiste à « travailler sur soi » (donc à penser en boucle au problème, se disant qu'il ne devrait pas exister). Une bonne solution au sentiment d'insécurité consiste dans un premier temps à l'accepter : acceptez qu'actuellement, vous ne vous sentez pas en sécurité vis-à-vis de certains aspects de votre vie.

Le fait de vouloir améliorer votre cadre de vie extérieure pour apaiser un problème intérieur n'est pas un signe de faiblesse, d'ego, de narcissisme ou de petitesse spirituelle. C'est une solution comme une autre.

Bien entendu, c'est à vous de faire preuve de discernement quant à l'utilisation du combat, de la fuite et de l'adaptabilité. Au cas par cas et selon la situation, vous pouvez juger de la solution la mieux adaptée.

Je précise également que si présentement, vous ne voyez pas dans quelle direction vous pouvez agir pour dépasser votre problématique, ce n'est pas grave. Chacun a son propre rythme d'évolution et de prise de conscience. Votre déblocage se présentera en temps voulu par votre organisme.

Stratégie 9 – Agissez uniquement sur ce sur quoi vous avez du pouvoir

Dans le même registre, une solution à l'angoisse consiste à changer totalement votre façon de penser afin d'agir uniquement sur ce qui est efficace pour atteindre votre objectif. Certaines fois, rien n'est efficace pour l'atteindre. Il convient alors de changer de cible sur laquelle vous projetez inconsciemment votre objectif. Voyons cela plus en détails.

Admettons que votre désir soit de vivre de votre chaîne YouTube. Vous souhaitez donc que vos vidéos YouTube et vos services ou produits vendus sur internet vous permettent de gagner assez d'argent pour ne manquer de rien chaque mois.

Malheureusement, vos vidéos ne sont pas aussi populaires que vous le souhaiteriez et votre carrière de YouTubeur ne décolle que très lentement. Vous continuez à produire vos vidéos de la même manière, et vous attendez à chaque fois qu'elles génèrent davantage de vues qu'elles ne le font en réalité.

Il y a visiblement dans votre cas une erreur de logique entre vos espérances et les moyens mis en œuvre pour les atteindre : vous souhaitez obtenir un meilleur résultat mais vous ne modifiez pas votre stratégie pour autant. Le fait de souhaiter obtenir un résultat différent tout en ne changeant pas de stratégie provoque l'angoisse. Vous pouvez alors revoir vos attentes et accepter que votre carrière décollera plus lentement que prévu, ou bien étudier de nouvelles stratégies pour rendre vos vidéos plus populaires.

Le but, pour ne plus produire l'angoisse, consiste à concentrer votre énergie uniquement sur ce sur quoi vous avez du pouvoir :

- si vous souhaitez augmenter votre nombre d'abonnés sur les réseaux sociaux, alors soignez votre contenu et produisez-en plus ;

- si vous souhaitez rencontrer un(e) partenaire de couple idéal, alors concentrez votre énergie sur votre développement personnel à tous les niveaux et sur l'accroissement de votre cercle social ;

- si vous souhaitez être un professionnel reconnu, alors augmentez vos compétences en pratiquant votre discipline jusqu'à devenir très efficace et travaillez aussi votre marketing.

Pour illustrer mon propos : imaginez que vous souhaitiez grimper au sommet d'une haute montagne. Ce sommet vous obsède tellement que vous ne regardez que lui, même durant l'ascension. Vous ne regardez alors pas où vous mettez les mains et les pieds. Vous trébuchez et tombez à de nombreuses reprises et vous n'avancez que très lentement.

Viser le sommet n'est pas une mauvaise chose. Vous pouvez le regarder souvent, mais n'oubliez pas de concentrer votre énergie et votre attention principalement sur le chemin qui y mène. C'est le moyen le plus rapide et sécurisant de l'atteindre.

Dans certaines situations, néanmoins, la manière dont vous projetez votre objectif sur la réalité n'est pas totalement en accord avec celle-ci.

Il se peut que vous souhaitiez recevoir beaucoup d'amour ou bien être reconnu à votre juste valeur. Cela devient un problème dès lors que vous tentez désespérément de combler vos besoins auprès des personnes qui sont incompétentes à y répondre. Si votre conjoint n'est pas capable de vous manifester de l'amour ou de la reconnaissance, alors vous pourrez vous épuiser à essayer de l'amener à vous aimer sans pour autant obtenir de résultat. Si vos parents n'attribuent leur reconnaissance qu'aux personnes qui gagnent beaucoup d'argent et que vous n'en gagnez pas beaucoup, alors ils ne vous manifesteront pas de reconnaissance.

Le problème n'est pas votre désir, ni même la personne sur laquelle vous le projetez, mais l'incompatibilité entre les deux.

Si vous faites face à ce type de challenge, j'ai deux conseils pour vous : premièrement, parlez à vos proches. Parlez-leur avec le cœur Expliquez-leur vos attentes. Souvent, nous croyons que nos proches savent ce que nous attendons d'eux et qu'ils font exprès de nous en priver. Vous serez surpris de savoir à quel point vos proches peuvent ignorer ce que vous ressentez au fond de votre cœur. Il est fort probable que la personne qui est concernée par votre désir d'amour soit à mille lieux de savoir ce que vous attendez d'elle, alors expliquez-lui ce que vous ressentez à son égard. Il est probable que ce type de discussion venant du cœur améliore à tout jamais vos rapports. Il se peut aussi que cela ne touche pas la personne que vous avez en face de vous. Si cette personne est un sociopathe, votre vulnérabilité ne l'amènera pas à entrer en empathie avec vous.

Il faut du courage pour parler avec le cœur, mais cela amène toujours à un dénouement et à une libération. Soit vos rapports changent pour le meilleur, soit votre discours ne fait ni chaud ni froid à la personne concernée. Vous pourrez alors arrêter d'attendre qu'elle vous donne l'amour et la reconnaissance qu'elle n'est pas capable de vous donner.

Deuxièmement, reportez votre désir sur un support réaliste. Je veux dire par là que votre désir n'est pas un problème en soi, ce peut même être un moteur ! Par contre, si vous essayez d'étancher votre soif auprès d'une source aride, alors l'angoisse s'emparera de vous, n'est-ce pas ? Si vous essayez d'assouvir votre soif de justice auprès d'une personne injuste, jamais celle-ci ne sera calmée. Si vous attendez qu'un pervers narcissique vous aime comme vous le méritez, jamais vous ne vous sentirez pleinement aimé. Le problème n'est pas votre volonté d'être aimé, je le répète, mais le fait que vous tentiez de la combler au mauvais endroit.

Comme vous le découvrirez dans le reste de cet ouvrage, ceci est l'une des bases de mon enseignement actuel. Une grande partie de votre souffrance provient du fait que votre esprit n'est pas en accord avec la réalité. Vous attendez donc de cette dernière qu'elle vous donne des choses qu'elle n'est pas capable de vous donner, ou bien, après avoir longtemps cherché au mauvais endroit, vous renoncez à ce qu'elle est capable de vous donner.

Dans le cas où vous avez besoin d'amour, si votre conjoint ou vos parents ne sont pas capables de vous en manifester, alors allez en chercher ailleurs. Vous avez le droit d'être aimé. Rien ne vous oblige à vous empêcher de recevoir de l'amour car vous avez accordé votre loyauté à une personne qui ne vous en apporte pas en retour. Vous pouvez renoncer à votre loyauté car celle-ci n'a aucun sens.

De la même manière, si votre stratégie marketing ne fonctionne pas, ne renoncez pas à réaliser vos rêves mais modifiez votre façon de faire jusqu'à trouver une méthode qui soit à la fois efficace et en accord avec vos valeurs.

Tant que, pour satisfaire vos désirs, vous tenterez d'agir sur ce sur quoi vous n'avez aucun pouvoir, alors l'angoisse se produira. C'est inévitable. Il ne peut en être autrement. Quand on y réfléchit, c'est tout à fait logique : imaginez que vous avez faim. Pour satisfaire votre faim, vous demandez à un ami de vous donner à manger, mais cet ami a l'humeur très instable. Parfois il vous donne à manger. D'autre fois, il vous laisse le ventre vide durant plusieurs jours. Votre santé dépend donc du bon vouloir de votre ami. Vous n'avez aucun contrôle sur son humeur donc lorsque la faim se fait sentir, vous vous demandez en permanence si vous allez avoir à manger ou non. Ceci est une situation typique d'angoisse.

Si votre conjoint est trop instable pour vous donner l'amour que vous attendez de lui, rien ne vous empêche de changer de conjoint. Si votre entreprise ne vous permet qu'occasionnellement de payer vos factures, alors changez de stratégie. Pour sortir de l'angoisse, il vous faut soit un environnement qui naturellement comble vos besoins, soit une stratégie sur laquelle vous avez du pouvoir d'action pour combler vos besoins. C'est là-dessus que vous devez concentrer votre énergie.

Stratégie 10 - Développez votre pensée sur le long terme

Il est certain que vous aurez peur des conséquences de vos actes si vous misez votre bonheur sur le court terme. Vous n'avez que très peu de contrôle sur le résultat de vos actions à court terme, mais vous avez un grand contrôle concernant le long terme C'est pourquoi je vous conseille de projeter votre réussite sur le long terme et de voir le court terme comme un terrain d'expérimentation et d'apprentissage.

Admettons que vous souhaitiez pratiquer la séduction de rue pour rencontrer une femme avec laquelle vous pourriez être en couple. C'est une stratégie comme une autre pour faire des rencontres. Admettons aussi que vous souhaitiez rencontrer cette femme rapidement et que vous ayez peur du rejet. Avant chaque approche, vous vous demandez quel mot vous pourrez dire à la prochaine femme que vous aborderez pour qu'elle ne vous rejette pas. Vous cherchez comment corriger votre attitude pour plaire à une femme que vous n'avez pas encore abordée et vous manquez de connaissance sur ce sujet. Si vous misez votre réussite à court terme, vous angoisserez pour plusieurs raisons : à court terme, vous n'avez encore aucune connaissance du terrain, il est donc insécurisant de croire que vous devez réussir rapidement à gérer tel un expert. Il vous faut acquérir une meilleure connaissance du terrain pour augmenter votre taux de réussite et celle-ci ne s'acquiert qu'à force de pratique et d'expérience. De plus, vous n'avez que très peu de contrôle sur les conséquences de vos actes à court terme. Vous ne savez pas ce que votre prochaine parole va entraîner comme suite de cause à effets.

À long terme, par contre, vous pouvez influencer les événements à se produire en votre faveur. Après avoir abordé cinq-cents femmes, par exemple, vous aurez considérablement appris, ce qui vous permettra d'augmenter votre taux de réussite pour vos prochaines approches. Après avoir vécu cinq relations de couple, vous aurez compris les fondements d'une relation saine et épanouissante. Après une cinquantaine d'opérations commerciales, vous aurez compris comment toucher votre client idéal et lui apporter ce dont il a réellement besoin.

Visez votre réussite sur le long terme. Cela vous donne une marge de manœuvre et vous autorise à faire des erreurs. Vos erreurs ne vous apportent qu'une compréhension supplémentaire de la manière adéquate de réussir. Cette manière de penser vous enlève une grande partie de la pression que vous vous infligiez pour devoir atteindre vos objectifs rapidement.

Dans le cas où vous souhaitez tout de même atteindre vos objectifs rapidement mais que vous voulez éviter d'angoisser, je peux vous conseiller de vous faire coacher. Un coach professionnel expert dans votre domaine peut vous aider à atteindre vos objectifs plus rapidement que si vous progressiez seul.

Je vous ai énuméré mes dix stratégies qui vont vous permettre de déjouer l'angoisse. Vous pouvez les appliquer dans les différentes situations d'angoisse que vous rencontrez, de la petite peur au gros conflit interne entraînant la dépression. Dans les prochaines pages, voyons ensemble comment déjouer la peur de l'échec et le sentiment d'échec. Ce sentiment peut amener votre estime de vous-même à chuter, ce qui vous décourage dans l'atteinte de vos objectifs.

Lorsque je renonce à réaliser mes rêves, je ne trouve plus de sens à ma vie. Mon cœur se ternit et une angoisse silencieuse et difficilement décelable envahit mes pensées. Je souhaite vous aider à vous relever après vos échecs, à ne pas laisser la vie vous marcher dessus. Si vous avez échoué et que vous avez souffert suite à cet échec, comprenez pourquoi vous avez échoué, mais surtout pourquoi vous avez souffert et ne renoncez pas à ce dont vous rêvez.

CHAPITRE 3 :
DÉPASSER LA PEUR DE L'ÉCHEC

Dans le cas où vous souhaitez accomplir de grandes choses ou modifier radicalement votre cadre de vie, il est important de dépasser votre peur de vivre le sentiment d'échec. Cette peur est le principal obstacle à l'atteinte de vos objectifs.

C'est simple : lorsque vous voulez atteindre un objectif que vous n'avez encore jamais atteint (créer votre première entreprise, avoir une relation de couple épanouissante ou bien gagner une compétition sportive par exemple), vous devez alors emprunter un chemin que vous n'avez encore jamais emprunté.

Vous avez donc des idées que vous allez appliquer l'une après l'autre dans le but d'atteindre votre objectif final. Parmi ces idées, certaines vont vous donner le résultat attendu, d'autres non. L'échec se présente alors à vous. Il vient du fait que vos attentes sont contraires à la réalité : vous attendiez que votre acte donne un résultat précis, mais il ne le donne pas. Une angoisse peut alors surgir en vous. Vous ne vous sentez pas à la hauteur, vous ignorez comment atteindre votre objectif et vous pensez même à renoncer à la réalisation de vos rêves. Ceci est le sentiment d'échec.

Durant les deux premières années de la construction de mon entreprise, ce sentiment ne m'a pas quitté. Nuit et jour, je me sentais oppressé par le poids des échecs répétés que je subissais. Après tout, je n'avais encore jamais monté d'entreprise. J'ignorais comment y parvenir. Chacune de mes actions ne donnait pas le résultat attendu. J'avais l'impression que jamais je ne réussirais.

Plus d'une fois, j'ai songé à abandonner. Loin de me soulager, ce type de pensées m'alourdissait.

Un beau jour, j'ai eu un déclic. J'ai réalisé que durant les deux années qui venaient de s'écouler, j'avais obéi à mon sentiment d'échec. Jour après jour, je restais dans le doute et dans la crainte d'échouer à nouveau. Cela ne m'avait aucunement permis d'être plus heureux. La peur de l'échec était donc un mauvais maître : elle ne menait pas à la réussite.

Voici de nombreuses clés qui peuvent vous aider à débloquer votre esprit dans le cas où vous avez peur d'échouer.

La peur de l'échec ne vient pas de votre désir de réussite. Elle est présente car vous souhaitez éviter quelque chose que vous ne pouvez pas éviter. Si vous souhaitez réussir, alors il faut échouer plusieurs fois jusqu'à ce que vous puissiez comprendre comment réussir. L'échec est produit par la différence entre vos attentes et la réalité. Vous vous attendez à ce que votre acte donne un résultat précis mais il ne le donne pas. Par exemple : admettons que je veuille développer ma première chaîne YouTube. Je mets une vidéo en ligne, m'attendant à ce qu'elle atteigne dix-mille vues. Elle ne génère que cinquante vues le premier mois de sa sortie. Je misais mon bonheur sur le fait que mes premières vidéos atteindraient les dix-mille vues. Comme les choses ne se passent pas comme prévu, je me sens en échec.

L'échec, c'est la différence entre vos attentes et la réalité. Le problème c'est que, pour atteindre votre objectif, vous avez prévu d'emprunter un chemin bien précis. Mais en réalité, le chemin que vous avez choisi d'emprunter ne vous permet pas d'atteindre votre destination convoitée. Tant que vous ne remettez pas en question le chemin que vous avez prévu d'emprunter, le sentiment d'échec sera présent en vous, c'est inévitable.

Pour éviter de vous sentir en échec, il existe donc trois solutions principales.

La première consiste à remettre en cause la stratégie que vous utilisez pour atteindre votre objectif. Si, à chaque fois que vous agissez, vous échouez, cela signifie que votre plan actuel ne vous permet pas d'atteindre votre objectif convoité, c'est logique. Il vous faut alors modifier votre stratégie. Pour cela, documentez-vous, inspirez-vous du parcours des personnes qui ont réussi dans le domaine que vous convoitez, ou bien demandez conseils à un expert. Le fait de remettre en cause votre stratégie vous permet d'ouvrir un nouveau champ des possibles.

Voici quelques exemples de cas où il est nécessaire de remettre en cause la stratégie employée pour atteindre vos objectifs :

- Vous souhaitez attirer davantage de clients sans pour autant améliorer votre communication.

- Il convient en réalité de créer une communication plus ciblée ou plus importante.
- Vous souhaitez que votre femme vous aime alors vous lui tapez dessus jusqu'à ce qu'elle vous aime. Elle ne reste pas par amour mais par peur.
- Vous souhaitez bâtir un couple stable avec une personne dont les humeurs sont très instables. Cette personne n'est peut-être pas compatible avec votre désir profond.

La deuxième solution consiste à garder la même stratégie mais à modifier vos attentes en termes de temps. Il est possible que votre stratégie pour atteindre votre objectif soit efficace, mais qu'elle prenne plus de temps que prévu à porter ses fruits. Le problème n'est donc pas la stratégie employée -qui est correcte- mais vos attentes concernant le temps qu'elle mettra à vous permettre d'atteindre votre objectif.

Par exemple : admettons que vous souhaitiez vous faire de nouveaux amis. Pour cela, vous avez prévu de sortir une fois par semaine avec de nouvelles personnes rencontrées sur Meetup (cf. le chapitre sur les relations). Au bout de deux semaines, vous n'avez toujours rencontré aucun nouvel ami et vous commencez à désespérer.

Le problème, dans ce cas, vient du fait que vous ne persévérez pas. Votre stratégie est correcte, mais il faut la maintenir dans le temps pour qu'elle donne des résultats et ne pas abandonner au bout de quelques essais.

La troisième solution, pour éviter l'échec, consiste à modifier votre état d'esprit en lien avec la réussite. Si vous partez du principe que vous savez comment atteindre votre objectif alors que cela est faux, vous échouerez. Garder un état d'esprit d'étudiant permet de s'immuniser contre tout risque d'échec.

Pour cultiver l'état d'esprit de l'étudiant, vous pouvez vous fixer un nouvel objectif : celui d'apprendre comment atteindre votre but profond. C'est la seule et unique manière que je connaisse d'éviter de rencontrer le sentiment d'échec à coup sûr. Pour cela, partez du principe que vous ne savez pas encore comment réussir. Votre souhait doit donc être d'apprendre comment réussir. Tout ce que vous allez tenter aura ainsi pour but de vous faire gagner les connaissances nécessaires à votre réussite.

Je sais qu'il est plus facile d'adopter l'état d'esprit de l'étudiant dans le cas où votre objectif est secondaire. Mais même si votre objectif est très important à vos yeux, comme avoir un enfant, trouver l'amour de votre vie, atteindre la liberté financière ou encore sortir d'une emprise, c'est possible.

Étudiez le terrain jusqu'à le connaître. Acceptez que vos actes ne donnent aucun résultat, acceptez de perdre ou de vous faire critiquer et tirez leçon de chacune de ces expériences pour finalement comprendre comment réussir.

Dans tous les cas, je vous conseille de tout donner pour atteindre vos buts profonds. Ajustez continuellement votre stratégie, recueillez le plus de conseils possible d'experts dans votre domaine, travaillez dur et le plus efficacement possible, fixez-vous des défis, faites de nouvelles tentatives, répétez ce qui a fonctionné pour vous et persévérez jusqu'à atteindre votre but. Si votre objectif vous tient à cœur, alors je vous encourage à vous autoriser à le convoiter pleinement et de tout votre être.

De nombreuses personnes ne réussissent pas à atteindre leur objectif car elles croient que c'est mal de le convoiter. Elles sont alors davantage occupées à régler leur conflit intérieur qu'à comprendre comment réussir. Autorisez-vous à vous donner les moyens d'atteindre ce que vous sentez être bon pour vous. Le fait d'unir toutes vos forces mentales et physiques dans la même direction augmentera grandement vos chances de réussite.

Pour réussir, vous devez mobiliser votre courage pour continuer à avancer jusqu'à ce que votre problématique soit résolue. Tant que vous continuez à essayer, vous avez des chances de réussir, de même qu'un enfant, en apprenant à marcher, tombe plusieurs dizaines de fois. À aucun moment il n'abandonne son désir de marcher ni ne se remet en question. Marcher, il a ça dans le sang. De plus, il voit les adultes marcher autour de lui, alors il sait que c'est possible.

Il vous sera plus difficile de réussir si vous êtes entouré de personnes qui ont renoncé à réaliser leurs rêves que si votre entourage se compose de personnes inspirantes pour vous. C'est pourquoi, un autre moyen de dépasser la peur de l'échec est de réaliser que votre vie de rêve vous est accessible. Pour cela, créez-vous un écosystème du succès. Cela consiste à vous entourer physiquement ou virtuellement de personnes qui ont réussi dans le domaine qui vous intéresse. Si vous souhaitez monter un business par exemple, entourez-vous d'entrepreneurs, soit dans votre cercle social, soit en vidéo sur internet. Si vous souhaitez être heureux en couple, côtoyez des couples heureux pour en apprendre sur leur fonctionnement ou bien regardez des vidéos de témoignages de couples heureux.

Plus vous resterez au contact des personnes qui vous inspirent et vous tirent vers le haut, plus vite vous grandirez.

Ce n'est que lorsque j'ai commencé à me créer cet écosystème du succès que j'ai eu le sentiment que la réussite était possible pour moi. Avant cela, je la croyais réservée uniquement aux autres. Je me croyais incapable d'atteindre l'abondance dans tous les domaines de ma vie. Ensuite, j'ai découvert que de nombreuses personnes, en partant de rien, avaient réussi ce que je croyais inaccessible. J'ai alors décidé de tout donner pour y arriver moi aussi.

Pour clore ce chapitre concernant la peur de l'échec, je vous partage une citation de Monsieur Nelson Mandela : « Dans la vie, je ne perds jamais. Soit je gagne, soit j'apprends ».

CHAPITRE 4 :

DÉPASSER LA COLÈRE

ET LE SENTIMENT D'INJUSTICE

« C'est injuste ! Comment puis-je laisser passer une telle injustice ? »

« Je veux qu'il souffre comme j'ai souffert et qu'il paye le mal qu'il m'a fait ! »

« J'aurais dû lui dire ceci, ou bien cela, et je lui aurais peut-être cloué le bec ! »

Avez-vous déjà prononcé, ne serait-ce que mentalement, l'une de ces phrases ? Il est fort probable que oui, sous le coup de la colère.

Lorsque nous nous répétons ces phrases, nous souffrons de notre sentiment d'injustice. Lorsque nous obéissons à notre colère, nos actes nous apportent des conséquences négatives. Nous essayons de vaincre l'autre mais celui-ci résiste, perpétuant ainsi notre impuissance à agir sur une situation d'injustice. Si nous parvenons à corriger l'autre, à lui faire mal, à le mater, alors nous nous sentons tout-puissants en l'espace de quelques minutes. Mais rapidement, ce sentiment de force laisse place à la crainte : et si l'autre se vengeait à son tour ? Et si, la prochaine fois, je ne parvenais pas à le contrer ? Et si quelqu'un venait à apprendre ce que je viens de faire ? Cela fait-il de moi une mauvaise personne ?

La plupart des êtres humains, à part ceux qui ont atteint une grande maîtrise de leurs émotions, réagissent à la colère par la colère. Il suffit de s'énerver contre quelqu'un pour que celui-ci s'énerve en retour, laissant place à un concours de celui qui s'énerve de la manière la plus spectaculaire.

La colère attise la colère chez l'autre, certes, mais elle entraîne également des conséquences négatives aux niveaux psychologique et émotionnel pour celui qui l'éprouve. Je veux dire par là que, lorsque vous pensez avec la colère, vous souffrez. Une sorte de poison se diffuse dans votre organisme et vous consume lentement de l'intérieur. Plus vous lui laissez de place, plus la colère se diffusera dans vos pensées, les envahissant totalement.

Avez-vous déjà éprouvé une puissante et longue colère ? Une colère qui vous obsède et occupe la quasi-totalité de votre espace mental ? Celle qui émerge dès le réveil dans vos pensées et ne s'apaise qu'au coucher ?

Si oui, les conseils suivants sont faits pour vous. Ils vous aideront à comprendre le mécanisme de la colère, de la rage, du désir de vengeance et du sentiment d'injustice, puis à vous en défaire.

Deux types de colère

Il existe deux types de colère : la colère en réaction à un événement physique et la colère en réaction à un événement psychologique, tout comme pour la peur.

La première est une réaction de défense de votre organisme face à une personne ou une situation menaçante. Vous réagissez par la colère de manière instinctive dans le cas où vous vous sentez menacée et où vous sentez que vous pouvez combattre le danger.

Par exemple : dans la file d'attente, un client percute votre enfant avec son chariot de supermarché. Il ne regardait pas devant lui et votre fils en a fait les frais. Il est tombé par terre et il pleure. Il est probable, dans ce cas, que vous réagissiez avec colère, criant sur le client qui a fait mal à votre enfant. C'est un mélange de peur, de protection, d'intimidation et de réprimande pour qu'il ne recommence plus.

Cette colère est soudaine. Elle se produit du tac au tac, sans que vous ne l'anticipiez. Elle dure en général quelques instants puis s'évanouit et votre esprit passe rapidement à autre chose une fois que vous et vos proches vous êtes écartés du danger.

Le deuxième type de colère est une réaction de l'organisme à un mouvement de la pensée. Voici quelques exemples de colère en lien avec un événement psychologique :

- Une personne s'est comportée de manière injuste et irrespectueuse avec vous. Vous pensez ensuite obsessionnellement à ce que vous auriez dû lui dire pour lui clouer le bec.

- Vous souhaitez prouver à tout votre cercle social qu'un manipulateur n'est pas ce qu'il prétend être.
- Vous souhaitez faire payer à une personne le mal qu'elle vous a fait dans le passé. Vous vous imaginez en train de la faire souffrir comme vous avez souffert par sa faute.

Ce type de colère se produit uniquement en réaction à un événement psychologique et non à un événement physique. Je veux dire par là qu'une fois la situation d'injustice terminée, vous vous retrouvez seul avec vos pensées. Lorsque la colère envahit votre esprit dès le réveil, vous n'êtes pas en train de vivre une situation dangereuse.

La colère se produit en réaction à votre pensée, c'est-à-dire que ce n'est pas la personne au comportement injuste qui produit la colère dans vous. C'est votre organisme qui la produit à chaque fois que vous pensez d'une certaine manière. Ceci est un fait et non une question de valeur morale. Vous pouvez simplement l'observer par vous-même.

Pour vous citer un exemple : admettons que vous pensiez à cette personne qui vous a manqué de respect devant tout le monde ou qui a manipulé vos proches afin qu'ils vous tournent le dos. La colère se produit instantanément. À présent, pensez à votre premier baiser avec la langue. Souvenez-vous du contact des lèvres de la personne concernée avec les vôtres et de la sensation provoquée par vos deux langues se touchant pour la première fois.

Vous n'êtes plus en colère à ce moment-là. Pourtant, votre environnement extérieur n'a pas changé. Cela signifie que c'est la manière dont vous pensez qui provoque la colère et non la situation en elle-même.

La colère en réaction à un événement physique peut parfois être saine. Elle vous permet de vous protéger d'une agression, de vous placer en sécurité. Elle vous donne la force nécessaire pour impressionner un méchant et le mettre en fuite. Par contre, elle n'est pas indispensable pour y parvenir. Il vous est aussi possible de vous défendre sans pour autant avoir recours à la colère. Elle peut contribuer à votre protection mais n'y est pas indispensable. Un maître d'arts martiaux, par exemple, peut maîtriser un agresseur et le mettre en fuite sans avoir recours à la colère.

La colère en réaction à un événement psychologique, quant à elle, est plus problématique. C'est d'elle dont je vais vous aider à vous débarrasser.

Pourquoi se défaire de la colère ? N'est-elle pas nécessaire pour se faire respecter ?

Quand je parle de la gestion de la colère en conférence, on me pose souvent cette question. Voici mon avis à ce propos.

La colère, voyez-vous, est une émotion liée à la souffrance. Lorsque vous êtes en colère, vous souffrez. Ce n'est pas un moment joyeux mais un moment de stress, de pression psychologique. Vous sentez une sorte de magma de rage monter petit à petit en vous, vous animant d'une violente envie de corriger l'autre.

Cette colère peut générer des pensées obsessionnelles. Vous pouvez donc être obnubilé par votre désir de rétablir la justice sans pour autant parvenir à le satisfaire. Certaines personnes vivent depuis des années avec la colère. Du matin au soir, elles éprouvent de la rage et un désir de vengeance à l'égard d'une ou plusieurs personnes. Ce désir les consume à petit feu.

Le désir de vengeance amène une sorte d'obsession malsaine à faire payer une personne qui a mal agi. En agissant ainsi, vous vous abaissez au niveau de cette personne en croyant la punir.

Tant que vous laissez votre désir de vengeance vous guider, vous ne trouverez pas la paix. Dans le cas où vous avez subi une injustice et où vous souhaitez vous venger, trois cas de figure sont possibles :

- Vous ne parvenez pas à vous venger. Vous essayez de prouver à votre entourage que vous avez été victime d'une injustice mais personne ne vous croit. Vous tentez de corriger l'autre mais vos efforts ne portent pas leurs fruits. Une partie de vous souhaite se venger mais une autre partie refuse de faire le mal. Vous alimentez donc chaque jour un désir de vengeance mais ne l'accomplissez pas. Il s'agit d'un conflit contre le réel : vous souhaitez vous venger mais vous n'êtes pas capable d'accomplir une vengeance assez rassasiante pour vous apaiser. Tant que les choses resteront ainsi, vous souffrirez.

- Vous parvenez à vous venger, et à faire mal à l'autre comme il vous a fait mal. Vous vous sentez satisfait de vous-même et apaisé suite à cette vengeance. Vous retenez alors que la vengeance est un moyen de vous apaiser. À chaque prochaine injustice que vous allez subir, vous tenterez alors de vous venger pour vous apaiser et jusqu'à ce que vengeance soit accomplie, vous ne serez pas tranquille. Votre paix intérieure dépendra alors du fait que vous réussissiez à vous venger ou non. Vous serez donc facilement manipulable : il suffira de vous exposer à une injustice que vous avez du mal à rétablir pour vous déconcentrer.

- Vous parvenez à rétablir la justice et à corriger la personne qui vous a manqué de respect, mais celle-ci se venge à son tour. L'espace d'un instant, vous avez goûté à la satisfaction procurée par la vengeance, mais celle-ci a rapidement laissé place à l'amertume de la nouvelle injustice subie. Si vous vous vengez et que l'autre se venge à son tour, cela crée une escalade de la violence. Elle peut se terminer par un drame ou par la sagesse et le renoncement à la punition.

Voyons ensemble comment se produit la colère. Si vous la comprenez, vous pourrez modifier votre manière de penser pour ne plus la produire.

Les trois facteurs qui produisent la colère :

D'après ce que j'ai pu observer, la colère est produite lorsque trois facteurs sont réunis :

1. Une situation d'injustice. Vous vivez en ce moment ou avez vécu une situation que vous considérez comme injuste. Peut-être est-elle réellement injuste ou peut-être en avez-vous seulement l'impression.

2. Un désir de rétablir la justice dans cette situation. Vous souhaitez pouvoir changer votre situation injuste en situation juste.

3. Un sentiment d'impuissance à rétablir la justice dans cette situation. Malgré vos efforts, vous n'y parvenez pas.

Le cocktail de ces trois facteurs produit inévitablement la colère. Tant qu'ils sont présents, la colère sera présente elle aussi, c'est obligatoire.

En prenant du recul à ce propos, nous pouvons constater toute la logique de la colère : vous souhaitez rétablir la justice dans une situation mais vous vous sentez impuissant à le faire. Vous avez donc un profond désir de justice, mais ne pouvez pas l'assouvir. Il est logique que du stress et une émotion de souffrance se produisent dans cette situation.

Si dans ce cas, votre organisme produit la colère, c'est pour vous signaler qu'une incohérence est présente dans votre esprit : vous voulez satisfaire votre désir de justice, mais le moyen que vous utilisez pour y parvenir ne donne aucun résultat. Le fait de penser obsessionnellement à ce que vous auriez dû dire à une personne pour lui clouer le bec ou de tenter de raisonner un pervers narcissique ne vous permet pas d'amener votre vie à un niveau de justice supérieur. Cela ne change rien à l'architecture extérieure de votre de vie, ni à votre niveau d'abondance financière et sociale. Vous pouvez penser avec colère cinq jours durant, cela ne vous aura pas permis d'avancer d'un pouce dans l'accomplissement de votre vie de rêve.

COMMENT NE PLUS ÊTRE EN COLÈRE

Lorsque je traversais moi-même une période de grosse colère, j'ai cherché de nombreuses solutions sur internet pour m'apaiser. La plupart des articles ou des vidéos que je trouvais me conseillaient d'évacuer la colère en faisant du sport, en criant dans un coussin ou en rédigeant une lettre à la personne contre laquelle j'étais en colère avant de la brûler (la lettre, pas la personne).

Bien entendu, ces solutions ne sont efficaces qu'à court terme. Il est vrai qu'après une bonne séance de sport, je me sentais plus apaisé sur le moment. Cependant il suffisait que je repense à la situation d'injustice que je vivais pour sentir la colère m'envahir instantanément.

Toutes les solutions consistant à évacuer la colère permettent de la remplacer par une humeur plus positive, mais ne règlent pas le mécanisme psychologique à l'origine de la colère. Le problème n'est donc pas résolu.

Les enseignements des anciens ne m'ont pas non plus aidé à ne plus produire la colère. Bouddha disait qu'être en colère revient à prendre un charbon ardent dans sa main avec l'intention de le jeter sur une autre personne : c'est soi-même qui est brûlé en premier. J'ai trouvé cette métaphore très sage, mais elle ne m'expliquait pas comment ne plus produire la colère.

Ma recherche de solutions étant infructueuse, je me suis donc retrouvé confronté à moi-même. J'ai mis plusieurs mois avant de trouver la solution définitive au problème de la colère. Je vous la partage ci-dessous. Il vous suffit de la comprendre, puis de l'appliquer.

Nous avons vu que la colère était produite par l'alliance de trois facteurs : une situation d'injustice, un désir de rétablir la justice dans cette situation, et un sentiment d'impuissance à y parvenir.

Pour ne plus produire la colère, il convient de modifier l'un de ces trois facteurs. Voyons ensemble comment procéder.

1 - Votre sentiment d'impuissance à rétablir la justice

Il peut arriver que nous soyons en colère car nous n'arrivons pas à rétablir la justice alors que nous pourrions le faire. Inconsciemment, nous nous interdisons de le faire car nous croyons que c'est mal. Pour vous citer quelques exemples :

- Vous êtes en colère contre votre conjoint car il ne respecte pas vos besoins. Il ne les respecte pas car il ne les connaît pas. Vous ne lui en avez jamais parlé car vous attendez qu'il les devine. Dans ce cas, afin de ne plus être en colère contre lui, je vous encourage à mobiliser vos forces pour rétablir la justice. Faites preuve de courage et expliquez-lui ce dont vous avez besoin pour vous sentir bien en couple.

- Vous êtes en colère contre un de vos concurrents professionnels car il réussit mieux que vous grâce à une technique que vous considérez comme étant de la triche, mais qui pourtant est éthiquement correcte. Vous avez, dans votre inconscient, étiqueté cette stratégie commerciale comme faisant partie du « mal ». Dans ce cas, vous pouvez rétablir la justice et vous autoriser à utiliser cette nouvelle stratégie.

- Vous êtes en colère contre un collègue de travail qui vous manque de respect et vous tourne en dérision publiquement pour se mettre en avant. Une solution peut être de prendre votre courage à deux mains et d'aller lui parler entre quatre yeux, de lui dire d'arrêter de se comporter ainsi avec vous.

Un des moyens de se défaire de la colère consiste à œuvrer pour rétablir la justice dans votre vie. Cela fonctionne particulièrement bien lorsque vous avez le pouvoir de le faire mais que vous ne le mobilisez pas.

Dans d'autres situations, toutefois, il vous sera impossible de rétablir la justice. Vos efforts répétés ne porteront pas leurs fruits et tout ce que vous tenterez échouera. Dans ce cas, il existe un moyen de ne plus produire la colère malgré notre impuissance à rétablir la justice dans la situation injuste.

2 - Agir sur notre désir de rétablir la justice

Cette stratégie est particulièrement efficace dans les situations où vous ne parvenez pas, malgré vos efforts répétés, à changer la situation d'injustice.

Admettons qu'un manipulateur pervers narcissique vous accuse d'avoir commis des actes que vous n'avez pas commis. Il vous attribue l'intention de lui faire du mal et vous accable de reproches. Dès lors que vous essayez de vous justifier, il retourne vos paroles contre vous. Essayer de communiquer avec lui ne sert à rien, car il prend toute tentative de discussion sérieuse comme une attaque.

Bien sûr, son comportement est injuste et il est probable que quoi que vous fassiez, il ne se remette pas en question. Vous vous trouvez donc face à une injustice que vous ne pouvez pas combattre car vous n'avez aucun pouvoir concernant le comportement de cette personne. Vous pouvez tenter de lui parler de toutes les manières possibles (communication non-violente, le gronder, le supplier, etc.) mais rien n'y fait : il ne change pas.

Comment alors dépasser l'émotion de colère dans une situation d'injustice qu'on ne peut pas modifier ?

La clé se trouve dans notre désir de rétablir la justice. Si vous tentez de rétablir la justice dans cette situation alors que vos capacités ne vous le permettent pas, alors je vous propose de canaliser différemment votre désir de rétablir la justice. N'attendez pas qu'une personne manipulatrice change et arrête de vous attaquer verbalement (ce qui n'arrivera peut-être jamais) pour trouver la paix. Vous avez le droit de prendre rapidement vos distances avec une personne désagréable, tout comme cette personne a le droit d'être désagréable. Ce qui pose problème, c'est le fait que vous souhaitiez trouver de la justice dans une situation qui en est dénuée.

Le but, pour se défaire de la colère, est de faire un effort pour identifier ce que l'on veut au fond de nous et d'aller le chercher là où il se trouve vraiment. Dans l'exemple précité, vous pouvez par exemple identifier qu'au fond de vous, votre rêve est d'être entouré de personnes positives. Si la personne qui vous tient actuellement compagnie a un comportement toxique, alors vous pouvez vous extraire de sa présence.

Nous y reviendrons plus en détail dans les pages suivantes.

3 - La situation d'injustice

Le dernier moyen de vous défaire de la colère consiste à porter un regard nouveau sur la situation d'injustice. Admettons que vous soyez un honnête marchand de légumes. Un petit vaurien vient de voler sur votre étalage avant de s'enfuir dans une ruelle. Cela vous met hors de vous ! La colère vous envahit parce que vous travaillez honnêtement tous les jours pour gagner votre argent et que lui se permet de vous voler au lieu de trouver un travail. Vous décidez alors de le poursuivre pour récupérer vos légumes.

Vous repérez son lieu de vie, vous regardez par sa fenêtre et vous voyez qu'il vole pour nourrir sa mère qui est souffrante du cancer. Le voleur n'est en réalité qu'un enfant encore trop jeune pour pouvoir travailler. Il en est réduit à voler pour aider sa mère.

Il se peut que vous preniez le voleur en pitié et que votre colère s'évanouisse instantanément.

Si vous arrivez à considérer la situation d'injustice comme étant juste, alors vous ne serez plus en colère. Il se peut que pour certaines situations d'injustices lourdes que vous avez vécues, vous mettiez plusieurs décennies avant de parvenir à les considérer comme justes. C'est souvent la partie la plus lente du travail et c'est tout à fait normal.

LA STRATÉGIE ÉTAPE PAR ÉTAPE POUR DÉPASSER LA COLÈRE :

La première étape pour vous défaire de la colère consiste à identifier si vous êtes puissant ou impuissant à rétablir la justice dans une situation donnée. Avez-vous des capacités que vous refusez d'utiliser ? Pouvez-vous chercher de nouvelles idées sur internet pour progresser ? Ou bien avez-vous utilisé absolument toutes les idées que vous aviez trouvées et cela n'a-t-il porté aucun résultat ?

Si vous êtes capable de rétablir la justice et que vous souhaitez le faire, alors vous pouvez agir. Au contraire, si vous êtes impuissant à rétablir la justice dans la situation d'injustice, il faut reconnaître cela comme un fait et l'admettre.

Accepter les limites de votre puissance est nécessaire pour continuer à avancer. Je sais que cela peut parfois être dur à accepter, mais il existe certaines situations d'injustice que vous êtes impuissant à changer. Acceptez votre impuissance à rétablir la justice dans cette situation. Si vous refusez de l'accepter, alors vous continuerez à utiliser toute votre énergie pour changer quelque chose qui ne peut pas l'être et vous souffrirez.

En reconnaissant vos limites, vous découvrez votre infinie puissance, car maintenant que vous savez que vous ne pouvez pas rétablir la justice dans la situation injuste, alors vous pouvez étancher votre soif de justice ailleurs. Cela vous permet de vous fixer un nouvel objectif qui permettra d'augmenter le niveau d'abondance dans tous les domaines de votre vie.

La colère n'a pour utilité que de vous détruire de l'intérieur ou bien d'intimider l'autre. Elle ne fonctionne qu'avec les gens intimidables. Le cas échéant, elle consomme une immense quantité de votre énergie pour n'apporter aucun résultat.

Il existe un autre moyen de rétablir la justice dans votre vie qui n'est pas lié à la colère. Pour ce faire, il faut reporter votre désir de rétablir la justice sur une cible différente. Par exemple :

- Votre conjoint vous trompe et vous ment régulièrement ? Alors vous pouvez arrêter d'essayer de le changer et aller chercher un conjoint qui correspond de base à ce dont vous avez besoin.

- Vos amis vous utilisent et parlent de vous dans votre dos ? Nul besoin de faire des pieds et des mains pour savoir ce qu'ils ont dit à votre propos à d'autres personnes afin de corriger cela. Changez d'amis.

- Vos voisins du dessus font beaucoup de bruit ? Malgré vos différentes interventions, ainsi que celle du syndic et de leur propriétaire, rien ne change ? Alors admettez votre impuissance à calmer vos voisins et cherchez un logement calme ailleurs.

Je ne vous invite donc pas à renoncer à votre désir profond, mais plutôt à aller le satisfaire là où cela est possible. Ne renoncez pas à augmenter le niveau de justice et d'abondance de votre vie. Néanmoins, certaines fois, le combat que vous menez ne porte pas ses fruits ou est trop coûteux en temps et en énergie par rapport au résultat qu'il vous apporte. Dans ce cas, vous pouvez consciemment reporter votre désir sur une autre cible valide. Le but est donc d'identifier les manières d'avoir des résultats pour obtenir ce que vous voulez.

Passons maintenant à la pratique qui vous permettra de mettre fin à la colère. Elle s'articule en trois temps :

1) Identifiez clairement ce que vous désirez au fond de vous et ce que vous projetez sur la situation actuelle. Désirez-vous être respecté par votre conjoint ? Avoir un logement calme ? Être entouré de personnes honnêtes qui vous font confiance ? Augmenter le niveau de justice de votre vie ?

2) Jaugez par vous-même si vous avez le pouvoir de rétablir la justice dans la situation injuste. Si vous êtes impuissant à changer les choses, alors il faut l'admettre. C'est un fait. Que vous soyez d'accord ou non avec ce fait, il sera toujours le même. Je sais que cela peut être difficile, mais c'est la clé qui permet de libérer son esprit de la colère.

3) Soyez attentif à l'émergence de la colère dès lorsqu'elle se produit en vous. Posez-vous les questions suivantes : « Qu'est-ce que je veux réellement ? Et que puis-je faire ici-même pour m'en rapprocher ? » Faites de suite la chose qui vous semble être la plus pertinente pour vous rapprocher réellement de votre objectif.

La colère n'est pas nécessaire pour fonctionner ainsi. Au contraire, elle vous retarde. Si vous appliquez cette méthode, vous ne produirez plus de colère, vous en serez libéré. La clé, pour ce faire, consiste à identifier clairement ce que vous voulez au fond de vous et à concentrer votre énergie uniquement dans des actions utiles pour vous en rapprocher, et non dans des pensées obsessionnelles.

Voici un exemple de cas concret dans lequel j'ai appliqué cette stratégie. Un été, j'ai emménagé avec ma compagne dans un bel appartement à Toulouse. Il devait me servir à la fois de lieu de vie et de cabinet de coaching. Il était spacieux et lumineux, idéalement situé à deux arrêts de métro du centre-ville.

Dès mon premier jour d'occupation, j'ai pu constater que les voisins du dessus avaient un enfant extrêmement bruyant. Il déplaçait les meubles en les raclant par terre, courait et sautait à longueur de journée, jouait sur le parquet avec des jouets et en bois, ou bien au football ou au basket-ball dans le logement. J'entendais tout ce qui se passait dans leur logement, et le bruit perdurait tant qu'ils étaient présents, c'est-à-dire que le calme ne régnait que lorsque l'enfant dormait.

J'ai demandé au total neuf fois à la mère de dire à son fils de faire moins de bruit car ma compagne et moi entendions tout ce qui se déroulait au-dessus, notamment quand son fils jouait au basket-ball dans l'appartement. Neuf fois de suite, elle a répondu « non ». Aussi étonnant que cela puisse paraître, elle était réfractaire au fait de dire à son fils de faire moins de bruit. Même le syndic et son propriétaire ne sont pas parvenus à l'amener à coopérer.

Du matin au soir, je vivais dans l'angoisse du tintamarre qui allait recommencer et la colère émergeait en moi face à son manque de respect et d'empathie à notre égard.

Un jour que je m'apprêtais à taper une énième fois dans le mur avec ma chaussure pour répondre à leur bruit, j'ai réalisé ce que j'étais en train de faire. Je me suis demandé ce que je voulais vraiment. Et la réponse qui me vint fut « un logement calme ». Si je ne pouvais pas avoir le calme dans ce logement, alors rien ne servait de taper au plafond pour les faire réagir, car cela ne les faisait aucunement réagir.

Puisque ce logement ne pouvait pas être calme, il me fallait alors trouver le calme ailleurs.

À chaque fois que je sentais la colère monter en moi, je me ressaisissais. Au lieu de taper dans le mur ou de maudire les voisins, je me mettais à chercher un nouveau logement. Je coupais net chaque pensée de colère qui émergeait dans mon esprit, et je choisissais de rediriger mon énergie vers un moyen efficace d'atteindre mon objectif.

Le but de cette technique n'est donc pas simplement « de penser à autre chose » mais plutôt de rediriger de manière utile vos pensées pour atteindre le même but que celui qui était visé par la colère. Pour cela, vous pouvez d'abord utiliser toutes vos idées pour modifier la situation d'injustice : parlez à des gens influents ou bien mobilisez votre courage et demandez à la personne

injuste d'arrêter ce qu'elle fait. Si vos efforts ne portent pas leurs fruits, alors vous pouvez renoncer

à changer LA situation, et vous pouvez changer DE situation. Certaines fois, la fuite est la solution la plus intelligente et la plus simple que vous puissiez employer pour atteindre votre objectif.

Une métaphore pour vous aider à dépasser la colère

Chercher à rendre juste une personne injuste est une démarche qui est souvent stérile. Vous pouvez chercher dans vos pensées ce que vous auriez pu lui dire pour l'amener à changer sans pour autant trouver de réponse définitive et satisfaisante.

Cela revient à partir à la recherche d'oranges dans le désert. Admettons que vous ayez une grande faim d'oranges. Votre corps réclame de la vitamine C, vous sentez en vous le besoin de vous nourrir d'agrumes. Pour cela, vous partez en expédition dans le désert à la recherche désespérée d'oranges. Vous avez beau marcher durant plusieurs jours, vous n'apercevez pas un seul fruit à l'horizon. La sécheresse et les tempêtes de sable ne permettent pas non plus aux graines que vous pourriez planter de pousser. Pourtant, vous vous obstinez. Vous avez décidé que vous resteriez dans le désert tant que vous n'aurez pas trouvé vos oranges.

Ailleurs, les oranges sont présentes dans les vergers, les marchés ou même chez l'épicier, mais vous les cherchez au seul endroit où elles ne sont pas présentes. Il est logique que vous ayez alors l'impression d'être confronté à un cruel manque de vitamine C dans votre vie.

La colère fonctionne de la même manière. Vous cherchez une notion de justice dans une situation qui en est totalement dénuée. Le fait de tenter d'amener un pervers narcissique à reconnaître ses torts est une démarche stérile. Si ce que vous voulez au fond de vous est un gentil conjoint, alors je vous encourage à aller chercher cette gentillesse où elle est déjà présente au lieu de tenter vainement de la faire pousser en terre stérile.

Le problème n'est pas que vous souhaitiez avoir une vie plus juste. Vous avez tout à fait le droit de vouloir vivre dans un cadre de vie plus sain. L'aspect problématique de la situation apparaît lorsque vous souhaitez satisfaire votre désir de justice et de respect là où l'injustice règne, et là où vous êtes impuissant à la changer. Dans la métaphore, le problème n'est pas que vous ayez envie de manger des oranges, ni même que le désert en soit dénué, mais plutôt que vous vous obstiniez à apaiser votre faim dans un endroit dénué de nourriture.

Comment pardonner grâce à la métaphore du scorpion ?

Lorsque la situation d'injustice que vous avez vécue remonte à plusieurs années et que ne pouvez ni la changer, ni la fuir, il se peut que la colère et la rancœur occupe votre esprit. Peut-être certaines personnes vous ont-elles fait beaucoup de mal dans votre passé proche ou lointain, et vous portez en vous la marque de cette injustice. Vous vous dites que vous ne pourrez jamais pardonner à l'autre le mal qu'il vous a fait.

Si vous vous reconnaissez en ces mots, voici des conseils qui pourront vous aider à apaiser votre cœur.

Imaginez que vous vous trouvez dans un parc. Vous êtes assis sur l'herbe et vous regardez les arbres. Là, un scorpion vous pique la main. Sous le coup de la douleur, vous la lui retirez instantanément. Trois options s'offrent alors à vous :

Vous écrasez le scorpion avec une pierre pour le punir de vous avoir piqué. Vous vous laissez alors guider par la colère et le désir de vengeance.

Vous vous écartez du scorpion car il pique. Vous ne lui souhaitez pas de mal car vous savez que sa nature c'est de piquer, mais vous vous tenez à distance de lui pour ne pas souffrir d'une nouvelle piqûre. C'est cela, « pardonner ».

Vous pensez que c'est de votre faute si le scorpion vous a piqué. Peut-être ne vous y êtes- vous pas pris de la bonne manière pour l'approcher ? Afin d'en être certain, vous pouvez tentez différentes approches : tendez-lui le dos de votre main, la paume, ou encore le poing. S'il vous pique à chaque essai, cela signifie que c'est sa nature de vous piquer, peu importe comment vous l'approchez.

Pardonner au scorpion ne revient pas à lui laisser l'occasion de vous piquer à nouveau, mais simplement à abandonner tout désir de vengeance et toute colère à son égard.

Quand on parle de pardonner à quelqu'un, on entend souvent par là le fait de laisser cette personne entrer à nouveau dans notre vie, et lui faire confiance sur le fait qu'il ne nous fera plus de mal.

Si la personne qui vous fait du mal est toujours toxique pour vous ou que vous n'avez aucun intérêt à entretenir une relation avec elle, alors je vous encourage à ne pas la laisser entrer à nouveau dans votre vie. Vous pouvez pardonner à quelqu'un tout en le maintenant à l'écart de votre cercle social.

Le fait de vous défaire de la colère et du désir de vengeance que vous entretenez à l'écart d'une autre personne est dissociable du fait de la côtoyer. J'ai moi-même pardonné à une personne qui m'a fait beaucoup de mal dans le passé. Mais il se trouve que cette personne a un comportement toxique qui n'a pas évolué. Je ne souhaite donc aucunement entretenir une relation avec elle car j'ai beaucoup mieux à faire de mon temps.

Pardonner n'est pas un acte de faiblesse ni de vulnérabilité mais un acte d'intelligence, tout comme le fait de laisser le scorpion vous piquer à nouveau n'est pas un acte de gentillesse mais le témoignage de votre manque de connaissance.

Vous pouvez donc interdire à une personne toxique de revenir dans votre vie sans pour autant éprouver de colère ni de désir de vengeance. Vous le faites simplement pour vous protéger parce que votre intelligence a identifié qu'il n'y a aucun moyen d'entretenir une relation saine avec cette personne.

Pour pardonner, je vous conseille donc d'utiliser la stratégie que je vous ai donnée dans les pages précédentes pour vous défaire de la colère. Rien ne vous oblige ensuite à laisser la personne toxique vous faire du mal à nouveau, ni à faire semblant de croire une énième fois à ses promesses. Vous pardonnez pour vous faire du bien à vous-même et non pour faire plaisir à l'autre. Cela vous permet de vous libérer d'un lourd fardeau psychologique.

Comment réagir face aux petites injustices du quotidien

Jusqu'à présent, nous nous sommes concentrés sur les grosses colères liées à des situations d'injustice significatives pour vous. Maintenant, voyons comment rester en état de paix intérieure face aux petites injustices du quotidien.

Certaines injustices ou certains manques de respect sont imprévisibles et ne peuvent être évités. Ils vous tombent dessus sans que vous n'ayez pu les anticiper. Devant le fait accompli, vous devez alors gérer la situation :

- un inconnu vous juge et vous parle sur un ton méprisant dans la file d'attente aux caisses du supermarché ;

- un passant vous bouscule et ne s'excuse pas, voire vous critique ;

- un client vous manque de respect, vous donne des ordres ou vous crie dessus.

Face à ce genre de situations, vous avez plusieurs choix : tenter de corriger l'autre ou de l'amener à s'excuser, s'énerver contre lui, accepter la situation et passer à autre chose, ou encore rester sidéré face au manque de respect, puis, dans les heures suivantes, ressasser en boucle ce que vous auriez pu faire pour éviter que la situation ne passe ainsi.

Dans ce genre de situations, je privilégie la solution de ne rien faire et de passer à autre chose. Tenter d'expliquer à l'autre personne son manque de respect pour l'amener à s'excuser n'est pas une mauvaise idée non plus. Essayez de discuter avec l'autre si vous en avez envie. Cela peut vous entraîner à vous affirmer. Mais si vous voyez que la personne qui vous a manqué de respect n'est pas réceptive à votre discours, alors rien ne sert de s'acharner.

En ce cas, je préfère garder mon énergie pour penser à des choses plus constructives.

Certains actes irrespectueux ne peuvent pas être évités. De plus, ils ne perdurent pas dans le temps. Ils durent à peine une fraction de secondes. Je vous encourage à accepter que ce type d'événement peut se produire, et à ne pas vous y attarder.

Il est probable que dans votre quotidien, vous croisiez la route de personnes irrespectueuses. Ces personnes existent. En votre présence, elles vont se comporter comme à leur habitude : en vous manquant de respect. Si, en discutant avec elles, vous ne parvenez pas à leur faire prendre conscience de l'importance du respect, alors vous pouvez lâcher-prise et retourner auprès des personnes qui vous respectent.

Vous avez le droit de vouloir être respecté tout comme d'autres ont le droit de ne pas vouloir vous respecter. La vie vous amènera parfois à coexister l'espace d'un bref instant.

Lorsque vous faites face à un à un manque de respect imprévu, vous pouvez effectuer un effort mental pour canaliser votre pensée d'une manière plus utile. Si vous le souhaitez, allez parler à la personne qui vous a manqué de respect. Sinon, concentrez vos pensées sur des sujets positifs qui vous amèneront dans le futur à vous entourer d'un plus grand nombre de personnes respectueuses et à vous éloigner des personnes irrespectueuses.

Pour conclure concernant la colère

Dans ce livre, la manière dont je décris le processus de sortie de la colère peut laisser penser qu'il s'agit d'une chose facile. Le parcours qui mène à la fin de la colère a été pour moi long et pénible. Mais une fois que j'ai trouvé les clés que je vous partage ici, j'ai réussi à maîtriser mon apaisement intérieur face à l'injustice.

Prenez le temps qu'il vous faut pour vous apaiser. Je ne vous dis pas dans ce livre ce que vous devez faire ni ce que vous devez atteindre comme état intérieur. Je vous partage simplement des clés de compréhension et des pratiques vous permettant d'atteindre un objectif dans le cas où vous souhaitez l'atteindre. Concernant la colère, par exemple, je ne vous dis pas que vous devez arrêter d'être en colère. C'est à vous de juger si vous souhaitez dépasser radicalement la colère ou la laisser perdurer en vous actuellement. Je vous partage simplement des solutions qui peuvent vous aider à ne plus produire la colère dans le cas où cela serait votre objectif.

Chacun évolue et vit ses émotions à son propre rythme, alors prenez le temps qu'il vous faudra pour dépasser la colère : faites-le expressément ou bien tranquillement.

Maintenant que je vous ai fait part de mon enseignement concernant la colère, nous pouvons passer à l'émotion de culpabilité. Voyons ensemble comment vous la produisez et comment vous pouvez la dépasser.

CHAPITRE 5 :

SE LIBÉRER DE LA CULPABILITÉ

La culpabilité est probablement l'une de vos chaînes principales à moins que vous ne vous en soyez déjà libéré. Il s'agit de l'émotion qui apparaît lorsque vous avez l'impression de faire quelque chose de mal.

La culpabilité en elle-même n'est pas une mauvaise chose car elle peut vous amener à agir de manière juste, mais elle le devient lorsqu'elle est vécue de manière excessive. Dans certains cas, la culpabilité peut aller très loin. Certaines personnes se sentent coupables d'abandonner quelqu'un, alors elles renoncent à suivre leur rêve et restent en couple par culpabilité. Pire encore, certaines personnes mènent leur vie entière par culpabilité. Elles vivent pour combler les attentes de leur conjoint(e) ou de leurs parents, quitte à renoncer à leur personnalité pour y parvenir.

La culpabilité est, avec l'angoisse, l'émotion la plus écrasante. Elle se tient entre vous et votre épanouissement. Si vous souhaitez vous épanouir pleinement, il est probable (selon votre conception psychologique) que vous deviez dépasser la culpabilité qui vous en empêche. Tant que vous laissez cette émotion vous guider, vous serez intérieurement déchiré entre le choix de suivre votre cœur et celui d'y renoncer pour combler les manques affectifs de vos proches.

La personne qui culpabilise de manière excessive a du mal à dire « non » à ses proches comme aux inconnus. Une fois qu'elle a tissé un lien d'engagement auprès d'une personne, elle a beaucoup de difficultés à le rompre ou à se désengager. Par exemple : la personne qui culpabilise va mettre beaucoup de temps à s'autoriser à rompre une relation de couple. Elle pourra rester en couple par culpabilité et par pitié pour son conjoint même si elle ne s'épanouit plus dans la relation. Elle pourra aussi avoir du mal à quitter son job ou à couper les ponts avec ses parents, même si ceux-ci sont toxiques pour elle.

Le propre de la culpabilité, c'est de s'interdire d'exister pleinement tant que pour ce faire, nous devons accomplir ce que nous jugeons « mal » ou bien d'abandonner l'autre.

Les personnes hypersensibles et très empathiques sont généralement sujettes à une culpabilité plus intense que la norme. À cause de cela, elles sont facilement manipulables. Il suffit qu'elles accordent leur loyauté et leur affection à une personne pour qu'elles se sentent redevables envers celle-ci.

Si vous vous reconnaissez dans ce texte, alors les pages suivantes sont faites pour vous. Vous y trouverez des clés de compréhension du mécanisme de culpabilité et des solutions pour le déjouer. Comprendre pourquoi la culpabilité se produit vous permettra d'avoir une vision éclairée de vous- même et de vous détacher de ce sentiment. Ensuite, les solutions que je vous donnerai vous permettront de vous assurer que cette émotion ne reprendra plus le dessus.

Comprendre le fonctionnement de la culpabilité

La culpabilité ou le sacrifice de soi pour rendre l'autre heureux.

La personne dans l'esprit de laquelle la culpabilité occupe une grande place accorde davantage d'importance au bien-être d'autrui qu'au sien.

Elle souhaite faire plaisir à ses proches et les rendre heureux. Le problème n'est pas de souhaiter faire le bien et apporter du bonheur dans la vie des gens. C'est même cela qui peut contribuer à donner un sens à votre vie. L'aspect problématique de la situation se manifeste lorsque vous souhaitez rendre l'autre heureux, mais que pour cela, vous devez renoncer à votre propre bonheur.

Dans certains cas, vous pouvez avoir l'impression que le seul moyen que vous ayez pour amener l'autre à sourire est de renoncer à ce qui vous fait sourire vous-même.

Concrètement, lorsque votre sentiment de culpabilité commence à vous écraser, vous vous empêchez de suivre l'appel de votre âme dans le but de répondre aux attentes d'une autre personne. Pour ce faire, vous vous forcez à rester dans un cadre qui ne vous convient plus. Vous êtes alors partagé entre l'envie de vous accomplir personnellement et celle de faire plaisir à l'autre, et ces deux envies vous semblent incompatibles.

Certaines fois, votre désir de faire plaisir à l'autre est grand, et vous ne trouvez aucun moyen efficace et reproductible de le combler. La dernière option que vous utilisez sans en avoir conscience est de vous sacrifier pour rendre l'autre heureux. Vous mettez votre existence à son service et vous vous transformez en objet dont la fonction est de déclencher des émotions positives chez l'autre. Vous prenez vos décisions en fonction du fait que cela rendra l'autre heureux ou non, et vous n'hésitez pas à renier l'élan de votre cœur simplement pour arriver à complaire l'autre.

Le sentiment de culpabilité est aussi lié à la peur d'abandonner quelqu'un. C'est l'inverse de la peur de l'abandon. Lorsque vous restez en couple par culpabilité, vous avez l'impression d'être une mauvaise personne si vous quittez l'autre. Vous n'avez pas spécialement peur que l'autre vous quitte (au contraire, cela pourrait vous faciliter la tâche), mais vous redoutez d'avoir à le/la quitter.

Pardonnez-moi si les termes que j'ai employés précédemment vous ont semblé froids, crus et mécaniques. Si vous êtes actuellement pris dans une tempête de culpabilité, il est possible que ces mots puissent vous secouer psychologiquement. Dans les prochains paragraphes, j'aborderai avec des mots plus doux les solutions que vous pouvez employer pour ne plus vous sentir coupable.

La création du sentiment de culpabilité dans l'enfance

La culpabilité est un problème dès lors qu'elle persiste sans qu'on ne puisse rien faire pour l'apaiser définitivement. Si, par exemple, vous avez malencontreusement cassé le smartphone de votre meilleur ami, il est probable que vous vous sentiez coupable pour cela. Vous avez la possibilité de vous défaire du sentiment de culpabilité en payant les réparations. Dans ce cas, la culpabilité ne persiste pas longtemps en vous.

Voici comment se crée le sentiment de culpabilité qui persiste au cours des années et qui devient peu à peu une part importante de votre personnalité. Voyons ensemble pourquoi un être humain peut adopter une insatiable soif de rendre l'autre heureux à son propre détriment.

Une cause probable de l'émergence du sentiment de culpabilité dans l'enfance est l'attitude de l'un de vos parents. L'enfant le plus enclin à culpabiliser est celui qui avec vécu avec :

- un parent qui le sur-responsabilisait et qui lui demandait des choses non-adaptées à son jeune âge : s'occuper de ses frères et sœurs, servir de confident au parent, s'impliquer dans la résolution de « problèmes d'adultes », ou encore rendre le parent heureux ;

- un parent pervers narcissique jouant sur le mécanisme de culpabilité pour manipuler son enfant ;

- un parent extrémiste religieux, appuyant sur les notions de ce qui est « bien » et de ce qui est « mal » pour avoir du contrôle sur la vie de son enfant ;

- un parent autoritaire et tyrannique ;

- un parent auteur de violences physiques et/ou psychologiques sur l'enfant.

Tous ces cas ont un point commun : si l'enfant ne fait pas ce que son parent attend de lui, alors il passe un sale quart d'heure. Dans de tels schémas familiaux, l'enfant est anormalement sanctionné dès lors qu'il ne correspond pas à ce que le parent attend de lui. Cela implique que le parent dysfonctionnel a des attentes de ce que l'enfant devrait être ou faire.

L'enfant, étant de nature spontanée, ne correspond pas toujours aux attentes du parent. Ce dernier peut ensuite réagir de différentes manières négatives et toxiques pour l'enfant :

- infliger de la violence physique à l'enfant ;

- hurler contre l'enfant, l'insulter et l'humilier ;

- se montrer froid ou indifférent, perdre toute humanité et changer de visage face à l'enfant ;

- se montrer malheureux devant l'enfant et lui expliquer qu'il est responsable de ce malheur ;

- laisser l'enfant livré à lui-même ;

- le séquestre.

L'enfant, dans ce cas, vit un schéma familial toxique. Il va retenir que lorsqu'il agit en étant joyeux et spontané, il risque de ne pas combler les attentes de ses parents. De ce fait, il va mettre en place un système psychologique d'auto-censure automatique pour s'interdire de faire tout ce qui pourrait amener ses parents à entrer en colère ou à être triste relativement à ses actions.

Le cercle vicieux, chez l'enfant évoluant dans ce climat de sur-responsabilisation, s'articule de la sorte :

Les parents ont des attentes concernant le comportement de l'enfant. Ils s'attendent à ce qu'il se comporte d'une manière qui n'est pas adaptée à son âge et à ses capacités réelles.

L'enfant ressent ces attentes peser sur lui. Il fait de son mieux pour les satisfaire. Pour cela, il est prêt à s'y adapter du mieux qu'il le peut car il croit que c'est son devoir.

L'enfant échoue à combler les attentes de ses parents. C'est logique, car il n'est biologiquement pas équipé pour créer des émotions positives dans ses parents. Ceux-ci, manquant simplement de connaissance de soi ou bien ayant des pulsions sadiques, confient tout de même à l'enfant cette mission. L'enfant a besoin de jouer, de rêver, de rire et de légèreté pour évoluer correctement. Il est normal qu'il laisse sa nature d'enfant reprendre le dessus par moments et qu'il ne pense pas tout le temps à se comporter comme ses parents l'ont décidé.

Les parents sont déçus car l'enfant n'est pas totalement comme ils l'attendent. Selon le parent, la déception peut se manifester de différentes manières : agir avec colère ou avec violence, jouer la victime et traiter l'enfant en bourreau, ou toute autre stratégie de manipulation émotionnelle (cf. le chapitre sur les différents types de manipulation émotionnelle). Dès lors que l'enfant n'agit pas de la manière attendue, il subit un contrecoup. Le parent lui fait passer un sale quart d'heure. Il lui hurle dessus, le bat, l'insulte, fond en larme devant lui, boude ou le traite avec indifférence selon le cas.

Ce comportement, chez le parent, est la plupart du temps inconscient. Cela signifie que le parent n'a pas prémédité de conditionner l'enfant et de lui faire du mal de la sorte, mais qu'il le fait tout de même.

Avec la répétition de ce schéma, l'enfant finit par retenir inconsciemment qu'un certain comportement de sa part entraîne un comportement désagréable de la part de ses parents. Il se croit alors responsable de la réaction de ses parents, puisque chaque fois qu'il agit d'une certaine manière, ses parents réagissent de la même manière. En réalité, l'enfant n'est responsable que de ses actes et de ses pensées. Il ne dispose d'absolument aucun pouvoir sur l'esprit et le corps de ses parents. Il n'est pas responsable de leur comportement. Même s'il le voulait, il ne pourrait pas l'être. Vous n'êtes aucunement responsable des émotions (peur, tristesse, frustration, joie) de votre parent ou de votre partenaire de couple. Vous ne pouvez physiquement pas gérer ses émotions à sa place. Lui seul le peut.

L'enfant ne veut pas que ces moments désagréables se reproduisent. Il ne veut pas qu'on lui crie dessus ni qu'on le batte, ni être vu comme un vilain bourreau qui fait le malheur de ses parents.

Il va donc mettre en place un mécanisme d'autocensure : il va inconsciemment charger une partie de son esprit de l'empêcher de se comporter de la manière qui entraîne la souffrance de son parent.
Cela signifie que l'enfant va s'interdire d'agir spontanément, de suivre son cœur et de se détendre psychologiquement car il a retenu que lorsqu'il agit ainsi, ses parents l'amènent à passer un moment difficile.

L'enfant est coincé avec ses parents ; il ne peut pas en trouver d'autres. Il est obligé de les côtoyer jusqu'à l'âge adulte dans la plupart des cas. Un adulte peut quitter un autre adulte qui a un comportement désagréable avec lui, mais l'enfant ne le peut pas. Il ne pense pas non plus que ses parents sont dysfonctionnels. La plupart du temps, il croit qu'ils ont raison et qu'il est lui-même dysfonctionnel.

C'est ainsi que se met en place le mécanisme de culpabilité dans la plupart des cas. Une partie de votre être est alors chargée de vous empêcher de faire tout ce qui est « mal » (qui entraînerait la souffrance de vos parents. Dès lors, vous exercez une pression psychologique sur vous-même pour vous interdire de vous détendre.

Une autre cause de la mise en place de ce mécanisme est l'éducation religieuse extrémiste. Je ne dis pas ici que toute éducation en rapport avec la religion est toxique. Au contraire, elle peut inculquer de belles valeurs, une foi et une ligne de conduite à l'enfant. Mais elle peut aussi l'enfermer à l'intérieur de lui-même.

De nombreux enfants sont éduqués selon une religion moralisatrice et culpabilisante. Ils retiennent que certaines choses sont « bien » et d'autres sont « mal ». Le problème est que certaines choses décrites comme étant « mal » dans l'éducation selon la religion sont pourtant naturelles et ne peuvent être évitées. De nombreuses personnes me disent par exemple en consultation de coaching avoir beaucoup souffert de leur homosexualité. Leurs parents leur ont appris que les personnes pratiquant l'acte homosexuel allaient en enfer après leur mort.

Je ne suis pas homosexuel, mais d'après ce que j'en sais, l'homosexualité est une orientation sexuelle innée chez certaines personnes, y compris chez certains animaux. Elle ne peut pas être reniée, supprimée ou transformée en hétérosexualité. Imaginez-vous la souffrance que peut vivre une personne homosexuelle qui est persuadée que les homosexuels finissent en enfer ? Elle ne peut pas renier son attraction pour les personnes du même sexe (tout comme un hétérosexuel ne peut pas renier son attraction pour les personnes du sexe opposé). Pourtant, cette personne croit qu'elle ira en enfer et que Dieu sera en colère contre elle si elle passe à l'acte. Elle se sent en permanence coupable d'être ce qu'elle est.

C'est pourtant absurde quand on y réfléchit bien, d'un point de vue logique : si Dieu est notre créateur, pourquoi aurait-il créé des personnes homosexuelles s'il ne voulait pas qu'elles soient homosexuelles ? Il ne leur a même pas donné le pouvoir de choisir leur orientation sexuelle, ni de la modifier. De plus, il continue à créer des personnes homosexuelles même après avoir rédigé ses livres saints interdisant l'homosexualité. Où est la logique dans ce raisonnement ? Ce n'est pas Dieu qui veut que les hétérosexuels répriment les homosexuels. Ce sont les hommes eux-mêmes qui se servent des écritures dites « saintes » pour exercer leurs pulsions violentes et sadiques sur des cibles faciles.

Si on se base sur la Bible, alors Dieu est :

- omniscient (se trouve dans toute connaissance) ;
- omnipotent (se trouve dans tout pouvoir) ;
- omniprésent (se trouve dans toute présence).

Il se trouve donc aussi dans la présence des homosexuels, dans la connaissance de l'orgasme des personnes homosexuelles, et dans la pratique de l'acte sexuel entre deux personnes de même sexe. C'est une simple affaire de logique. Les personnes qui éduquent les homosexuels à avoir honte d'eux-mêmes ou bien ceux qui les attaquent font donc directement du mal à Dieu lui-même.

Je souhaitais aborder le sujet de l'homosexualité par rapport à la religion car il est étroitement lié à la culpabilité. Revenons-en maintenant à la création de ce mécanisme dans l'enfance.

Une fois que l'enfant porte en lui l'automatisme de la culpabilité, il continuera à l'utiliser jusqu'à l'âge adulte.

Il deviendra un adulte qui reproduit son schéma familial au sein de sa vie de couple. Il aura tendance à se sentir responsable du bien-être de son partenaire de couple. Lorsque ce dernier (ou cette dernière) sera frustré ou mécontent, l'adulte qui culpabilise ne se sentira pas en paix. Il n'aura de cesse de chercher en lui la cause du malheur de l'autre. Il fera de son mieux pour rendre l'autre heureux. Certaines fois, il y parviendra. D'autres fois, il sera impuissant à rendre l'autre heureux. Il sera alors accablé par le poids de sa propre culpabilité. Il aura du mal à dire « non » et tentera de répondre aux attentes des autres.

La personne qui culpabilise de manière abusive essaye de trouver le bonheur mais elle a du mal à y parvenir car elle ne s'autorise pas à être heureuse tant que des autres personnes sont malheureuses en lien avec son comportement. Elle se sent alors coupable d'avoir mal agi et tente de rendre les autres heureux.

Bien entendu, ce mécanisme est plus accentué dès lors que ce sont votre partenaire de couple, les membres de votre famille et vos amis qui sont impliqués.

Dans quel cas souffrez-vous le plus de la culpabilité ?

La culpabilité est une émotion qui est produite par votre organisme lorsque trois facteurs sont réunis :

1. Vous avez fait (ou vous songez à faire) quelque chose que vous identifiez comme étant « mal ».

2. Vous avez également un désir de faire ce que vous jugez « bien ». Un conflit intérieur est présent entre l'envie de faire le bien et l'envie de faire quelque chose que vous jugez pourtant comme « mal ».

3. Vous vous sentez impuissant à rétablir le bien ou vous n'osez pas le faire.

Voici quelques exemples de situations dans lesquelles vous pouvez culpabiliser :

Votre conjoint souffre (ou bien il fait semblant de souffrir) et vous dit que vous êtes responsable de sa souffrance. S'il souffre, selon lui, c'est uniquement de votre faute. Pourtant, vous n'avez aucunement envie de lui faire du mal, vous souhaitez simplement suivre votre volonté et satisfaire vos besoins. Peut-être souffre-t-il suite à vos actions, mais il est responsable de sa propre souffrance.

Vous n'avez pas envie de suivre la carrière professionnelle que vos parents ont prévu pour vous. Vous vous sentez coupable car ils risquent d'éprouver de la déception suite à votre choix, mais vous n'arrivez pas à renoncer à vos rêves.

Vous êtes homosexuel et vous souhaitez être une bonne personne aux yeux de Dieu. Votre éducation vous a appris que l'homosexualité était un pêché. Vous ne pouvez pas lutter contre votre orientation sexuelle ni supprimer votre envie d'être quelqu'un de bien. Alors vous éprouvez de la culpabilité.

Dans certains cas, vous culpabilisez tout seul sans que personne ne vous y influence. Dans d'autres cas, une autre personne peut fortement jouer sur votre tendance à culpabiliser en vous faisant des reproches ou du chantage affectif. Les personnes utilisant la manipulation émotionnelle sont fortes pour cela. Elles vont parfois jusqu'à se donner en spectacle en train de pleurer et de se rouler par terre dans le but de vous amener à culpabiliser afin d'obtenir ce qu'elles veulent de vous.

COMMENT SE LIBÉRER DE LA CULPABILITÉ

Voici les quatre manières qui permettent de se libérer définitivement de l'émotion de culpabilité. Je vous invite à les lire et à appliquer celle qui correspond à votre situation.

1) Agir pour vous libérer de la culpabilité

Dans certaines situations, un acte de courage vous permet de vous libérer de la culpabilité :

Reconnaître ses torts et demander pardon à une personne que nous avons blessée : Cela peut vous permettre d'avoir une discussion avec votre ancienne victime (si celle-ci est d'accord) et de vous libérer des remords. Le film « A silent voice » produit par Kyoto Animation illustre bien cet exemple. Il raconte l'histoire d'un garçon qui essaye de devenir ami avec une fille muette qu'il a harcelée quelques années plus tôt au collège.

Avouer la vérité que nous nous efforcions de garder cachée. Mentir à une personne que nous côtoyons chaque jour peut vite devenir pesant car, pour maintenir la réalité cachée, vous devez faire beaucoup d'efforts. Avoir le courage de dire la vérité, même si elle fait mal, peut vous libérer d'un poids. Je ne vous dis pas ici que toutes les vérités sont bonnes à dire. C'est à vous d'en juger. Mais si la personne que vous côtoyez n'est pas un pervers narcissique et que vous sentez que le fait de lui mentir est « mal », alors vous pouvez lui avouer la vérité.

Réparer le mal que vous avez fait, même si des années se sont écoulées depuis. Les actions permettant de vous racheter en réparant vos fautes peuvent également alléger votre cœur d'un lourd poids. Si vous aviez cassé un objet cher aux yeux d'un camarade de lycée, rien ne vous empêche de retrouver sa trace et de lui envoyer de l'argent maintenant, par exemple.

Dans le cas où vous souhaitez vous libérer de la culpabilité, je vous invite, dans un premier temps, à évaluer s'il vous est possible de vous libérer par le biais d'un acte de courage.

Si aucune idée d'acte libérateur ne traverse votre esprit, alors cela signifie probablement que vous n'avez fait aucun mal réel à la personne concernée par votre culpabilité. Autrement, vous pourriez réparer votre faute.

Reformulons cette idée pour que vous puissiez bien l'intégrer : si vous ne pouvez pas réparer votre faute, c'est peut-être parce que vous n'avez commis aucune faute. Dans le cas contraire, vous seriez compétent à la réparer.

Si la personne à laquelle vous souhaitez parler pour vous libérer est décédée, je peux vous conseiller d'aller consulter un médium qui pourra vous mettre en communication avec les défunts.

2) Accepter son incompétence à rendre l'autre heureux

C'est de loin la solution la plus efficace à la culpabilité.

Je l'ai découverte lorsque j'essayais de rendre une personne heureuse. Cette personne entrait facilement en colère et boudait pour un oui ou pour un non. J'avais beau me plier en quatre pour essayer de la satisfaire, je n'y parvenais pas. Je faisais tout ce qu'elle me demandait, je veillais à ce qu'elle soit satisfaite du mieux que je le pouvais. Dès lors qu'elle manifestait des signes de mécontentement, je lui demandais ce qui n'allait pas jusqu'à ce qu'elle se décide enfin à m'en parler.

À l'écouter, elle était malheureuse à cause de moi parce que je ne comblais pas ses désirs, que je n'avais pas envie des mêmes choses qu'elle, ou bien que je ne dépensais pas assez d'argent pour elle. Quoi que je fasse, ce n'était jamais assez bien à ses yeux : elle boudait encore et me disait qu'elle était malheureuse à cause de moi.

Pourtant, je ne faisais absolument rien contre elle. Je m'évertuais même à anticiper ses désirs et à céder à ses caprices.

Un beau jour, j'ai eu une prise de conscience. J'ai compris que si je ne parvenais pas à combler ses désirs, ce n'était pas parce que je m'y prenais mal, mais parce que j'en étais tout bonnement incapable. La croyance que j'étais responsable des émotions de cette personne était ancrée en moi et en elle également.

Si vous ne parvenez pas à rendre quelqu'un heureux, c'est peut-être parce que vous ne disposez pas des capacités nécessaires pour accomplir cette mission. Vous pouvez certes apporter du bonheur dans la vie de certaines personnes, mais d'autres personnes ne sont pas réceptives à votre valeur. Elles ne constatent pas à quel point vous êtes une personne géniale. Elles ont besoin ou envie d'autre chose sur le moment.

Certaines personnes comptent sur vous pour correspondre à leurs attentes mais ce n'est pas dans votre nature d'y parvenir. Avant de projeter leurs attentes sur vous, ces personnes n'ont pas pris le temps de vous observer et de voir si vous étiez bien la personne qu'elles recherchaient. Elles ont juste essayé de vous modeler pour que vous puissiez correspondre à leurs désirs.

Or, ce n'est pas dans votre nature de correspondre à leurs désirs. Vous avez donc le choix entre : vous faire du mal et renoncer à vos rêves pour leur faire plaisir ou bien renoncer à leur faire plaisir et assumer votre nature profonde.

Pour vous libérer de la culpabilité, dans ce cas, vous devez constater que vous n'êtes pas compétent à correspondre aux attentes d'une autre personne ou bien à la rendre heureuse. Si vous ne disposez pas des capacités nécessaires pour accomplir ces missions, alors cela signifie que vous êtes libre ! Vous n'êtes pas une mauvaise personne si vous ne rendez pas l'autre heureux. Vous n'en avez tout simplement pas le pouvoir ! Autrement, je pense que vous l'auriez déjà rendu heureux depuis longtemps, car telle était votre volonté.

Cette prise de conscience peut vous libérer d'un lourd fardeau. Rien ne vous oblige plus à chercher à rendre heureuse une personne alors que cela ne vous fait pas du bien. Vous n'avez aucun pouvoir sur les émotions et sur l'esprit d'une autre personne.

Bien entendu, vous pouvez aider une personne à être plus heureuse si cela vous fait du bien. C'est même une manière de donner du sens à votre vie. Mais tant qu'une personne estimera que son bonheur dépend de vos actions, la relation sera toxique. Ce livre vous apporte peut-être des clés pour alléger votre conscience, et son processus d'écriture a donné du sens à ma vie. En revanche vous ne dépendez pas de moi pour être heureux. La relation entre l'auteur et le lecteur de ce livre n'est donc pas toxique.

Une fois que vous avez pris conscience de cela, vous pouvez même passer à l'étape de libération supérieure : avouer à l'autre personne que vous êtes incapable de la rendre heureuse. Exposez-lui votre prise de conscience et dites-lui que vous ne pouvez rien faire pour l'aider qui ne vous fasse pas souffrir, alors vous lâcherez prise.

Dans certains cas de manipulation émotionnelle, l'autre personne se présente en victime pour vampiriser votre énergie. Elle vous amène à croire qu'elle dépend de vous et que vous n'avez pas le droit de l'abandonner. Si vous êtes confronté à ce cas, je vous conseille de recommander à l'autre l'adresse de bons professionnels de la relation d'aide (psychiatre, coach, sophrologue) pour l'aider à gérer ses émotions ainsi qu'une assistante sociale pour l'aider dans ses démarches. Si l'autre personne refuse de les consulter, alors ce n'est plus votre problème. Au moins, vous aurez fait votre part.

3) « Ce n'est pas mon problème »

Cette formule magique peut vous sauver de la culpabilité. Elle est à double le sens.

Premièrement, elle vous permet de prendre de la distance émotionnelle face au problème auquel une autre personne est confrontée. Dans le cas où vous vous surprenez en train d'angoisser en lien avec la problématique d'une autre personne, le fait de vous dire « ce n'est pas mon problème » vous permet de souffler un peu. Rendez-vous compte à quel point vous êtes chanceux de ne pas être contraint d'affronter ce que l'autre personne affronte actuellement !

Si vous souhaitez aider un proche à résoudre ses problèmes, soyez vigilant. Dès lors que vous basculez dans l'émotionnel, votre capacité d'aide diminue grandement. Par exemple : si votre ami stresse et que vous commencez à stresser avec lui, vous n'avez plus assez de recul pour l'aider à voir clair. Si votre ami procrastine et vous rétorque « oui, mais... » dès lors que vous lui proposez des idées de solution, votre seule chance de l'aider est alors de rester ferme. Ne vous laissez pas emporter par sa nonchalance.

Rappelez-vous que le problème de l'autre n'est pas votre problème. Investissez-vous (si vous le souhaitez) mentalement pour aider vos proches en leur trouvant des idées de solutions, ou physiquement en leur donnant un coup de main, mais pas émotionnellement. Angoisser à côté d'une personne qui angoisse ne l'aide pas à ne plus angoisser. Cela reviendrait à vous noyer par empathie pour une personne qui se noie sous vos yeux.

4) Choisir sa cause

Lorsque vous dites « non » à quelque chose, vous dites en réalité « oui » à autre chose. Le « non » que vous allez formuler à une personne au comportement vampirique est donc un « oui » formulé à vous-même. Il est beaucoup plus facile de dire « non » si vous savez à quoi vous dites « oui ».

Lorsque vous n'avez pas d'objectif dans la vie et que vous avez une tendance à vouloir sauver les autres, il est facile de vous manipuler. Il suffit qu'une personne tisse un lien intime avec vous, se présente ensuite en tant que victime, et vous répète que vous êtes le seul à pouvoir la sortir de ses problèmes. À ce moment-là, la relation de culpabilité se crée et l'emprise s'installe.

Pour pouvoir vous sentir légitime de dire « non » à l'autre, je vous encourage à choisir la cause pour laquelle vous allez investir votre temps et votre énergie.

J'ai compris cela lors de mes débuts en tant que coach en développement personnel. Au fur et à mesure que ma visibilité se développait sur YouTube, les mails de demande de conseils se faisaient plus nombreux. Je recevais chaque jour plusieurs dizaines de mails dans lesquelles les personnes m'expliquaient leurs problématiques, me demandant mon avis sur leur situation.

La quantité de mail était tellement importante que je pouvais passer deux heures par jour à y répondre. Une fois cette tâche terminée, je me sentais fatigué nerveusement alors que je n'avais pas encore entamé le programme de ma journée de travail.

C'est alors que j'ai compris que je devais faire un choix : soit je consacrais mon énergie à répondre à chaque mail que je recevais, soit je me concentrais sur la création de mes livres et de mes vidéos qui pourraient toucher beaucoup plus de monde.

Bien entendu, j'ai choisi la deuxième option. Depuis ce jour, je ne réponds que rarement aux demandes de conseils par mail. Je redirige les gens sur les nombreuses vidéos de ma chaîne YouTube ou bien je leur propose une prestation de coaching.

Si une cause vous tient à cœur, il n'y a aucun mal à la choisir, quitte à dire « non » aux personnes qui tentent d'accaparer votre énergie. Sachez que vous faites le choix qui vous semble le plus juste et que vous n'aurez pas de mal à l'assumer.

Voilà tout concernant les quatre tournures d'esprit permettant de se libérer de la culpabilité. Utilisez- les si vous estimez qu'elles correspondent à votre situation.

TROIS MISES EN GARDE POUR ÉVITER DE CULPABILISER

Je souhaite vous transmettre trois derniers outils pour vous aider à dépasser la culpabilité.

1) Identifier le moment où vous vous faites du mal pour faire du bien à l'autre

Premièrement, vous l'avez peut-être remarqué, mais la culpabilité se produit lorsque vous souhaitez faire du bien à autrui et que votre seul moyen d'y parvenir consiste à vous faire du mal. Vous vous retrouvez contraint de vous renier et de mettre vos rêves de côté dans le but de rendre une personne heureuse. Le problème n'est pas de vouloir apporter du bonheur dans la vie des gens, mais de s'arracher son propre bonheur pour le donner aux autres.

Certaines fois, vous donnerez beaucoup de votre personne et vous renoncerez à votre confort pour aider d'autres êtres humains et cela vous fera du bien. Vous le ferez de bon cœur et vous vous sentirez à votre place.

D'autre fois, vous vous sentirez tiraillé entre le désir d'aider l'autre et celui de vous épanouir. Vous aurez le sentiment qu'en étant présent auprès d'une autre personne, vous perdez votre temps. Un conflit intérieur entre votre esprit et votre cœur fera rage en vous. C'est donc lorsque votre épanouissement n'est pas compatible avec l'aide que vous souhaitez apporter à autrui que la culpabilité se manifeste.

La plupart du temps, dans ce genre de situation, votre devoir d'aider l'autre vous semble sans fin. Vous vous pliez en quatre pour lui apporter votre soutien émotionnel et vos coups de mains matériels, mais il en redemande encore, comme si une relation de dépendance s'était instaurée entre lui et vous.

Si la culpabilité occupe une place importante dans votre esprit, peut-être vous sentirez-vous concerné par mes mots. Généralement, vous agissez ainsi car vous estimez que l'autre ne peut pas se débrouiller tout seul et qu'il a besoin de vous.

Cela est une croyance limitante, un mensonge, car l'autre n'a pas besoin de vous. S'il a des besoins,

il devrait pouvoir les combler d'une autre manière qu'en jouissant lorsque vous souffrez. Vous avez le droit de prendre vos distances et d'abandonner une personne adulte qui est persuadée de dépendre de vous, ou qui fait semblant de l'être pour susciter votre pitié. Vous avez le droit de la laisser seule face à sa frustration et sa colère car elle pense que vous n'avez pas le droit de l'abandonner parce que c'est « mal ». Si cela est votre seule manière de vous respecter, alors je vous encourage à écouter votre cœur.

Mes paroles sont peut-être dures à lire, mais j'ai jugé utile de vous les partager sous cet angle. Certaines fois, communiquer avec l'autre n'apporte aucun résultat. Malgré vos efforts répétés, vous n'arrivez pas à l'aider ou à l'amener à comprendre les choses comme vous le souhaitez. Cela ne fait pas de vous une mauvaise personne si vous lâchez prise et que vous sortez de sa vie, même s'il n'est pas d'accord. C'est ainsi que l'autre va pouvoir (peut-être, s'il le souhaite) apprendre à jouir d'autre chose que de votre souffrance.

Bien entendu, cela concerne les relations toxiques basées sur le plaisir de l'un au détriment du bien-être de l'autre. Si la relation n'est pas toxique, alors vous pouvez discuter avec la personne en lien avec laquelle vous culpabilisez et cela portera ses fruits.

Rappelez-vous que vous produisez vous-même votre propre culpabilité. Certaines fois, l'autre n'y est pour rien et a un comportement plutôt sain. D'autre fois, l'autre encourage ce mécanisme et en jouit.

2) Identifier que votre interlocuteur est mal intentionné

Cette émotion peut se produire dans tous types de relation : dans le couple, la famille, le cercle amical ou même au travail.

Un bon moyen de vous en libérer consiste à identifier que l'autre personne vous manipule et est mal intentionnée envers vous. Cela légitime votre décision de l'abandonner. Si l'autre est perçu comme un individu manipulateur et méchant, alors peut-être vous autoriserez-vous à l'éjecter de votre vie sans remords.

La personne avec laquelle vous entretenez une relation de culpabilité peut donc avoir des intentions qui ne sont pas compatibles avec votre bien-être. Cela peut être conscient de sa part ou bien inconscient.

Une personne qui vous fait du mal consciemment éprouve du plaisir à vous voir souffrir. Elle peut éclater de rire lors d'une violente dispute, vous persécuter, mentir à votre propos dans votre dos ou encore planifier une stratégie pour vous déposséder de vos biens ou vous couper de votre autonomie.

Une personne qui vous fait du mal inconsciemment n'a pas l'intention de vous nuire. Elle agit pour son propre plaisir mais n'hésite pas à vous mettre la pression ou bien à user de chantage affectif pour que vous alliez dans son sens. À aucun moment, elle ne se demande si ses intentions sont compatibles avec votre bien-être. Elle cherche simplement le sien, et insistera tant que vous ne lui donnerez pas ce qu'elle veut.

Pour identifier si la personne est mal intentionnée envers vous, j'ai deux conseils à vous donner. Premièrement, rendez-vous au chapitre sur les relations toxiques et la manipulation émotionnelle. Vous y trouverez une description détaillée de tous les mécanismes de manipulation mentale ainsi que des conseils pour les déjouer.

Deuxièmement, dès lors que l'autre personne tente d'influencer vos choix, vous pouvez remarquer qu'elle ne les respecte pas. De nombreuses personnes le font, mais cela n'en reste pas moins toxique. Quelqu'un qui argumente et essaye par tous les moyens de transformer votre « non » en « oui » n'agit pas pour votre bien-être. Peut-être pense-t-il qu'il sait mieux que vous ce qui est bien pour vous, mais ses actions n'entraînent pas votre bien-être.

Si l'un de vos proches a coutume d'insister pour influencer vos prises de décisions, alors vous pouvez observer comment vous vous sentez avant et après l'avoir écouté. Les décisions qu'il a prises pour vous ont-elles eu aux court et long termes un impact positif, ou bien était-ce juste un poids supplémentaire pour vous que de vous y conformer ?

3) Ne pas rester en couple par culpabilité

Avant de conclure ce chapitre, je souhaite vous parler du lien de culpabilité qui unit deux partenaires de couple.

Au cours de ma carrière de coach, j'ai rencontré de nombreuses personnes qui restaient en couple par culpabilité. Cela signifie que le principal lien qui vous unit à l'autre est la culpabilité. Vous restez auprès de lui (ou d'elle) car vous avez peur de l'abandonner, de lui faire du mal ou d'être responsable de sa tristesse si vous le (la) quittez. Dans ce cas, ni la joie ni l'élan du cœur ne sont présents dans votre relation, mais plutôt un lourd fardeau. Vous pouvez avoir l'impression de perdre votre temps ou de passer à côté de votre existence lorsque vous entretenez ce type de relation de couple.

Cette souffrance peut provenir de la croyance que lorsque vous quittez l'autre, vous l'abandonnez car il n'est pas totalement autonome (que ce soit dans la gestion de ses démarches administratives ou bien de ses états émotionnels), et que c'est « mal » d'abandonner quelqu'un. Vous ne voulez pas subir le lourd sentiment d'être une mauvaise personne, alors vous vous maintenez dans le couple, quitte à renoncer à vivre en accord avec vos aspirations profondes.

Vous restez alors en couple par culpabilité, vous avez le sentiment d'être divisé entre deux volontés distinctes : celle de suivre votre cœur et de quitter votre partenaire de couple et celle de rester en couple car vous avez pitié de lui ou peur de le rendre triste.

J'ai moi-même vécu ainsi durant plusieurs années. Je me maintenais dans des relations de couple qui n'étaient pas compatibles avec mon épanouissement car j'avais peur de quitter l'autre. Pour moi, l'action de « rompre » n'était pas envisageable. Je me sentais responsable du bonheur de l'autre. Si je décidais de la quitter, j'avais peur qu'elle souffre et je me sentais intérieurement écrasé par mes émotions rien qu'à l'idée de la contredire. Vous l'aurez probablement compris : du fait de ma tendance à culpabiliser, j'avais un comportement soumis dans le cadre du couple.

Je pense que je me souviendrai toute ma vie du jour où je me suis libéré de la culpabilité. Je me rappelle de la seconde précise où la prise de conscience a opéré dans mon esprit comme si c'était arrivé aujourd'hui-même.

Cela faisait un an et demi que j'étais en couple avec une femme. Durant les premiers mois de notre relation, je sentais que quelque chose clochait mais je n'arrivais pas à mettre des mots dessus. J'essayais en permanence de la satisfaire et elle m'en demandait toujours plus. Je ne partageais aucun moment avec elle où je me sentais libre d'être moi-même.

Un beau jour, j'ai compris qu'en réalité, je n'avais pas de problèmes de couple : c'était ce couple qui constituait mon problème. Si je n'étais plus en couple, alors la totalité de mes problèmes n'avait plus lieu d'être. Je n'aurais plus à faire d'efforts stériles pour lui faire plaisir, à me retenir d'être joyeux dans le but de la contenter, ou encore à aller habiter dans un lieu gris et triste.

C'est suite à cette prise de conscience que ma première dépression a commencé. Ne pouvant plus me voiler la face, j'affrontais chaque jour mon conflit intérieur entre l'envie de la quitter et la peur de rompre. Je n'avais plus d'énergie, de joie ou de motivation. Je souffrais beaucoup. La dépression a duré six mois.

À la fin du sixième mois, je ne suis plus parvenu à faire semblant que tout allait bien.

Suite à notre décision de rupture, j'ai eu une des prises de conscience les plus libératrices de toute mon existence. Je regardais mon ex-compagne dans les yeux au moment où elle m'affirmait que nous continuerions à entretenir une relation sexuelle ou bien une relation à distance même lorsque j'aurais déménagé. À ce moment-là, il s'est passé quelque chose de miraculeux dans mon esprit : j'ai enfin pu voir clair.

J'ai vu l'expression de son visage et ai compris qu'elle était en train de jouer un rôle et de me manipuler. C'était du chantage affectif, une tentative d'influencer mes émotions. Durant tout ce temps, j'avais joué un rôle compatible avec le sien. Je croyais à tort que j'étais capable de la rendre heureuse malgré elle. Quant à elle, elle croyait que j'étais responsable de son bonheur et qu'elle arriverait à me changer.

Ayant pris conscience de tout ce qui se jouait au niveau émotionnel, je n'avais plus aucune raison de culpabiliser. Le lien de culpabilité était définitivement rompu.

Dans les jours qui ont suivi cet événement, j'ai pu constater que je n'avais plus aucune attache émotionnelle avec cette personne, car le seul lien qui m'unissait auparavant à elle était la culpabilité. Une fois que la culpabilité avait disparu, plus rien ne me retenait auprès d'elle. Cette relation et la souffrance qui en a résulté m'ont permis de me libérer d'un lien toxique qui pesait sur mon cœur depuis mon enfance.

Je pense que je ne serais jamais parvenu à cette prise de conscience si je n'avais pas dans un premier temps rompu avec cette personne. C'est seulement parce que nous avions rompu que j'orientais petit à petit mon esprit vers la recherche de la paix intérieure hors de la relation.

Je tiens à donner quelques conseils aux personnes qui se maintiennent dans leur relation de couple uniquement par culpabilité.

Premièrement, quitter un adulte ne revient pas nécessairement à l'abandonner. Une personne adulte est autonome pour satisfaire ses besoins à tous les niveaux. Elle ne dépend pas de vous pour être en paix intérieure. Je veux dire par là que certes, elle risque d'être chamboulée suite à votre séparation (surtout si elle ne l'a pas souhaitée) mais elle est capable de retrouver la paix par la suite. Elle n'a pas besoin que vous fassiez tout ce qu'elle attend de vous pour être en paix.

Si vous avez des engagements envers cette personne (un mariage, une maison en commun ou encore des enfants), vous pouvez vous désengager proprement. Cela revient à vous occuper ensemble avec maturité de tout ce que vous avez en commun. De ce fait, vous n'abandonnez pas l'autre. Vous partagez ensemble les conséquences de la rupture. Si l'autre personne n'est pas en accord avec votre décision de rompre, vous pouvez lui expliquer votre position du mieux que vous le pouvez. Si malgré cela, elle est toujours triste ou en colère contre vous, c'est à elle de gérer cela et non à vous. Agissez en adulte, parlez à l'autre, expliquez-vous avec lui et désengagez-vous proprement. Au moins, vous faites votre part. Vous n'avez ensuite aucun pouvoir concernant les réactions de l'autre.

Deuxièmement, sachez que certains engagements sont trop lourds à porter pour vos petites épaules. Il est possible que vous vous soyez engagé à faire quelque chose dont vous ignoriez toutes les conséquences. Par exemple : admettons que vous vous soyez marié avec un manipulateur pervers narcissique. Au moment où vous avez accepté de vous marier, vous ignoriez qui était vraiment cette personne. Le fait que des informations importantes vous aient été cachées au moment où vous vous êtes engagé légitime votre volonté de vouloir rompre votre engagement. Je reformule cette clé pour être certain que vous puissiez la comprendre : si, au moment de vous engager, certaines informations vous ont été dissimulées, alors votre engagement n'est pas valable. Vous n'êtes donc pas une mauvaise personne si vous rompez ce type d'engagement.

De même, il est possible que vous ayez surestimé votre capacité adaptative lorsque vous vous êtes engagé. Par exemple : vous vous engagez à rester en couple avec une personne jusqu'à ce que la mort vous sépare. Ce type d'engagement est irréaliste. Il est fort probable que, durant les prochaines décennies, vous évoluiez et que votre état d'esprit et vous goûts changent. De ce fait, votre envie d'être en couple avec une personne en particulier peut varier, voire disparaître.

Dans certains cas, le mariage dure jusqu'à ce que la mort sépare les mariés. Dans d'autres, une séparation a lieu. L'engagement correct consisterait à faire de votre mieux pour vous épanouir auprès de l'autre et à l'encourager dans son épanouissement le plus longtemps possible.

Il est normal que, lorsque vous avez pris un engagement trop lourd à tenir, vous échouiez à le tenir. Pour sortir de la culpabilité dans ce type de situation, il convient de reconnaître que ce n'est pas « mal » de ne pas parvenir à tenir votre engagement. C'est normal. La prochaine fois, vous pourrez vous engager de manière plus réaliste. Mais maintenant, vous pouvez vous sortir de cette prison que vous avez vous-même contribué à créer.

Enfin, je peux vous encourager à couper le lien de culpabilité que vous entretenez avec votre partenaire de couple. Que reste-t-il ensuite ? Y a-t-il d'autres liens qui vous unissent hormis la culpabilité ? Si oui, alors cela signifie que vous avez d'autres raisons d'être en couple. Si la culpabilité était votre seul lien, alors vous n'avez plus aucune raison de vous maintenir dans un couple toxique.

Cher(e) ami(e), si vous avez grandement tendance à culpabiliser, le meilleur outil pour vous libérer reste le courage. Je vous ai donné des clés de compréhension dans les pages précédentes, mais si ces clés ne sont pas suivies de courage, la culpabilité persistera. Avoir du courage, c'est agir malgré la peur. Si vous vous trouvez dans une situation où vous culpabilisez vis-à-vis d'une personne, ayez le cran de lui dire « non », de faire un acte libérateur, ou de vous en aller. C'est souvent une ultime décision de courage qui peut changer votre vie.

Si vous souhaitez arrêter de culpabiliser, je vous encourage donc à agir. Il est normal que vous ayez peur de dire « non » à l'autre si vous ne l'avez encore jamais fait et la lecture de tous les livres du monde ne changera rien à cela. La seule chose qui peut vous permettre de dépasser votre peur, c'est l'action. Agir malgré la peur vous permet de faire des choses que vous n'avez encore jamais faites. Ce sont ensuite ces nouvelles actions qui porteront de nouvelles conséquences. N'attendez donc pas que la peur se soit totalement évanouie pour agir en votre propre faveur et arrêter de vous sacrifier pour l'autre, mais agissez malgré la peur. Dans votre cœur, vous sentez ce qui est juste.

CHAPITRE 6 :

DÉPASSER LA REDEVABILITÉ OU LE SENTIMENT D'ÊTRE REDEVABLE

Ce que je nomme « redevabilité » est le sentiment d'être redevable, de devoir quelque chose à quelqu'un. Certaines fois, ce sentiment est justifié et vous avez réellement une dette à payer. D'autres fois, vous ne devez rien à l'autre mais vous croyez le contraire. Dans ce cas, vous faites de votre mieux pour correspondre aux attentes de l'autre et le combler à tous les niveaux car vous vous sentez obligé de le faire. Une relation toxique s'installe alors entre vous et la personne envers laquelle vous vous sentez redevable.

Voici les symptômes du sentiment de redevabilité :

- Vous avez l'impression d'avoir une dette à payer envers l'autre.

- Votre dette n'est jamais définitivement payée, c'est-à-dire que vous ne pouvez pas la payer par une action. Elle semble toujours en suspens, quoi que vous fassiez pour l'effacer et équilibrer la balance.

- Dans vos relations sociales, vous partez souvent avec un handicap : dès le départ, vous avez l'impression que l'autre personne est plus légitime que vous et que vous devez la servir.

- Vous avez un sens de la justice très fort. Pour vous, l'égalité importe et les bons comptes font les bons amis. Votre sens de la justice est tellement grand que vous êtes sensible au chantage affectif : une personne peut montrer qu'elle est frustrée en lien avec du fait de votre comportement et vous sentez aussitôt que vous devez la contenter pour vous racheter.

Il existe trois cas dans lesquels vous pouvez vous sentir redevable :

1. Vous avez réellement une dette que vous n'avez pas encore payée. Dans ce cas, nous pouvons considérer que la redevabilité est légitime car, pour vous défaire de ce sentiment, il vous est possible de payer une dette que vous avez au préalable accepté de contracter.

2. Vous n'avez aucune dette à payer, mais une personne de votre entourage vous manipule (consciemment ou inconsciemment) et pratique le chantage affectif pour vous inciter à vous sentir redevable. Vous vous pliez donc en quatre pour vous adapter à ses exigences. Vous lui offrez jusqu'à votre liberté, et quoi que vous fassiez, votre dette ne semble jamais totalement réglée.

Certaines fois, vous avez réellement une dette à payer envers quelqu'un et cette personne commet une sorte d'abus de pouvoir. Elle se permet de vous demander plus que de raison, sous prétexte que vous lui devez quelque chose, comme si le fait que vous ayez une dette à lui payer l'autorisait à vous manquer de respect.

3. Personne ne vous manipule, vous vous placez naturellement en posture de redevabilité avec vos proches. Ceux-ci ne pratiquent aucune forme de manipulation émotionnelle mais vous vous sentez tout de même redevable envers eux.

Théoriquement, votre pire cauchemar, si vous êtes enfermé dans le sentiment de redevabilité, pourrait-être le suivant : vous tissez une relation forte avec un proche (un parent, un « ami » ou un partenaire de couple). Celui-ci fait beaucoup de choses pour vous, et surtout des choses que vous n'avez pas demandées. Vous souhaitez équilibrer la balance et faire autant pour lui qu'il en fait pour vous, mais il ne vous en laisse pas l'occasion. De plus, il vous fait comprendre– par son attitude qu'il est gêné d'en faire autant pour vous et que ça lui coûte. Vous vous sentez alors responsable de son sentiment d'injustice toujours grandissant, sans pouvoir rien faire pour y remédier. Vous avez donc l'impression d'être emprisonné.

Si vous vous reconnaissez dans ce texte, rassurez-vous, je vais vous donner des solutions concrètes pour vous défaire du sentiment de redevabilité.

COMMENT SE LIBÉRER DU SENTIMENT DE REDEVABILITÉ

Il existe différentes manières vous libérer de ce sentiment. Chacune d'entre elle s'applique à un cas de redevabilité différent.

1) Payer votre dette pour vous libérer de ce poids

Comme nous l'avons vu précédemment, vous pouvez éprouver le sentiment de redevabilité lorsque vous avez une réelle dette à payer. Il peut s'agir d'une dette financière ou d'un service que vous devez rendre à quelqu'un. Ce sentiment est justifié lorsque c'est vous-même qui avez contracté cette dette de votre plein gré sans que personne ne vous y ait obligé, ou bien lorsque vous êtes légalement obligé de la payer.

La solution, dans ce cas, consiste à arrêter de laisser perdurer votre dette et à la payer une bonne fois pour toutes. Le fait d'effacer votre ardoise vous permettra de vous libérer d'un lourd poids.

Certaines fois, vous pouvez rembourser votre dette en rendant un service ou bien en donnant de l'argent. Si vous ne disposez pas de la somme nécessaire pour y parvenir, vous pouvez demander un recours gracieux à la justice et monter un dossier de surendettement, ou bien demander à la personne envers laquelle vous êtes redevable de bien vouloir effacer votre dette. Vous pouvez également travailler pour gagner l'argent nécessaire au remboursement de votre dette. Que ce soit bien clair, dans ce cas, vous ne travaillez pas pour l'autre, mais pour vous-mêmes : vous remboursez la dette que vous avez-vous même contractée auparavant et cela vous permettra de libérer votre esprit.

2) Refuser de payer sa dette

Pour certaines personnes ayant un sens de la justice assez fort, il est possible qu'il soit inconcevable de refuser de payer une dette. Cela ne vous semble pas juste et votre loyauté vous oblige à ne pas abandonner l'autre, à ne pas le laisser seul face à lui-même ou bien à le servir jusqu'à parvenir à l'épuisement.

Il existe tout de même trois cas pour lesquels il est légitime de refuser de payer votre dette. Je parle ici de dette convenue à l'amiable ou liées aux valeurs morales, bien entendu. Dans le cas d'une dette légale, vous pouvez refuser de la payer, mais l'huissier vous y obligera en fin de compte.

Vous n'avez pas explicitement choisi de contracter votre dette. Une personne vous rend des services en abondance sans que vous ne les lui demandiez ou bien donne votre engagement à d'autres personnes sans même vous consulter. Dans ce cas-là, ce que fait l'autre peut être considéré comme « mal » ou comme toxique et cela justifie le fait que vous refusiez de payer votre dette.

Une personne vous manipule pour que vous vous sentiez redevable. Elle vous donne de l'argent ou vous héberge gratuitement. Elle sous-entend ensuite que cela lui donne le droit de contrôler votre vie.

Une personne vous estime redevable d'une dette que vous n'avez pas explicitement choisi de contracter. Vos parents peuvent estimer, par exemple, que vous leur devez quelque chose car ils vous ont mis au monde. En réalité, votre naissance est la conséquence de leur rapport sexuel non protégé et vous n'avez pas demandé à naître. Ce sont plutôt eux qui vous sont redevables de quelque chose, si l'on suit cette logique.

Dans ces deux cas, vous pouvez refuser de payer votre dette et le signifier franchement à l'autre personne. Vous pouvez lui dire qu'elle fait beaucoup pour vous et que vous la remerciez, mais que vous ne lui devez absolument rien, et que si elle veut continuer à vous donner ce qu'elle vous donne, elle doit tenir compte du fait que vous ne la laisserez pas contrôler votre vie pour autant.

Parler de la sorte vous permet d'expliciter les termes de la relation qui étaient jusque-là sous-entendus. Une relation basée sur des sous-entendus et des termes implicites peut souvent être toxique. Si vous explicitez cela, alors vous vous libérez de la loi du silence et vous pourrez ainsi voir si la relation peut ou non repartir sur une base saine.

3) En réalité, vous n'avez aucune dette à payer

Dans certains cas, votre sentiment de redevabilité perdure et vous ne savez pas comment payer votre dette. Vous vous sentez redevable envers un parent, un patron ou un conjoint et votre relation est en grande partie basée sur ce lien toxique. Vous avez l'impression de

112

toujours lui devoir quelque chose. Vous avez beau réfléchir, vous ne voyez pas comment payer votre dette une bonne fois pour toutes afin d'être débarrassé du sentiment de redevabilité.

Il est fort probable que, si vous ne trouvez aucun moyen de payer votre dette, vous n'ayez en réalité aucune dette à payer. Une grande partie du sentiment de redevabilité vient de là : vous n'avez aucune dette à payer et vous ne devez rien à personne, mais vous êtes persuadé du contraire. Vous tentez alors de payer votre dette en comblant les attentes de votre interlocuteur. Étant donné que vous n'avez en réalité aucune dette, vous n'arriverez jamais à la payer. Le problème réside dans le fait que vous croyez que vous êtes redevable vis-à-vis de l'autre alors que c'est faux. Vous allez donc avoir l'impression que quoi que vous fassiez, votre dette n'est pas payée. Et vous avez raison ! Vous êtes juste en incapacité technique d'accomplir l'action de « payer votre dette » parce que vous n'en avez aucune.

Si vous ne pouvez pas payer votre dette, c'est parce qu'elle n'existe pas ! Si vous ne pouvez pas donner à une personne ce que vous lui devez, c'est probablement parce qu'en réalité, vous ne lui devez absolument rien ! Vous pourrez donc vous épuiser à faire tout ce que votre interlocuteur vous demande, vous aurez toujours l'impression de lui devoir quelque chose.

Dans ce cas-là, je vous encourage à couper les liens toxiques de redevabilité que vous entretenez. Vous pouvez trouver un moyen efficace et radical de payer votre dette pour de bon, refuser de la payer, ou bien constater que vous êtes libre car vous n'avez aucune dette à payer, en réalité. Si vous avez une vraie dette envers quelqu'un, alors vous pouvez la payer. Si vous ne le pouvez pas, alors vous n'avez aucune dette.

Certaines personnes utilisent la redevabilité comme un outil pour vous manipuler. Elles vous donnent plus que vous ne pouvez leur rendre, et sous-entendent que vous n'avez pas le droit de leur désobéir car cela ferait de vous une personne ingrate.

C'est d'ailleurs la technique de manipulation préférée des parents pervers narcissiques. Ils estiment qu'étant donné qu'ils vous ont « élevé » (ou plutôt que vous vous êtes élevé vous-même malgré leurs tentatives de destruction psychologique), alors vous leur devez une obéissance éternelle.

Cela peut paraître choquant aux yeux de certains, mais je ne dois absolument rien à personne, même pas à mes parents. La seule redevabilité que je cultive consiste à tenir mes promesses et respecter mes engagements. Et encore, certains engagements peuvent être rompus. Au-delà de ça, je suis libre. Je ne dois rien à mes parents car je n'ai pas pris d'engagement avec eux avant ma naissance. C'est eux qui ont choisi de me mettre au monde. Je ne suis donc pas responsable des attentes qu'ils pourraient projeter sur moi.

Si la relation entre deux êtres est basée sur la redevabilité d'une dette abstraite, alors cette relation sera obligatoirement toxique.

La redevabilité et la culpabilité sont deux émotions liées. Avec la peur, elles sont les principales chaînes qui vous empêchent d'être vous-même. Le fait de vous en libérer ouvre votre champ des possibles.

CHAPITRE 7 :

DÉPASSER LA TRISTESSE

Vous connaissez probablement aussi bien que moi les différents symptômes de cette émotion :

– Vous pensez de manière obsessionnelle à la personne que vous avez perdue ou à une situation qui est terminée ;

– Vous refusez d'accepter ce qui est arrivé : vous vous demandez pourquoi c'est arrivé et vous vous dites que ce n'est pas juste ;

– Dès lors que vous pensez à l'être concerné par votre tristesse, les larmes vous montent aux yeux et votre cœur est lourd ;

– Il est difficile de retenir vos pleurs et lorsque vous avez pleuré, vous vous sentez un peu mieux.

La tristesse est une émotion qui est présente lorsque vous avez l'impression d'avoir perdu quelque chose sur laquelle vous basez votre bonheur. Plus vous voyez cette perte comme étant « injuste », plus la tristesse est intense.

Les facteurs de la tristesse sont donc :

– Une situation de perte, la fin d'une relation ;

– Un désir de continuer à vivre comme si ce changement n'avait pas eu lieu ;

– Un sentiment d'impuissance à y parvenir (l'impuissance peut être réelle ou imaginée) ;

– Un sentiment d'injustice lié à cette perte ou à cette fin.

– Il existe de petites tristesses passagères ou bien de grandes tristesses qui occupent la quasi-totalité de votre espace mental.

Dans ce chapitre, je vais vous donner des outils pour vous défaire de la tristesse. Vous pouvez les appliquer si vous vivez actuellement une période de tristesse, ou bien vous pouvez simplement les lire en vue de les appliquer au moment qui vous semble opportun.

AFFRONTER LA PERTE, EST-CE ÉVITABLE OU INÉVITABLE ?

Voici l'une des clés les plus puissantes pour sortir de la tristesse : vous pouvez déterminer si le fait d'affronter la situation de perte est évitable ou inévitable pour évoluer dans votre vie.

Certaines fois, vous êtes triste parce qu'un être cher est décédé. Dans ce cas, il est inévitable de faire son deuil pour aller de l'avant. L'être cher ne reviendra pas, c'est un fait. Peut-être veille-t-il sur vous depuis là où il est, mais il n'est plus incarné et il n'est pas possible de revenir en arrière ni de le ramener à la vie. Que vous soyez en accord ou non avec la situation, elle est telle qu'elle est. Vous êtes alors au pied du mur. Cela signifie que vous ne pouvez plus aller en arrière. Vous ne pouvez qu'avancer.

D'autres fois, une relation importante pour vous s'est terminée et vous êtes triste en lien avec cet événement. Il est important, dans ce cas, de déterminer si la fin de cette relation est évitable ou inévitable pour continuer à vous épanouir.

Les deux facteurs qui permettent à la tristesse de perdurer sont le déni et le doute. Soit vous savez que la situation a changé mais vous refusez de vous l'avouer, soit vous n'êtes pas sûr à cent pour cent que la situation ait bel et bien changé. Dans ce dernier cas, il convient de supprimer le doute. Vous pourrez ainsi faire votre deuil beaucoup plus facilement car vous saurez que c'est votre seule option pour être heureux.

Voici différentes questions sur lesquelles porter votre attention afin de supprimer le doute :

Avez-vous la possibilité de renouer un lien avec l'être concerné par votre tristesse ?

Si la personne en question est décédée, alors il n'est bien entendu plus possible de renouer un lien physique avec elle. Il ne vous reste plus qu'à faire votre deuil (nous y reviendrons plus tard) et aller de l'avant. Si vous souffrez car vous n'avez pas pu lui dire quelque chose avant qu'elle parte, vous avez deux options : accepter la situation ou bien contacter un médium de confiance pour communiquer avec les défunts. Je connais plusieurs personnes qui regrettaient de ne pas avoir dit quelque chose à leur proche décédé. Le fait de contacter un médium leur a permis de vider leur sac, d'avouer quelque chose au défunt et de pouvoir ainsi passer à autre chose. Même lorsque la personne est morte, il est encore possible de régler vos comptes avec elle.

La personne concernée est-elle d'accord pour renouer un lien avec vous ?

Dans le cas où vous êtes triste en lien avec une personne vivante qui a mis fin à la relation que vous entreteniez avec elle (sentimentale, familiale ou amicale), vous avez deux possibilités qui s'offrent à vous : accepter sa décision ou bien tenter de renouer le lien avec elle.

N'ayez pas peur de vous montrer vulnérable dans ce cas : parlez de votre tristesse à l'autre personne, dites-lui ce que vous avez sur le cœur et demandez-lui si elle est d'accord pour renouer le lien avec vous (si oui, demandez-lui sous quelles conditions). Mettez en œuvre toutes les idées qui vous permettraient d'atteindre votre objectif. Osez utiliser votre pouvoir personnel pour exposer votre volonté à l'autre, mais laissez-le libre de choisir.

Dans le meilleur des cas, vous pourrez recréer un lien avec la personne concernée par votre tristesse. Autrement, vous aurez tout essayé. Il sera alors plus facile pour vous de passer à autre chose.

Est-ce bon pour vous ?

Il est probable que vous soyez triste après la fin d'une relation toxique. Vous êtes attaché à une personne avec laquelle vous avez passé de bons moments, mais aussi des moments très difficiles. Vous savez que la personne n'a pas changé, qu'elle reste ce qu'elle est et que le seul moyen d'avoir une relation avec elle est de souffrir.

Peut-être cette personne elle-même vous a-t-elle quitté, ou bien peut-être avez-vous eu besoin de courage pour enfin mettre un terme à cette relation.

Si la tristesse persiste après votre rupture avec une personne au comportement toxique, je vous invite à mettre des mots sur la toxicité de son comportement. Pour quelle(s) raison(s) la relation était-elle insupportable ? Comment en avez-vous souffert ? Quel comportement de l'autre vous insécurisait ou bien vous agressait ?

Je sais que la tristesse peut parfois être lourde à supporter, mais vous avez la sagesse d'identifier la meilleure décision pour vous à long terme. Peut-être pensez-vous que le fait de vous remettre en couple avec la personne qui vous a fait du mal vous apaiserait sur le moment, mais vous savez au fond de vous que tant que cette relation perdurera, votre souffrance perdurera aussi et vous aurez du mal à refaire votre vie. Pensez à votre futur lointain. Dans vingt ans, quelle décision vous remercierez-vous d'avoir prise ? Revenir auprès de la personne au comportement toxique ou avoir eu le courage de passer à autre chose ?

Bien entendu, je ne parle pas ici de quitter l'autre pour le punir d'avoir eu un comportement toxique car cela n'a aucune utilité, mais plutôt de vous tenir à l'écart d'une personne qui peut encore vous faire du mal.

Avant de faire le deuil de quelque chose ou de quelqu'un que vous aimez, il vous faut une raison de faire ce deuil. Cette raison peut être :

- Le fait que la situation est bel et bien terminée et que vous n'avez aucune possibilité de la prolonger.

- Le fait que la relation terminée était toxique ou bien que vous sachiez au fond de vous que la meilleure décision consistait à aller de l'avant et tirer un trait sur la situation passée. Dans ce cas, vous pouvez aussi considérer que vous ne pouvez pas recréer un lien avec la personne en question car cela est mauvais pour votre organisme psychologique ou physique.

Certaines fois, il est possible que vous ayez l'impression que quelque chose dans la relation terminée est inachevé. Dans ce cas, vous pouvez faire preuve de courage et dire à la personne concernée ce que vous avez sur le cœur oralement ou par le biais d'une lettre, voire même d'un médium (dans le cas d'un décès).

Vous n'êtes pas responsable de la manière dont l'autre personne va réagir mais au moins, vous aurez fait votre part. Vous pourrez ainsi passer à autre chose plus facilement.

COMMENT FAIRE UN DEUIL

Pour moi, le deuil n'est pas la souffrance que vous éprouvez suite à une perte. Il s'agit plutôt du basculement psychologique que vous faites entre l'état de tristesse et l'état de paix intérieure.

Le deuil est donc le nom que je donne au processus de transformation intérieure vers le bien-être suite à la perte de quelque chose ou de quelqu'un qui vous est cher.

Si vous vous intéressez à votre développement personnel, vous pouvez même voir dans le deuil une occasion de grandir et de vous dépasser. En effet, lorsque vous êtes triste suite à la mort d'un proche ou à la fin d'une relation, cela signifie que ce sont encore les circonstances extérieures qui décident de votre bonheur. Vous avez donc l'impression de dépendre du fait que tout continue à se passer « comme avant » pour être heureux. Si une autre perte du même genre se produit, la tristesse apparaîtra à nouveau.

Il n'y a bien entendu aucun mal à être triste. C'est une émotion et il est normal de l'exprimer. De plus, il est probable que vous vous sentiez mieux après avoir pleuré qu'avant. Ce qui est problématique, c'est lorsque la tristesse s'installe en vous et remplace peu à peu votre personnalité, lorsque votre psychologie ne devient plus que tristesse et regrets. À ce moment-là, la tristesse devient votre sujet de pensée principale. Elle occupe tout votre espace mental et vous souffrez beaucoup. Si vous vivez une situation de ce type, les conseils que vous trouverez dans ce livre pourront vous aider à éprouver à nouveau une joie sincère et non simulée.

Le but du deuil est de vous défaire de l'addiction à la personne ou à la situation concernée par votre tristesse. D'ailleurs, une fois que la grande tristesse commence, vous pouvez sentir qu'un changement est en train d'avoir lieu en vous. Certains événements sont inévitables, comme la fin de certaines choses. Vous pouvez faire de votre mieux pour reconquérir votre ex, préserver le lien avec les êtres qui vous sont chers et entretenir des relations de qualité avec eux. Néanmoins, certaines fois, la fin est inévitable. Comme le disait Bouddha : « Il n'existe rien de constant si ce n'est le changement ».

Dans le cas où vous avez fait de votre mieux pour éviter la perte mais que celle-ci a quand-même eu lieu, votre seule option pour être de nouveau heureux consiste à apprendre à vivre avec cette situation.

C'est cela que j'appelle : « trouver votre bonheur dans la situation interdite ».

La situation interdite, c'est la perte de la personne en question. Vous souhaitiez l'éviter, et pourtant elle a eu lieu. La personne concernée par votre tristesse n'est plus présente dans votre entourage et c'est un fait. Vous avez le choix entre renier ce fait ou l'accepter.

Si vous reniez ce fait, votre esprit va utiliser la quasi-totalité de son énergie pour se masquer la réalité. Pour cela, il repartira dans les souvenirs, essayant de les ramener au présent. Cette action étant impossible, votre organisme vous enverra un signal émotionnel de tristesse pour vous en informer.

Par contre, si vous acceptez ce fait, alors vous le prendrez en compte dans votre vision du monde. Vous pourrez ainsi aller de l'avant.

Faire son deuil consiste à amener son esprit à basculer progressivement de la tristesse à un bonheur sincère. Chacun a son propre rythme pour faire ce deuil : certains peuvent y parvenir en deux jours tandis que d'autres prennent plusieurs années pour cela. Il n'y a aucune norme à ce propos.

Maintenant que nous avons parlé du deuil de manière théorique, voyons ce que vous pouvez concrètement faire pour ne plus être triste.

1) Accepter la situation

C'est de loin l'étape la plus importante pour sortir de la tristesse. Accepter la situation vous permet de sortir du déni ou du refus de regarder la réalité en face.

Cela ne consiste pas à vous forcer à cautionner ce qui vient de se passer, mais simplement à le constater.

Un événement que vous ne pouvez plus changer vient de se produire. Peut-être pensez-vous que cela est injuste, que la situation ne devrait pas se passer comme cela, que vous ne méritez pas ce qui vient de se produire, ou encore que l'autre personne ne mérite pas ce qui lui arrive. Mais cela se produit tout de même, et vous y faites actuellement face. C'est un fait. Vous vous trouvez dans une situation que vous souhaitiez éviter du plus profond de votre être.

Votre seule option est donc d'apprendre à coexister avec cette situation et à trouver votre bonheur à nouveau, même si cela s'est produit.

Accepter, cela consiste à constater un fait qui ne peut pas être changé. Posez votre simple constat dessus. Une fois que vous avez mobilisé le courage nécessaire pour regarder cela en face, il faut le prendre en compte dans votre vision du monde.

Concrètement, admettons que vous ayez perdu vos deux jambes dans un accident de moto. Plusieurs mois passent et vous êtes triste. Vos jambes vous manquent et vous refusez que cette situation injuste vous tombe dessus, à vous qui êtes gentil et faites de votre mieux pour aider les gens au quotidien. Pourquoi cela vous arrive-t-il à vous plutôt qu'aux criminels ?

Accepter cette situation consiste à constater que vos jambes ne sont plus là. Qu'allez-vous faire, maintenant ? Elles ne repousseront pas, c'est un fait. Comment pouvez-vous profiter au maximum de votre vie en tenant compte de ce fait ? Peut-être pouvez-vous apprendre à marcher, à courir et à sauter avec des prothèses !

De même que si un de vos proches est décédé ou que votre conjoint vous a quitté, il faut aussi en tenir compte. C'est un fait, cela s'est produit et ne sera pas changé. Comment pouvez-vous profiter au maximum de votre vie en tenant compte de ce fait ?

Accepter la situation ne revient pas à renoncer à nos ambitions ou à se résoudre à vivre une existence médiocre. Au contraire, cela consiste à réaliser tous vos rêves en temps voulu, au rythme qui est le bon pour vous ! La seule contrainte est que vos rêves ne se réaliseront pas en présence de la personne qui est partie ou de la chose manquante. Il va falloir faire preuve de créativité et réaliser vos rêves d'une autre manière, peut-être plus grandiose et plus glorieuse !

En acceptant la situation, vous regardez donc les choses telles qu'elles sont et vous avez le courage d'agir avec maturité. Vous vous dites que cela est ainsi, mais que vous allez vivre tout de même une vie d'abondance dans tous les domaines, d'émerveillement et de joie. Cela vous est encore accessible. Accepter, c'est la première étape pour réaliser vos rêves.

2) Ce que vous pouvez faire pour tourner la page

Cette décision peut être parmi les plus difficiles à prendre, mais s'avère être des plus libératrices une fois appliquée. Je ne connais aucune personne qui ait regretté de l'avoir appliquée plusieurs années après.

Ces conseils vous aideront à tourner la page :

Dans le cas d'une rupture amoureuse :

–   Bloquez votre ex sur les réseaux sociaux. Et oui, cela signifie la fin d'une époque. C'est une décision de courage à pendre mais elle s'avère libératrice, car si votre ex est bloqué, vous ne regarderez plus les photos de son compte Facebook chaque jour, alimentant des pensées à

son égard. Bloquez-le également sur tous vos différents comptes (Facebook, Twitter, Instagram, et même Whatsapp). Cette décision est radicale et peut faire mal sur le coup, mais pensez à votre futur lointain. Dans vingt ans, lorsque vous aurez la vie dont aujourd'hui vous rêvez, regretterez-vous de l'avoir bloqué ou bien regretterez-vous de ne pas l'avoir bloqué plus tôt ?

Il s'agit ici de faire une sorte de sevrage en se coupant de tout ce qui pourrait alimenter votre addiction à elle ou à lui.

Bloquez votre ex de votre téléphone au niveau des appels mais aussi des SMS. Toutefois, ne supprimez pas forcément ses anciens messages au cas où ils pourraient servir de preuves aux yeux du système judiciaire (j'ai l'habitude d'accompagner des personnes en relation avec des manipulateurs pervers narcissiques, donc je me retrouve souvent confronté à ce genre de situation). Ainsi, vous ne serez pas tenté de lui écrire et vous ne verrez plus ses nouveaux messages. Vous pouvez même informer votre ex que vous comptez le bloquer pour votre propre bien-être car cela vous permettra de vous reconstruire.

Supprimez vos photos en commun avec lui ainsi que les objets à valeur trop sentimentale. Si vous ne vous sentez pas prêt(e) à supprimer les photos, alors vous pouvez au moins les effacer de votre téléphone et les stocker dans un dossier contenu sur une clé

USB ou sur votre ordinateur. Cela vous permettra d'éviter d'être tenté(e) de les regarder.

Ainsi, votre esprit triste n'aura plus rien à quoi se raccrocher et pourra passer à autre chose plus rapidement. Si cela est trop dur à faire, vous pouvez appeler vos meilleurs amis et leur demander de le faire pour vous.

Dans le cas du décès d'un être cher (humain ou animal)

Tout d'abord, je tiens à préciser que le fait de passer à autre chose et d'être heureux après le décès d'un proche n'est pas une insulte envers sa mémoire mais un respect envers la vôtre. Il n'y pas de raison de vous sentir coupable d'aller bien et de profiter de la vie alors que l'être décédé ne le peut plus. Il ne profite peut-être plus de la vie sous la même forme que vous, mais nous ignorons ce qu'est la mort. Si la personne n'a plus de corps, alors elle n'est plus localisée à un point précis de la trame spatio-temporelle. Cela signifie qu'elle est au-dessus des problèmes que nous pouvons rencontrer de notre vivant. La mort est triste pour les proches de la personne morte, mais nous ignorons si la personne morte est triste ou heureuse de connaître ce qu'est l'après-vie.

Voici donc mes conseils pour ne plus être triste suite au décès d'un proche :

Respectez la mémoire de votre proche autrement que par la tristesse. L'émotion de tristesse n'est pas nécessaire au respect de sa mémoire, vous pouvez procéder autrement : en servant une cause qui lui était chère, par exemple.

Vous pouvez vous défaire de votre « autel de la tristesse ». Il s'agit du coin dans votre logement consacré au proche décédé au sein duquel vous pleurez chaque jour ou presque. Si vous avez érigé un petit autel en l'honneur de votre proche et que cela vous apporte de la joie et du soutien psychologique, alors laissez-le en place. Mais si cet autel de la souffrance est davantage un « coin à pleurer » qu'autre chose, alors vous pouvez l'alléger. Je comprends que cela vous permette de passer tout doucement à autre chose et que vous ayez l'impression que votre être cher est toujours avec vous. À vous de déterminer si l'autel en la mémoire de votre proche est une source de joie ou de tristesse et d'agir en conséquence.

Honorez la volonté de votre proche. Aurait-il voulu que vous soyez triste ou que vous soyez heureux ? Dans le cas où vous continuez à être triste car vous pensez que c'est une marque de respect pour votre proche, alors demandez-vous dans quel état il aurait préféré vous voir. Peut-être sera-t-il plus heureux et apaisé de voir que vous vous en sortez parfaitement sans lui ?

Dans le cas où la personne décédée avait un comportement manipulateur, toxique ou contrôlant, son décès est une occasion de vous libérer de vos chaînes. Son œuvre de destruction n'a pas à se perpétuer après sa mort.

Vous pouvez vous programmer un moment par semaine pour prier votre proche et lui parler, et laisser votre vie reprendre son cours le reste du temps. Ainsi, vous n'oubliez pas de célébrer sa mémoire et vous ne vous oubliez pas non plus.

3) Apprendre à être heureux dans la situation interdite

La situation interdite est celle que vous voulez vraiment éviter de vivre. En l'occurrence, il s'agit du décès de votre proche ou de la rupture amoureuse. Je la nomme « situation interdite » car vous vous interdisez d'exister si vous la vivez. Vous souffrez à tel point que plus rien n'a de goût et que seule la souffrance occupe vos journées.

Chacun a ses propres situations interdites. Certains font tout pour éviter d'être abandonnés, pour éviter d'abandonner l'autre, d'être jugés et humiliés ou encore de connaître l'échec. Le désir d'éviter de vivre la situation interdite conditionne une bonne part de notre comportement psychologique.

Dans le cas du décès ou de la rupture, il peut arriver que vous viviez cette situation contre votre gré. Vous ne pouvez pas l'éviter ni en sortir car le décès est irréversible, tout comme certaines ruptures amoureuses. Votre seule option consiste donc à continuer d'exister dans la situation interdite jusqu'à ce que vous parveniez à y trouver votre bonheur.

Généralement, lorsque nous faisons face à un événement d'une telle ampleur émotionnelle, nous nous interdisons inconsciemment d'être heureux et nous nous forçons à penser à notre sujet d'obsession. Dès lors que nous nous apercevons que nous venons de profiter du moment présent, une sorte d'autorité intérieure nous ramène à notre pénible sujet de cogitation, comme si nous nous fixions la tâche intérieure de résoudre le problème du décès avec la cogitation comme seul outil.

Le décès d'un proche ou une rupture sentimentale ne sont pas des événements dangereux mais nous les percevons comme tels ; c'est pour cela que nous souffrons. Si un événement est réellement dangereux, nous pourrons penser et agir dans le but d'éviter le danger. Une fois le danger évité, nous pourrons relâcher notre stress. Le problème des « situations interdites » est que vous les percevez comme dangereuses alors qu'elles ne le sont pas. Vous essayez donc d'éviter d'affronter le danger qu'elles représentent. Étant donné qu'il n'y aucun danger, vous n'arrivez pas à l'éviter. C'est logique : si vous croyez qu'un danger va se produire, vous allez tenter de l'éviter. Pour ce faire, vous vous mettrez en état de vigilance psychologique et physique accrues. Si le danger se manifeste, vous l'esquivez ou vous l'encaissez. La situation dangereuse est alors terminée.

En revanche, il est possible que vous voyiez une situation comme dangereuse alors qu'elle ne l'est pas. Vous maintenez cet état de vigilance accrue jusqu'à ce que le danger passe. Étant donné que le danger est une illusion produite dans votre esprit, il ne passe pas. Votre émotion de stress perdure alors dans le temps.

Ce que je viens d'exposer correspond à la théorie. Mais dans la pratique, lorsque vous vivez le décès d'un proche ou une rupture, il faut apprendre à trouver votre bonheur à nouveau. Peu à peu, avec le temps, vous pouvez vous autoriser à être heureux et à jouir progressivement de la vie à nouveau. Forcément, au bout de plusieurs jours, mois ou semaines passés à souffrir, vous chercherez de nouveau à trouver de la joie dans votre quotidien. Vous pourrez vous programmer de nouveaux voyages, faire des rencontres, reprendre vos activités favorites, changer de travail, etc. Dans le cas où la situation interdite en question n'est pas réellement dangereuse, un jour viendra où votre organisme constatera que vous êtes en sécurité et il se détendra.

Pour conclure sur ce point, j'aimerais vous partager une métaphore. Admettons que vous vous soyez fait couler un bain chaud. Vous trempez votre pied dedans pour en juger la température. Au départ, vous trouvez que le bain est brûlant et vous êtes tenté de retirer votre pied. Toutefois, vous choisissez de laisser votre pied dans l'eau chaude quelques instants, et vous constatez qu'en fait, l'eau est plutôt bonne. Après vous y être plongé entièrement, vous avez peut-être même envie d'y ajouter de l'eau chaude !

Le bain chaud, vous l'aurez compris, représente la situation interdite. Au départ, elle vous semble atroce. Une fois que vous la vivez, avec le temps, vous réussissez à l'aimer et à y prendre du plaisir.

Attention toutefois à ne pas confondre les situations interdites et la négation de soi. Ne renoncez pas à vos rêves pour faire plaisir à un conjoint ou à un membre de votre famille. Quand je parle de « situation interdite », je désigne une situation que vous ne pouvez pas éviter et non une situation dans laquelle vous sacrifiez votre bonheur et renoncez à l'appel de votre âme. Cet appel est important à écouter. La plupart du temps, lorsque vous ne l'écoutez pas, votre vie manque de sens et vous pouvez aller jusqu'à vivre une phase de dépression.

4) Investir le futur différemment

Faire son deuil consiste principalement à envisager un nouveau futur heureux sans la personne concernée. Cela peut prendre du temps car vous aviez l'habitude de vous projeter dans le futur avec cette personne. Vous vous imaginiez continuer à la voir et à passer du temps avec elle. C'est ainsi que vous envisagiez votre futur.

Ce n'est pas parce que la personne décède ou vous quitte que votre esprit change instantanément de mouvement. Il se peut qu'après le décès ou la rupture, votre esprit continue son mouvement de projection vers un futur heureux avec cette personne. Pourtant, cette personne n'est plus là. La souffrance se produit car vous envisagez votre bonheur avec une personne qui n'est plus présente. Sur le moment, vous avez donc l'impression que votre bonheur vous file sous le nez !

En réalité, votre bonheur ne dépend pas de la présence dans votre vie d'une personne précise. Même après une rupture ou un décès, vous pouvez trouver votre bonheur différemment et vous projeter dans un futur motivant. Cela peut prendre plus ou moins de temps selon la personne. C'est pourtant la clé pour sortir de la tristesse.

Acceptez d'être plus puissant et indépendant que vous ne le croyez. Rien ne vous oblige à demeurer paralysé trop longtemps par la tristesse. Si cela dure depuis des semaines, des mois ou des années, vous pouvez décider de sortir de cet état. Cela n'a aucune utilité de rester prostré dans la tristesse. Vous êtes une personne puissante qui a la capacité d'être en paix, même sans la personne qui est partie. Le futur vous est maintenant complètement ouvert car la fin d'une chose signifie que vous avez davantage de place dans votre vie. Vous pouvez partir à l'aventure ou en quête de rencontres et de sens !

Prenez le temps qu'il vous faut pour cela, mais dans tous les cas, si vous aspirez au bonheur et que vous vous souciez de votre développement personnel, alors cette solution vous apparaîtra nécessairement. D'après mon expérience en consultation de coaching, elle apparaît en général aux personnes qui sont à court d'idées et qui attendent une révélation libératrice qui tarde à leur venir. La révélation est qu'il n'y a pas besoin de révélation pour être heureux. Vous ne dépendez pas d'une prise de conscience aléatoire pour connaître la paix. Vous pouvez simplement orienter peu à peu votre esprit vers une nouvelle vision du bonheur que vous créez chaque jour davantage.

5) Croire à nouveau en ses rêves

Je sais qu'après une grosse tristesse, il peut être dur de croire à nouveau en ses rêves, c'est d'ailleurs un des facteurs de la dépression : nous ne parvenons plus à envisager un futur heureux.

Si vous connaissez un deuil, je vous invite à vous autoriser progressivement à avoir des rêves. Cela ne vient pas nécessairement du jour au lendemain, mais la simple idée que vous puissiez à nouveau vous rêver un merveilleux futur peut faire des miracles.

Même si vous n'avez encore aucun objectif motivant, vous pouvez décider qu'il est temps de vous autoriser à rêver votre vie. De ce fait, vous donnez une autorisation inconsciente à votre esprit de se projeter dans différents futurs heureux.

Bien entendu, en cas de rupture, je ne vous encourage pas à rêver votre futur exactement de la même manière qu'avant de rompre. Vous pouvez toujours vous imaginer dans un couple heureux, mais il est important de comprendre vos « erreurs » et de prendre des précautions pour ne plus les reproduire. Vous trouverez des stratégies pour vous y aider dans le chapitre sur la dépendance affective.

Le but de vous autoriser à rêver votre vie n'est pas de vous forcer à sortir et faire des rencontres si ce n'est pas le moment pour vous. Il s'agit plutôt d'envisager simplement que vous puissiez connaître un futur heureux et paisible et de vous autoriser à tendre tout doucement vers cela, au rythme qui est le vôtre et avec toutes les étapes que cela implique selon le cas (suivre une thérapie, reprendre confiance en soi, apprendre à aimer à nouveau le moment présent, etc.).

6) Les bienfaits du deuil

Le dernier point que je souhaite aborder avec vous concerne les bienfaits du deuil. Lorsqu'une situation de tristesse liée à une perte vous arrive, vous ne la choisissez pas. Elle vous tombe dessus alors que vous ne l'avez pas demandée, voire que vous auriez fortement souhaité que les choses se passent autrement. Il s'agit d'un fait que l'on ne peut éviter.

Ce dont vous êtes maître, c'est de votre réaction face à cet événement inévitable.

Un des meilleurs moyens que je connaisse de sortir d'une grosse tristesse consiste à tirer le positif de la situation en lien avec laquelle vous êtes triste.

Comme le dit Wayne Dyer dans sa « méditation pour se manifester », « mon passé n'est rien d'autre que le sentier que j'ai laissé derrière moi. Ce qui met ma vie en mouvement aujourd'hui, c'est l'énergie que je mobilise à chaque instant, à chaque moment présent. ». Cette tristesse que vous rencontrez peut donc être une bonne occasion d'apprendre à vous recentrer petit à petit dans le moment présent.

Une des causes principales de la tristesse est l'attachement que vous portez à votre passé. Le problème n'est pas que vous aimiez votre passé (c'est même une très belle chose), mais que vous restiez accroché à lui alors que celui-ci est terminé.

Une des manières de sortir de la tristesse consiste à considérer son passé comme tel et à se recentrer sur le présent, à continuer de vivre votre vie paisiblement en ayant accepté la situation.

De plus, lorsque vous aurez réussi à surmonter une grande tristesse, vous aurez franchi un immense pallier de confiance en vous. Je veux dire par là que vous aurez réussi à apaiser votre esprit face à un événement d'une ampleur aussi grande que cette situation de perte. Vous pourrez donc être sûr à l'avenir que quelle que soit l'épreuve que vous rencontrerez, vous serez capable de la surmonter.

Des méthodes telles que la sophrologie ou l'EMDR peuvent vous aider à apaiser votre esprit face à une situation de traumatisme.

La tristesse est une étape obligatoire du cheminement de beaucoup de personnes. Elle enseigne aux personnes qui la dépassent à la fois l'amour pour soi-même, la liberté d'esprit et la confiance en soi.

CHAPITRE 8 :

DÉPASSER LE DOUTE

Lorsque vous doutez, un déséquilibre se crée dans votre structure psychologique. Le sentiment de sécurité procuré par la certitude s'efface et laisse place à un vide. Le doute rompt donc un équilibre préétabli dans vos pensées. Il annonce toujours un changement, car notre réflexe est d'essayer de combler ce vide par tous les moyens.

Le doute peut être accompagné de bonheur comme de souffrance. Voici deux exemples de doutes qui peuvent s'avérer très salutaires :

Vous avez toujours cru qu'il était impossible de réaliser vos rêves. Aujourd'hui, vous remettez en doute cette certitude et vous commencez à vous demander comment vous pourriez avoir une vie épanouissante.

Vous vivez en couple avec une personne au comportement manipulateur pervers narcissique.

Vous avez toujours cru qu'il avait raison de vous maltraiter et que vous aviez un problème à corriger pour que le couple aille mieux. Aujourd'hui, vous remettez ses propos en question et vous commencez pour la première fois à vous demander si ce n'est pas lui qui a un problème.

Vous l'avez compris, le doute est une étape nécessaire du changement. Ce cheminement est similaire au schéma narratif d'un conte : il y a toujours une situation initiale (ce que vous vivez avant de commencer à douter), puis un élément perturbateur (celui qui sème la graine du doute dans votre esprit), des péripéties (les différentes pensées et actions que vous mettez en place dans le but de mettre fin au doute) et la situation finale (votre doute est remplacé par une nouvelle certitude).

Quel que soit votre doute, vous avez toujours la possibilité de le transformer finalement en quelque chose de positif : soit il est justifié et vous amène à envisager comme étant possible ce que vous croyiez impossible auparavant, soit il vous amène à souffrir et à finalement arrêter de douter.

Le doute est à mes yeux annonciateur d'une quête dont l'issue nous est toujours inconnue. Bien qu'il soit toujours possible de donner une fin positive à cette quête, il est probable que le doute soit synonyme d'angoisse et de souffrance :

- Vous doutez du fait que vous pourriez réaliser vos rêves ;

- Vous doutez de votre valeur parce que les autres personnes vous jugent ;

- Vous doutez de vous et vous remettez en question absolument tout ce que vous faites. La remise en question avec excès provoque la souffrance ;

- Vous doutez du fait que vous êtes une bonne personne.

Ce chapitre sera consacré au doute qui provoque les émotions de souffrance et non à celui qui est directement associé à une prise de conscience libératrice. Mon but est de vous aider à apaiser votre esprit face à un doute écrasant qui occupe toutes vos pensées et qui vous tire vers le bas.

Je vous encourage à suivre le doute positif car il est celui qui vous ouvre un nouvel horizon d'exploration.

Comment reconnaître le doute négatif ?

Le doute négatif est simplement le doute qui provoque la souffrance. Voici ses différents symptômes :

- Vous vous remettez vous-même en question en permanence ;

- Vous doutez de vos idées, vous ne les appliquez pas et vous attendez d'avoir LA bonne idée ultime pour passer à l'action.

- Vous avez des pensées obsessionnelles ;

- Vous ne parvenez pas à vous fixer sur une idée et à vous y tenir ;

- Vous avez des difficultés à appliquer une idée jusqu'au bout ;

- Votre estime de vous-même est assez faible et vous avez l'impression qu'elle n'augmentera que lorsque vous serez devenu quelqu'un d'autre ou que vous aurez atteint un état mental ou spirituel précis ;

- Vous cherchez à atteindre un but mais vous ne savez pas comment vous y prendre ;

- Quoi que vous fassiez pour arrêter de douter, vous n'y parvenez pas et aucune de vos idées ne semble être digne de vous apaiser.

Ce type de doute engendre la confusion et la souffrance psychologique. Il est probable qu'il soit une des composantes majeures de notre personnalité et que nous ne le remarquions qu'après l'avoir subi durant plusieurs années.

Le problème n'est pas le doute en lui-même, mais le fait qu'il perdure sans que vous ne puissiez l'apaiser. Si vous doutez mais que vous avez un moyen d'acquérir une certitude satisfaisante, alors tout va bien. Le doute provoque la souffrance lorsqu'il persiste et que vous ne parvenez pas à le dégager. Vous existez alors avec un doute permanent qui est profondément installé dans votre esprit.

Voyons ensemble comment le déjouer.

5 STRATÉGIES POUR SE DÉFAIRE DÉFINITIVEMENT DU DOUTE

Les stratégies suivantes peuvent être appliquées dans chaque situation où un doute persiste, que vous doutiez de vous-même, du sens de votre vie, ou de la meilleure décision à prendre. Je vous invite à les lire et à appliquer celle que vous sentez être la plus adaptée à votre situation.

Chaque stratégie est basée sur le fait d'acquérir une certitude.

Le seul moyen de supprimer le doute est donc de le remplacer par une certitude, car le doute et la certitude s'excluent mutuellement. Toutefois, certains blocages nous empêchent de chercher correctement la certitude et nous nous retrouvons à stagner face à un doute qui nous paraît insurmontable.

1) Appliquez votre meilleure idée du moment

Ceci est LA meilleure stratégie que je connaisse pour se libérer du doute. Je l'applique à chaque occasion et elle ne me fait jamais défaut.

J'ai pu remarquer que le doute persiste persistait lorsque vous attendez de trouver l'idée ou la solution ultime à votre problème et que vous refusez d'agir avant de l'avoir trouvée. Dans votre recherche d'idées, vous allez donc rejeter toutes les idées que vous jugerez trop petites en rapport avec le grand objectif que vous convoitez et vous continuerez à rester inactif en attendant votre prise de conscience libératrice.

Cette façon de faire vous bloque totalement. En effet, en rejetant l'une après l'autre toutes les idées qui ne vous semblent pas assez bien, vous excluez toutes possibilités d'apprendre et de progresser. Si vous voulez trouver une idée plus géniale que toutes celles que vous avez eues précédemment, je vous encourage à suivre le chemin tracé par vos petites idées, tels les cailloux blancs semés par le petit Poucet pour retrouver le chemin de sa maison.

Durant plus de deux ans, j'ai été à la recherche d'idées géniales pour mon entreprise. Je cherchais plus précisément « L'IDÉE » géniale de concept révolutionnaire qui me permettrait de sortir du lot. De nombreuses idées m'ont traversé l'esprit durant ces deux ans. Mais après les avoir étudiées, j'ai pris soin de rejeter chacune d'entre elles, ne les jugeant pas assez bien pour moi. Durant cette période, je n'ai donc pas appliqué toutes les bonnes idées qui ont traversé mon esprit et j'ai avancé lentement.

Je me sentais bloqué et angoissé car je voulais trouver une idée hors du commun mais je ne savais pas comment la faire émerger ni même comment la reconnaître lorsqu'elle se présenterait à moi. Dès lors qu'une bonne idée prenait forme dans ma conscience, je doutais d'elle. Je me demandais si c'était la bonne idée tant attendue, puis je convenais que ce n'était pas le cas. Elle n'était pas assez évidente ou spectaculaire à mes yeux.

Un beau jour, j'eus enfin ma révélation. Je compris que cela faisait deux ans que j'avais obéi au doute tel à un maître. J'avais fait tout ce qu'il m'avait dit de faire. Je me suis remis en question et j'ai rejeté la quasi-totalité de mes idées. En deux ans, le doute ne m'a rien apporté de positif et ne m'a pas aidé à réaliser mes rêves. J'ai décidé à ce moment-là que je ne suivrai plus ses enseignements et que je reprendrai mon pouvoir personnel en main.

J'ai aussi réalisé à quel point ma démarche qui consistait à rejeter toutes les idées qui n'étaient pas « THE IDEA » était illogique. J'attendais de rencontrer une idée vraiment puissante, et c'était dans cette optique que je rejetais toutes les idées pas assez puissantes que j'avais chaque jour. Étant donné que je n'avais aucun moyen de trouver cette idée géniale tant attendue, je demeurais plutôt passif.

La solution, pour vaincre le doute, est d'appliquer à chaque fois votre meilleure idée du moment. N'attendez pas de trouver la solution ultime à vos problèmes pour agir. Autrement, il y a de grandes chances pour que vous n'agissiez jamais. Cette démarche est d'autant plus insécurisante que le fait de patienter et de rejeter vos idées ne vous permet pas de trouver une idée géniale.

Pour appliquer votre meilleure idée du moment, c'est plutôt simple. Il vous suffit d'avoir un objectif et de chercher comment vous approcher de son atteinte. Au fil des jours, de nombreuses idées vous traverseront l'esprit.

Je vous invite, dans un premier temps, à accorder à chacune de vos idées toute l'attention qu'elles méritent. Ne rejetez aucune d'entre elles avant de l'avoir soigneusement examinée. Ensuite, continuez à chercher des idées plusieurs jours durant. Vous vous apercevrez qu'une ou plusieurs de vos idées sort(ent) du lot. Vos idées les plus importantes sont celles qui persistent durant plusieurs semaines (ou plusieurs mois) dans votre esprit. Je vous invite donc à les appliquer, c'est aussi simple que cela.

Le mieux que vous puissiez faire pour vous rapprocher de votre objectif est donc de chercher des idées, puis d'appliquer les meilleures d'entre elles. Vous ne pouvez pas faire mieux que cela.

Voici une stratégie que vous pouvez appliquer pour sortir du doute et de la stagnation : fixez-vous un délai de quelques semaines ou quelques mois. Durant ce délai, chaque jour, vous chercherez des idées pour progresser vers l'atteinte de vos objectifs professionnels, familiaux ou personnels. Une fois arrivé à la fin du délai que vous vous étiez fixé, appliquez votre meilleure idée du moment, quelle qu'elle soit.

Bien entendu, ce sera une idée que vous aurez mûrie durant vos semaines de recherche. Elle sera réfléchie et plutôt logique.

Cette façon de faire vous permet de partir à l'aventure, de faire un pas vers l'inconnu et de progresser dans l'atteinte de vos objectifs.

C'est en appliquant vos idées que vous pourrez identifier ce qui marche et ce qui ne marche pas. Si vous doutez de la bonne méthode à appliquer pour avancer, c'est parce que vous manquez de connaissances. Le meilleur moyen d'acquérir de nouvelles connaissances n'est pas de refuser ses idées et de rester statique, mais de passer à l'action, de se tromper, de comprendre, puis de réussir.

Une fois que vous aurez appliqué votre meilleure idée du moment, réitérez l'opération autant de fois que nécessaire.

2) Prendre le doute comme un maître et suivre ses enseignements

La stratégie précédente vous donne la voie expresse pour dépasser le doute, tout comme cette stratégie vous donne la voie longue.

Si vous prenez le doute comme maître et que vous suivez ses enseignements, vous pourrez juger par vous-même si cela vous permet ou non de vous approcher de l'atteinte de vos objectifs.

Pour ce faire, il suffit de donner du crédit à votre doute et de faire ce que vous ordonne cette partie de vous-même. Rejetez vos bonnes idées, refusez de passer à l'action, évitez de vous tromper et ne sortez pas de votre zone de confort. Vous pouvez appliquer ses enseignements suffisamment longtemps pour vous apercevoir par vous-même qu'ils ne vous permettent pas d'atteindre vos objectifs.

Je vous encourage tout d'abord à appliquer votre meilleure idée du moment et à ainsi faire tomber le doute. Si vous ne vous sentez pas prêt à passer à l'action, alors vous pouvez suivre les enseignements et patienter jusqu'à vous sentir plus fort intérieurement et plus décidé à passer à l'action.

Vous pouvez également chercher dans vos souvenirs. Y a-t-il une période de votre vie durant laquelle vous avez beaucoup douté ? Que vous a apporté ce doute ? Vous a-t-il permis d'avancer ou au contraire, vous a-t-il temporairement ralenti ?

3) La métaphore de la carte de la forêt

Imaginez que vous vous promenez dans une forêt sans but précis. Vous regardez les arbres et les différents animaux que vous croisez. Au bout de quelques heures de marche, vous apercevez un étrange personnage qui sort d'un coin sombre du bois. Il s'avance vers vous et vous parle :

« Bonjour, je me nomme Doute. Suis-moi et je te promets qu'un truc vraiment génial va se produire dans ta vie ! »

Vous décidez de suivre Doute. Il vous prend pas la main et vous entraîne dans le bois sombre dont il est sorti. Après plusieurs kilomètres de marche, vous constatez que votre environnement est de plus en plus sombre. La végétation est tellement dense que vous ne voyez plus le ciel. Vous avez du mal à voir où vous mettez les pieds et vous trébuchez sans arrêt. Vous demandez alors à Doute :

« - Est-ce encore loin ? Et qu'allez-vous me montrer une fois arrivés à destination ?

- Nous y sommes bientôt. Une révélation importante t'attend de l'autre côté, tu as juste à me suivre et tu la trouveras, répond Doute ».

Plusieurs jours de marche plus tard, vous ne voyez plus la lumière. Vous vous sentez affaibli et vous ne vous souvenez même plus de l'époque où vous marchiez dans la forêt à la rencontre des arbres et des animaux. Maintenant, vous marchez dans un bois sombre, hostile et répétitif.

C'est ainsi que le doute agit et s'empare de votre esprit, entraînant la souffrance psychologique. Ce n'est pas quelque chose de mal, mais une étape souvent nécessaire à votre évolution. Généralement, cela cesse lorsqu'au bout de plusieurs jours de marche dans le bois sombre, vous décidez d'arrêter de faire confiance au doute. Vous décidez de lui lâcher la main et de rebrousser courageusement chemin. À ce moment-là, vous vous apercevez avec surprise que la forêt lumineuse ne se trouve pas à plusieurs jours de marche, mais juste derrière vous. Pendant tout le temps où vous suiviez le doute, vous n'avez pas avancé mais fait du sur-place.

Il existe cependant un moyen de ne pas se laisser prendre au piège du doute et d'éviter de faire ne serait-ce qu'un seul pas sur le sentier sombre qu'il souhaite que vous arpentiez.

Pour le comprendre, imaginez maintenant que vous marchez dans la même forêt, mais cette fois-ci avec une un but bien précis. Vous traversez la forêt pour vous rendre au château qui se trouve de l'autre côté. Dans les mains, vous avez une carte pour vous guider. Au bout de quelques heures de marche, vous apercevez un étrange personnage qui sort d'un coin sombre du bois. Il s'avance vers vous et vous parle :

« Bonjour, je me nomme Doute. Suis-moi et je te promets qu'un truc vraiment génial va se produire dans ta vie ! »

À ce moment, vous jetez un œil sur votre carte et vous voyez que le sombre sentier ne se trouve pas sur votre chemin. Vous répondez alors au doute que vous ne le suivrez pas car vous avez déjà un but et que le fait de le suivre vous éloignerait de votre but.

Le doute aura beau insister et se représenter à vous, vous continuerez de refuser de le suivre.

Vous l'aurez compris, un moyen efficace pour dissiper le doute consiste à savoir où l'on va. Si vous avez des rêves et un plan pour les atteindre, vous ne tomberez pas entre les griffes du premier manipulateur venu.

Si vous souhaitez recevoir mes conseils pour déterminer vos objectifs de vie et pour bâtir un plan pour les atteindre, reportez-vous au chapitre sur la construction de votre vie de rêve.

4) Vaincre » le doute grâce aux objectifs à court terme

Cette stratégie est très utile pour effacer toute forme de doute de votre esprit. Je vous le rappelle : je parle ici du doute qui cause la souffrance et qui vous ferme des portes et non pas du doute qui vous ouvre de nouveaux horizons.

Vous pouvez appliquer cette technique lorsque vous hésitez à vous mettre au travail sur un projet important ou lorsque vous hésitez à vous lever tôt. En pleine hésitation, je vous invite à vous poser mentalement les questions suivantes :

Comment vais-je me sentir ce soir si j'ai bien travaillé aujourd'hui ? Serais-je en paix et fier de moi ? Serais-je encore plus confiant et motivé pour travailler demain ?

Comment vais-je me sentir ce soir si j'ai procrastiné aujourd'hui ? Serais-je insatisfait de ma journée ?

Que puis-je faire ici et maintenant pour me rapprocher de la soirée la plus positive possible ?

J'utilise souvent cette stratégie pour me motiver à agir lorsqu'une grande quantité de travail m'attend et que ce travail n'est pas des plus plaisants. Je me demande alors ce que je peux faire immédiatement pour me rapprocher de la soirée la plus positive possible et la plupart du temps, la réponse consiste à agir.

Cette stratégie est donc particulièrement utile quand il s'agit de prendre de petites décisions qui, mises bout à bout, changent le cours d'une vie.

5) Vaincre le doute grâce aux objectifs à long terme

Cette stratégie-là est utile pour prendre des décisions qui engendreront d'importantes conséquences dans votre cadre de vie :

- Vous lancer dans la création d'une entreprise ;

- Mettre un nouveau projet professionnel en place ;

- Dire « je t'aime » à une personne ;

- Mettre un terme à une relation de couple ou démissionner.

Ces décisions ne sont pas souvent faciles à prendre pour deux raisons. Premièrement, elles impliquent de vous diriger vers l'inconnu et d'affronter vos peurs. Ensuite, il peut être difficile pour vous de déterminer quel est le bon choix

Un moyen efficace pour savoir ce que vous devez faire afin de continuer à vous épanouir consiste donc à modifier votre vision des choses : au lieu de réfléchir aux conséquences qu'auront vos actes sur le court terme, pensez à long terme.

Il est vrai que lorsque je réfléchis aux conséquences que mes actes auront à court terme, je peux angoisser. Une fois que j'ai agi, je n'ai que très peu de contrôle sur les conséquences de mes actes à court terme. Je ne peux pas contrôler la manière dont mon ex va réagir à l'annonce de la rupture, ni le succès immédiat de mon entreprise, ni le déroulement immédiat de mon nouveau projet professionnel. Je peux seulement faire de mon mieux pour que les choses se passent le mieux possible, mais certaines choses échappent à mon contrôle.

En revanche, je peux contrôler la direction que je vais donner à ma vie à long terme. Cela est plus sécurisant pour moi.

Par exemple, je ne peux pas contrôler le nombre de vues que ma prochaine vidéo va générer sur Youtube, mais je peux influencer la croissance globale de ma chaîne YouTube. Je sais que ce sont mes actions répétées et dirigées dans un but précis qui vont influencer le cours de ma vie à long terme.

Cette stratégie consiste donc à se poser les questions suivantes avant de prendre une décision :

Dans quel futur aimerai-je vivre d'ici une dizaine d'années ?

Que puis-je faire ici et maintenant qui me rapproche de ce futur ?

Appliquez ensuite votre meilleure idée qui peut vous rapprocher de ce futur convoité.

Pour vous donner un exemple : admettons que vous hésitiez à vous lancer dans un projet professionnel depuis plusieurs mois. Vous vous demandez si vous allez réussir et si c'est une bonne idée ou non de prendre le risque que ce projet représente.

Demandez-vous alors à quoi vous souhaitez que votre futur ressemble dans dix ans. Le fait de vous mettre en action vous rapproche-t-il ou vous écarte-t-il de ce lointain futur convoité ?

Il ne vous reste plus qu'à passer à l'action et à faire un pas vers votre vie rêvée ! Prenez vos décisions difficiles en réfléchissant aux conséquences qu'elles auront à long terme. Cela peut vous aider à aborder un(e) inconnu(e) ou même à rompre avec une personne qui ne vous correspond pas. Le moment de la rupture est peut-être difficile mais si au fond de vous vous savez que c'est la meilleure chose à faire, alors je vous encourage à passer à l'action !

Pour conclure ce chapitre sur le doute, j'aimerais vous parler de l'épanouissement. Avez-vous remarqué que chaque chose dans le monde s'épanouit et tend vers son expansion ? Chaque chose part d'un point central et jaillit telle une gerbe vers l'extérieur.

Les branches des arbres jaillissent depuis leur tronc. Les fleurs s'ouvrent depuis leur tige. Les membres des humains s'ouvrent depuis leur buste. Les immeubles poussent depuis le sol. L'univers tout entier connaît une expansion, laissant les planètes s'éloigner les unes des autres.

Il me semble que nous n'échappons pas à cette règle. L'expansion de notre esprit est quelque chose contre lequel nous ne pouvons pas lutter. C'est pourquoi certains choix difficiles s'imposent parfois à nous. Nous grandissons intérieurement sans même nous en rendre compte. Un beau jour, notre esprit se retrouve à dépasser des limites que nous lui avions imposées. Il souhaite explorer d'autres territoires. C'est le conflit intérieur résultant de ce phénomène qui annonce le changement.

CHAPITRE 9 :

DÉPRESSION ET CONFLIT INTÉRIEUR

La dépression est une émotion de souffrance, et pas des moindres. Elle frappe lorsque nous ne l'attendons pas et, à moins d'avoir déjà vécu une dépression, nous ignorons ce dont il s'agit. La plupart des personnes n'ayant jamais vécu une dépression croient que cela n'arrive qu'aux autres. Ils pensent que les personnes dépressives n'ont qu'à faire un effort ou à se bouger pour aller mieux.

En réalité, le vécu d'une personne traversant une période de dépression est tout autre. Voici les différents symptômes de la dépression :

- Des pensées obsessionnelles vous envahissent.

- Ces pensées sont autoritaires, c'est-à-dire que vous avez une sorte d'obligation intérieure de maintenir votre concentration portée sur ces pensées.

- Vos émotions sont lourdes et écrasantes.

- Vous ne parvenez pas à vivre un état de joie ni à être motivé.

- Cela fait plus de deux semaines consécutives que cet état persiste

- Vous avez des troubles de l'appétit : votre appétit est coupé ou bien vous mangez compulsivement. Vous pouvez aussi alterner entre les phases où votre appétit est coupé et les phases où vous mangez compulsivement.

- Vous vivez une sorte de conflit intérieur. Votre esprit est divisé entre deux choix, ou bien vous essayez d'atteindre quelque chose que vous ne parvenez pas à atteindre.

- Vous vous sentez enfermé à l'intérieur de vous-mêmes (par votre tristesse, votre culpabilité, votre colère ou votre angoisse selon le cas).

- Vous éprouvez des difficultés à prendre des décisions.

- Vous avez du mal à vous concentrer.

- Vous êtes mentalement épuisé. Vos pensées vous épuisent et vous vident de votre énergie.

- Vous pouvez en avoir marre de penser compulsivement de la sorte mais vous ne parvenez pas à vous arrêter.

- Vous êtes physiquement épuisé. Le simple fait de traverser la rue pour faire vos courses peut devenir une épreuve pour vous.

- Vous êtes face à ce que je nomme « le mur invisible des émotions ». Une sorte d'autorité intérieure vous interdit d'agir d'une certaine manière qui vous serait peut-être libératrice. Vous êtes comme paralysé et incapable de passer à l'action.

- Vous ne voyez aucune issue positive à votre situation. Quel que soit le choix que vous décidiez de faire, vous pensez qu'il vous apportera surtout de la souffrance, donc vous vous maintenez dans votre situation actuelle.

- Le doute est omniprésent dans votre esprit. Vous avez du mal à vous fixer sur une certitude et à la maintenir.

- Vous n'arrivez plus (ou presque plus) à faire semblant que tout va bien, alors que cela fait des années que vous parveniez à cacher votre souffrance à votre entourage.

- Vous somatisez. Cela signifie que votre souffrance psychologique et émotionnelle donne suite à des symptômes physiques : des diarrhées, des maux de ventre, la boule dans la gorge, un poids sur la poitrine, ou bien des maladies plus ou moins importantes.

La dépression n'est donc pas une simple déprime ou une vague de nostalgie passagère. Elle peut même n'avoir aucun lien avec la tristesse. Certaines dépressions sont basées sur la culpabilité, l'angoisse ou la colère exclusivement.

Il n'est pas nécessaire pour chaque personne de traverser une dépression pour évoluer spirituellement. Très dure à vivre, elle est pourtant une étape obligatoire de l'évolution des personnes sur le chemin desquelles elle se présente.

Vu la manière dont la société nous éduque et nous conditionne, il est tout à fait normal qu'un grand nombre d'occidentaux traverse une période de dépression. Depuis l'enfance, nous sommes éduqués à lutter contre nous-mêmes. Nous sommes forcés de nous asseoir sur une chaise et de retenir un flot d'informations dont la plupart sont inutiles et inintéressantes durant notre scolarité. Nous sommes également contraints d'obéir à nos parents. Lorsque ceux-ci sont sains, ce qui est plutôt rare, ce n'est pas une mauvaise chose. Mais un parent névrotique qui nous éduquera, même s'il fait de son mieux, nous manifestera une sorte d'amour conditionnel. Nous devrons donc nous adapter à sa névrose pour recevoir de l'amour.

Veuillez excuser mes mots un peu crus, mais il me semble que la plupart des enfants doivent s'adapter à un monde de fous. Ils se forcent donc à adhérer peu à peu cette folie ambiante présente dans la société, et oublient qu'à la base, ils ne sont pas fous. Étant adultes, le masque qu'ils ont adopté pour ne pas faire tâche étant enfant est devenu partie intégrante de leur personnalité. Ils ne savent même plus que quelque chose existe en dessous de leur masque.

Un beau jour, notre réelle personnalité doit sortir. Un événement extérieur ou une prise de conscience va donc déclencher un mécanisme psychologique d'auto-sabotage que nous avions l'habitude d'utiliser. Cette fois-ci, ce mécanisme est plus puissant que d'habitude. Nos pensées obsessionnelles sont plus intenses. Elles ne peuvent plus être ignorées. Elles nous font mal.

Une lutte commence alors entre notre mécanisme de pensées obsessionnelles et notre nature profonde qui est encline à la paix intérieure.

Je ne considère pas une personne comme dépressive, mais plutôt comme traversant actuellement une période de dépression. Le nom « dépression » signifie que vous ne pouvez plus maintenir la pression que vous exerciez sur vous-mêmes. Un poids psychologique devient trop lourd à porter, et le temps est venu de vous en défaire à votre rythme.

Les différentes formes de dépression :

Chaque dépression est unique. Aussi, dans ce chapitre, je ne vais pas vous donner un protocole pour sortir de la dépression, mais des idées ou des nouvelles tournures d'esprit à adopter qui pourraient vous aider à aller mieux en cas de dépression.

J'ai toutefois pu identifier différents types de dépression :

1) La dépression due à un conflit intérieur. Cette dépression résulte de deux volontés contraires qui sont présentent en vous. Chacune de ces deux volontés s'oppose à l'autre. Vous ne parvenez pas à concilier vos deux désirs en un, ni à choisir l'un des deux. La dépression est la souffrance qui résulte de cette guerre intérieure.

2) La dépression présente lorsque vous essayez de faire quelque chose d'impossible. Il se peut que vous cherchiez à obtenir la reconnaissance d'une personne incapable de vous la donner, que vous cherchiez l'amour d'une personne incapable de vous aimer, que vous cherchiez à rétablir la justice dans une situation dénuée de justice, que vous cherchiez à réussir professionnellement en refusant de faire ce qu'il faut pour réussir, ou encore que vous cherchiez à vous épanouir dans un milieu enfermant. Cette dépression provient du fait que vous utilisez toute votre énergie pour chercher à combler l'un de vos besoins en utilisant une stratégie inefficace.

3) La dépression liée à une interdiction intérieure d'agir. Il se peut que depuis votre enfance, vous vous interdisiez intérieurement de commettre une certaine action. Aujourd'hui, vous sentez la nécessité de commettre cette action, bien que l'interdiction soit toujours présente.

4) La dépression due à un traumatisme réactivé. Cette dépression a lieu lorsqu'un événement extérieur va vous amener à revivre une intense émotion de souffrance que vous n'avez pas vécue depuis plusieurs années. Quelque chose d'enfoui en vous depuis longtemps s'est à présent réveillé et vous y faites face.

5) La dépression réactionnelle à une relation avec un manipulateur pervers narcissique. Dans ce cas, vous êtes en relation avec une personne au comportement manipulateur pervers narcissique. Il opère une lente et progressive destruction de votre psychologie. Vous vous remettez alors en question concernant toutes vos décisions, vous croyez que vous avez un problème et vous essayez de vous changer et vous essayez même de faire en sorte qu'il soit gentil avec vous alors que vous n'avez aucun pouvoir là-dessus. La dépression vient du fait que vous cherchiez la cause du problème là où elle n'est pas située : en vous.

La dépression peut avoir plusieurs causes différentes, mais quoi qu'il en soit, les mêmes souffrances sont toujours présentes. Dans tous les cas, deux forces puissantes s'affrontent à l'intérieur de vous et consomment la quasi-totalité de votre énergie disponible dans leur lutte. Ces deux forces peuvent être deux désirs contraires, un désir et une croyance, ou un désir et la réalité.

Dans tous les cas, vous dirigez toutes vos forces dans une lutte stérile. Vos efforts sont orientés contre vous-même et ne vous donnent aucun résultat positif.

Voyons maintenant quelques conseils pour vous aider à sortir de la dépression. Contrairement à ce que vous pourrez trouver dans les autres chapitres, je ne vous donnerai pas ici de solutions à reproduire pour dépasser la dépression, mais des idées que vous pourrez ou non appliquer. C'est à vous de juger si les idées que je vous donne vous semblent cohérentes, et d'essayer de les appliquer ou non.

Tous les conseils que je vous transmets ici ont d'abord été appliqués par moi-même ainsi que par de nombreuses personnes que j'ai accompagnées en en consultation de coaching. Ils ont tous porté du résultat. Une fois ces idées appliquées, vous pourrez voir si elles vous donnent des résultats positifs. Faites votre expérience et évaluez par vous-même si ce que je vous propose ici s'avère être une solution à votre problème.

DES IDÉES DE SOLUTIONS POUR DÉPASSER LA DÉPRESSION

Ne restez pas seul

Les personnes vivant une dépression peuvent avoir pour habitude de s'isoler ou de rester chez elles. La souffrance est parfois tellement lourde à supporter que le simple fait de sortir de chez soi pour faire les courses peut devenir pénible. À cause de cela, le cercle vicieux de la dépression peut s'installer : vous avez peu d'énergie, alors vous refusez de voir vos amis, donc vous restez toute la journée seul face à vos pensées écrasantes (ce qui consomme beaucoup d'énergie). Vous continuez donc à manquer d'énergie et à alimenter ce mécanisme qui vous abîme de l'intérieur.

Je vous encourage, dans ce cas, à passer du temps avec des amis. Cela ne peut vous faire que du bien. Je comprends que vous puissiez être épuisé à cause de la dépression, mais rien ne vous oblige à les voir longtemps.

J'ai déjà traversé des périodes de dépression, et je sais par expérience que je me sens bien mieux après avoir passé une demi-journée avec un ami. Je suis dans le moment présent lorsque je parle à mon ami, et je vadrouille et découvre de nouvelles choses avec lui. Après l'avoir vu, je me sens reboosté pour le reste de la journée par notre échange positif.

Pour me motiver à voir des amis lorsque je vivais une période de dépression, je me rappelais du sentiment que j'éprouvais à chaque fois que je partageais une après-midi avec eux. Je pouvais alors être certain que le fait de proposer un rendez-vous à mes amis était une bonne idée, et je ne me suis jamais trompé.

Je parle ici de voir vos amis bienveillants, et non des personnes toxiques, bien entendu.

Si vous pensez que vous n'avez pas d'amis, alors contactez vos connaissances. Si vous n'avez pas de connaissances, contactez les membres de votre famille que vous considérez comme des amis. Si vous n'en avez pas, alors recontactez vos anciens amis que vous avez perdus de vue. Si vous n'en avez pas, alors je vous encourage à vous rendre au chapitre de ce livre concernant les relations et les rencontres. Vous y trouverez des conseils pour rencontrer des personnes qui vous ressemblent et qui pourront vous apporter de l'énergie positive.

N'hésitez pas à vous confier

Cela est important quand vous vivez une dépression. Ne gardez pas votre dépression secrète.

Peut-être pensez-vous que personne ne peut vous comprendre et que vous êtes seul. Tant que vous gardez votre dépression secrète, il est vrai que vous êtes seul face à ce problème. Dès lors que vous vous confiez à quelqu'un, vous pourrez sentir un soulagement.

Certes, tout le monde n'est pas apte à comprendre ce que vous vivez. Aussi, choisissez de vous confier à des personnes qui sont potentiellement capables de vous écouter et de vous comprendre. Le fait de partager votre problème avec une autre personne ne peut que vous apporter du positif. L'autre personne peut vous proposer des idées, ou seulement vous écouter, selon votre demande. Elle peut aussi vous amener à comprendre que vous êtes normal de ressentir cela et que vous n'êtes pas seul.

Il est parfois dur de se confier à propos de sa dépression mais, croyez-moi, le simple fait d'en parler à une personne de qualité peut vous libérer d'un lourd fardeau.

Faites-vous accompagner

Lorsque vous vous trouvez face à une dépression, peut-être avez-vous le réflexe d'affronter votre problème seul. Vous pouvez essayer plusieurs solutions pour le dépasser seul, mais si vous n'y parvenez pas, alors n'hésitez pas à vous faire accompagner par un praticien en relation d'aide. Il n'est pas là pour résoudre le problème à votre place, mais pour vous aider à le résoudre plus facilement et plus rapidement que si vous y faisiez face seul.

J'exerce en tant que coach en développement personnel et sophrologue. Je connais donc les bienfaits d'un accompagnement lorsque vous affrontez une dépression. J'ai moi-même déjà sollicité l'accompagnement d'un coach lorsque je faisais face à ce type de situation.

Il existe un grand nombre de thérapies ou d'accompagnements différents : la psychologie, le coaching, la sophrologie, la kinésiologie, la psychiatrie, ou encore la thérapie psycho-comportementale. Certaines de ces disciplines seront efficaces pour vous aider, tandis que d'autres ne vous feront aucun effet. Et bien entendu, certains praticiens seront à même de vous comprendre et de vous soutenir, tandis que d'autres n'effleureront pas votre problématique. Tous les praticiens ne sont pas de vieux dinosaures qui jouent au spider-solitaire sur leur ordinateur en vous écoutant raconter vos problèmes sur leur canapé. Certains sont jeunes et dynamiques, et ont d'autres manières de vous aider que les cachets.

Je vous encourage à vous faire accompagner par un professionnel de la relation d'aide qui pourra métaphoriquement marcher à vos côtés et vous tenir la main durant cette difficile période à traverser. Vous pouvez « essayer » plusieurs praticiens jusqu'à trouver celui avec lequel vous avez envie de partager un plus grand bout de chemin.

Certes, vous avez la possibilité de faire vos recherches seul et de dépasser la dépression sans aide. Cela pourrait vous prendre des années, voir l'équivalent de plusieurs vies. Accompagné, vous pouvez avancer plus vite et gagner du temps de vie heureux !

Avoir un but pour sortir de la dépression

Une des causes principales de la dépression est l'absence de projet ou de but qui vous tienne à cœur. Peut-être n'avez plus aucune motivation, ou bien peut-être avez-vous un projet qui anime votre âme, mais refusez-vous de le considérer avec importance.

La dépression peut subvenir lorsque vous reniez une parte de vous-mêmes qu'il serait positif de laisser s'exprimer. Par exemple :

- Vous avez envie de trouver le sens de votre vie mais vous n'accordez pas beaucoup d'importance à votre recherche de sens ;

- Vous avez envie de vous sentir mieux dans votre corps mais vous croyez que vous devez vous accepter tel que vous êtes et non modifier votre corps pour vous sentir mieux dedans ;

- Vous souhaitez monter votre entreprise mais vous croyez que c'est stupide et que c'est réservé aux « autres » ;

- Vous avez envie de rejoindre la personne que vous aimez, mais vous y avez renoncé car vous êtes « en couple » avec une personne dont vous n'êtes pas amoureux.

Un bon moyen de sortir de la dépression consiste à donner de l'importance à votre rêve et à accepter de le réaliser. Votre vie reprend alors du sens. La cause de la dépression, dans ce cas, vient du fait que vous cherchez à donner un sens à votre vie mais que vous avez renié le sens qu'elle a réellement. Vous cherchez alors le bonheur sans pour autant recourir à ce en lien avec quoi vous êtes réellement en joie. Avez-vous un loisir, un rêve d'enfance, une passion, ou un projet de vie auquel vous avez renoncé ? Votre vie semble-t-elle manquer de quelque chose depuis cette période ? Avez-vous renoncé à ce que « l'ancien vous » aimait faire ? Si oui, qu'attendez-vous pour remettre une bonne dose de joie dans votre vie ?

Trop de sérieux ou pas assez de sérieux

Si votre vie est trop sérieuse, il y a de grandes chances que vous traversiez une période de dépression. Dans ce cas, ce n'est pas vous qui avez un problème. C'est votre environnement extérieur qui est problématique.

Permettez-moi de vous expliquer ce que je nomme « une vie trop sérieuse ». En occident, un phénomène étrange et malsain se produit chez la quasi-totalité de la population. Passé un certain âge (vingt-cinq ou trente ans, de ce que j'ai pu observer), les personnes cessent de s'amuser, de découvrir le monde, d'apprendre et de jouer. Elles deviennent alors « sérieuses ».

À ce moment-là, elles entrent dans le moule de la société. Ce moule consiste à trouver un travail en

CDI, à se marier et faire des enfants, et à prendre un crédit pour acheter une maison et une voiture.

Il est certes possible d'adhérer à ce schéma tout en continuant à s'amuser, mais peu de personnes me semblent le faire.

Il est normal que si vous croulez sous les responsabilités et que votre chemin de vie jusqu'à la retraite est tout tracé, jonché de contraintes, alors vous ne puissiez plus vous amuser.

Une cause principale de la dépression est un cadre de vie qui ne laisse aucune place à la spontanéité, à la joie, à la créativité et à l'amusement. Nombre de vos besoins ne sont alors pas nourris, et vous dépérissez.

La solution, dans ce cas, consiste à modifier votre cadre de vie. Que pouvez-vous changer pour vous épanouir au quotidien ? Changer vos horaires de travail ? Changer de travail ? De situation familiale ? Vous libérer de certaines responsabilités pour avoir de nouveau du temps pour vous amuser ?

A contrario, une vie qui ne contient aucune discipline peut également être une cause de dépression dans certains cas. Je parle ici de l'autodiscipline nécessaire à la réalisation de vos rêves.

Le sport et le travail

Lorsque vous traversez une période de dépression, le chemin pour en sortir est parfois long. Pendant ce temps, il est fortement probable que votre sujet de préoccupation principal soit la problématique de votre dépression. Vous pensez alors sans cesse au problème sur lequel vous bloquez. Celui-ci occupe vos pensées durant la plupart de votre temps éveillé.

Durant la période de résolution de cette problématique, je vous encourage à maintenir une routine de sport et de travail. Cela vous permet de garder un rythme de vie, et de faire des activités qui vous donnent de la force. Même si tout en vous semble s'écrouler, maintenez certaines de vos activités quotidiennes.

Par mon expérience personnelle, j'ai compris à quel point le fait de maintenir une activité sportive et/ou une routine professionnelle était important lors de la dépression. J'ai pu observer que, durant ma dépression, je me sentais un peu mieux après ma séance de sport quotidienne. Je me sentais également plus vivant lorsque que je travaillais. Cela me changeait les idées et me permettait de me concentrer sur une chose positive.

J'ai pu également remarquer que, lorsque je n'allais pas à la salle de sport et que je ne travaillais pas, je n'allais pas mieux. Je veux dire par là que le fait de renoncer à mes activités sportives ou à ma routine professionnelle ne m'apportait aucun mieux-être, ni aucun avancement dans ma sortie de dépression.

J'en ai donc déduit que ma meilleure option consistait à maintenir ma routine même durant la période de souffrance, et je vous encourage à faire de même. Bien entendu, rien ne sert de vous forcer à vous rendre au boulot si celui-ci n'est pas sain pour vous. Mais dans le cas où vous avez un travail sain, ou bien des projets professionnels, vous pouvez continuer à travailler dessus un peu chaque jour. De même, vous pouvez pratiquer votre activité sportive régulièrement.

Cela vous permet de vous instaurer un rythme. Ce rythme est un repère auquel vous pouvez vous raccrocher pour ne pas sombrer. Il vous permet de maintenir votre tête hors de l'eau pendant que vous vous débattez. Je pense qu'une fois sorti de la dépression, vous pourrez vous remercier d'avoir maintenu votre rythme pendant ce temps.

LES PHASES DE LA DÉPRESSION

D'après ce que j'ai pu observer, la dépression se déroule en plusieurs phases.

1. La dépression est sous-jacente, silencieuse. Vous sentez que quelque chose en vous tend à s'exprimer mais vous ignorez ce dont il s'agit. Vous sentez que quelque chose se prépare mais vous ignorez quoi. À ce moment, votre souffrance n'est pas intense. Elle est plutôt calme. Vous vous sentez juste incomplet et vous avez du mal à savoir qui vous êtes. Cette phase peut durer plusieurs années ou juste quelques semaines dans le cas d'une dépression relative à un « accident de la vie ».

2. La dépression commence. Vous souffrez alors intensément. Au départ, vous n'êtes pas nécessairement conscient de cette souffrance. Elle est présente dans votre cœur et votre esprit, mais vous n'avez pas mis de mots dessus.

3. Vous prenez conscience de cette souffrance. Vous identifiez que quelque chose d'anormal et de vraiment intense se déroule en vous. Vous comprenez que vous n'arrivez pas à réprimer ou à refouler cette chose. Peut-être comprenez-vous que vous traversez une phase de dépression, peut-être pas. Le mot n'est pas vraiment important. Il permet simplement de faire des recherches sur le sujet.

4. Vous atteignez un pic de souffrance. Cette-dernière s'accentue jusqu'à atteindre un sommet. Chaque jour semble plus difficile à vivre que la veille. Vous subissez cela.

5. Ensuite, deux cas de figure peuvent se présenter. Le premier est la sortie de dépression juste après avoir atteint le pic de souffrance. Peut-être ne parvenez-vous plus à faire semblant, peut-être lâchez-vous prise sur quelque chose qui vous permet d'amorcer un changement dans votre cadre de vie.

Le deuxième cas de figure est la stabilisation de l'état de dépression. L'intensité de la souffrance diminue sensiblement. Vous coexistez alors avec la dépression. Celle-ci est présente en arrière-plan dans votre esprit, mais elle ne vous empêche pas de vivre. Le processus se produit en même temps que vous vivez votre quotidien.

6. La coexistence est plus ou moins longue selon la personne. Elle peut durer entre plusieurs mois et plusieurs années. Chaque parcours

est respectable. Soyez fier de vous, quoique vous puissiez traverser. La coexistence est rythmée de phases « up » et « down » dans lesquelles votre état émotionnel est positif ou négatif.

7. La recherche de solution est la phase suivante. Selon la personne, elle peut prendre deux tournures différentes. Premièrement, vous pouvez rechercher compulsivement des solutions pour sortir de la dépression dès lors que vous avez remarqué son existence. Certaines fois, cela va fonctionner. D'autres fois, cela va échouer, et vous vous retrouverez face à votre dépression quoi que vous fassiez.

Deuxièmement, lorsque la dépression se stabilise (si la problématique n'a pas déjà été résolue), votre recherche de solutions va se stabiliser elle aussi. Vous rechercherez des solutions à votre problématique plus calmement, sans précipitation, tout en continuant à vivre votre souffrance. Cette période est elle aussi plus ou moins longue selon l'individu concerné.

8. Le sursaut. Au moment qui vous est propre, un désir plus net de vous en sortir peut se manifester, accompagné d'une ou plusieurs idées qui vous semblent évidentes et géniales. Le fait d'appliquer ces idées vous apportera une nouvelle manière de considérer les choses, et un avancement majeur dans le processus de sortie de la dépression. Vous ne pouvez pas choisir quand ces idées viendront, mais vous pouvez continuer tranquillement à chercher des solutions. Cette recherche plus tranquille et moins frénétique permet à l'esprit d'être plus calme et de trouver de meilleures idées.

9. Le déblocage. Après votre long parcours jonché d'actions et de réflexions, votre esprit finira par s'apaiser. J'ignore quand et comment. Personne ne peut prévoir avec précision ce genre de choses. Vous y verrez enfin plus clair et vous comprendrez le sens de toute cette souffrance. Vos pensées se remettront en place et un déblocage mental majeur aura lieu. C'est la somme de tous les déblocages mineurs qui va créer le déblocage majeur.

Si vous souhaitez vivre cette prise de conscience, rien ne sert donc de cogiter pour la créer dans votre esprit. Tel un engin divin se posant à la surface de votre esprit avec évidence, si vous souhaitez encourager sa venue, il convient de lui préparer la piste d'atterrissage dans votre esprit. Concrètement, je vous encourage à continuer à agir et à chercher des solutions. Appliquez chaque jour votre meilleure idée du moment qui pourrait potentiellement vous approcher de la libération. Continuez d'essayer jusqu'à ce que vous ayez réussi. C'est l'ensemble de toutes les petites choses que vous allez faire qui va vous permettre, à terme, d'évoluer.

Pour vous donner une métaphore : imaginez que vous êtes un héros de jeu vidéo. Si vous souhaitez évoluer au niveau supérieur, vous devez accomplir des quêtes et combattre des ennemis. Cela vous donnera des points d'expérience. Au bout d'un certain nombre de points d'expérience gagnés, votre niveau augmentera. Votre niveau n'augmente pas à chaque quête accomplie ou à chaque ennemi vaincu mais lorsque votre nombre de points d'expérience est suffisant pour que vous puissiez évoluer. Je considère que le processus de sortie de la dépression se déroule de la sorte : vous vous affrontez vous-mêmes et vous recueillez des informations jusqu'à pouvoir passer au niveau supérieur. Votre récompense est une nouvelle compréhension du monde et de vous-même.

Dans certains cas, la sortie de la dépression peut aussi survenir naturellement, même si vous n'avez cherché aucune solution mais si vous souhaitez être acteur de ce processus, je vous encourage à vous investir dans la recherche de solutions.

La recherche permanente de solutions

Mon avis est que la dépression vous pousse à passer à l'étape supérieure de votre libération spirituelle ; elle ne vous laisse pas le choix.

Lorsque vous souffrez de ce mal, il est probable que vous alterniez entre les phases de recherche de solutions et les phases où vous abandonnez les recherches. Peut-être êtes-vous parfois fatigué de chercher des solutions à la dépression et de ne rien trouver finalement, peut-être parvenez-vous à remonter votre émotion vers le positif ou à vous habituer par moments à la souffrance.

Dans tous les cas, tant que la dépression n'est pas résolue, la souffrance perdure et tant que la souffrance perdure, votre instinct vous pousse à vouloir aller mieux. C'est pourquoi je considère la dépression comme une longue phase de résolution d'un problème intérieur complexe.

La recherche permanente de solutions est ce qui vous pousse à tenir bon, à avoir de l'espoir. Elle vous guide sur un chemin hasardeux qui vous promet une libération émotionnelle. D'un point de vue logique, tant que vous continuez à chercher des solutions, vous avez des chances de résoudre le problème. Tant que vous essayez de nouvelles options et que vous apprenez de vos échecs, vous avez des chances de réussir.

Si vous traversez actuellement une phase de dépression, continuez à chercher des solutions. Ne baissez pas les bras. Ne vous résignez pas à accepter une impuissance fictive. Levez-vous et mettez quelque chose en place : un rendez-vous avec un thérapeute, une retraite spirituelle, une lecture, des vacances, ou encore une nouvelle activité. Il est probable que la plupart de vos tentatives de guérison aient échoué, mais cela ne signifie pas que vous ne pouvez pas guérir. Vous n'avez pas encore trouvé la solution mais elle existe. J'ignore quelle sera sa forme, si elle sera surprenante ou prévisible, lente ou fulgurante, simple ou grandiose, mais je sais que votre souffrance peut prendre fin.

La recherche de solutions est un parcours plus ou moins long sur lequel vous avancez progressivement et qui vous permet de vous apaiser au fil des semaines, des mois, ou bien des années.

Les phases « up » et « down »

Lors de votre parcours de sortie de dépression, vous connaîtrez certainement des phases de hauts et de bas. Il s'agit des périodes qui rythment votre dépression, au cours desquelles vos émotions sont agréables ou désagréables. Vous pouvez alterner entre ces deux phases tout au long de ce parcours, jusqu'à ce que la dépression soit entièrement résolue.

Dans les phases hautes, vous avez l'impression d'être tiré d'affaire et d'avoir trouvé la clé pour aller mieux. Dans les phases basses, vous ne voyez aucune issue positive à votre situation.

Durant votre recherche de solutions, les phases « up » et « down » se succèdent à un intervalle plus ou moins long selon la personne. Vous pouvez donc rencontrer une phase « up » tous les deux mois, tous les mois, ou même toutes les semaines.

Plus vous vous approchez de la libération, plus la différence de ressenti entre les phases hautes et les phases basses diminue. Ces phases témoignent de l'oscillation de votre mental entre le positif et le négatif, entre le plaisir et la souffrance. Cette oscillation continuera jusqu'à ce que votre mental atteigne le point neutre.

D'après mon expérience, il n'est pas possible d'atteindre le point neutre par la force (donc en exerçant un effort mental pour bloquer votre pensée). Les seuls moyens d'y parvenir sont la patience ou bien la prise de conscience dont la survenance est aléatoire.

Une conséquence des phases de « up » et « down » est ce que je nomme le « désherbage ». J'entends par là que la dépression est une grande souffrance. Lorsque vous la vivez, elle vous envahit de toute part. Vous pouvez sentir dans votre corps physique l'endroit où la souffrance est la plus présente, accompagnée de nombreuses souffrances annexes. Cette oscillation entre les phases de bien-être et les phases de souffrance vous permet d'aller vers tout ce que vous considérez comme pouvant être la solution ultime à votre dépression, mais qui ne l'est pas. Vous expérimentez tout ce qui, selon vous, pourrait constituer une solution à votre dépression. À force d'essayer et d'échouer, vous éliminerez des pistes. Votre esprit sera alors nettoyé, voire libéré de toutes les idées erronées de solutions à la dépression.

Le désherbage est donc la phase qui consiste à se défaire de tout ce qui n'est pas la cause de la dépression pour finalement ne garder que le noyau central dans votre champ de vision interne. Cette étape peut prendre plusieurs mois ou plusieurs années.

Les traitements médicamenteux pour sortir de la dépression

Avant toute chose, je tiens à préciser que je ne suis pas médecin, donc pas habilité à poser un diagnostic médical ni à donner un avis concernant les traitements médicamenteux et la dépression.

Je vais donc vous adresser mon simple témoignage.

D'après ce que j'ai pu observer, les médicaments ne sont pas absolument nécessaires pour sortir de la dépression. Je n'en ai jamais pris, mais j'ai pu échanger en consultation de coaching avec des personnes qui consommaient des anxiolytiques ou des antidépresseurs. Pour certaines d'entre elles, les médicaments étaient une bonne chose. Ils les aidaient de manière ponctuelle à passer un pic d'angoisse intense, ou bien de manière régulière à stabiliser leurs émotions.

Pour d'autres personnes, par contre, les médicaments ne sont pas une solution. Ils peuvent couper la personne de ses sensations physiques, lui donner une impression de brouillard et de confusion psychologique ou d'être à moitié endormie.

J'en déduis donc que les médicaments peuvent, selon la personne, constituer une solution ou bien un problème. C'est pourquoi, dans le cas où vous souhaiteriez en consommer, je n'ai qu'une recommandation à vous faire : soyez observateur. Lorsque vous consommez des anxiolytiques ou des antidépresseurs, soyez vigilants à toutes les conséquences positives ou négatives qu'ils engendrent dans votre corps et dans votre esprit. Apprenez à être à l'écoute de vous-même et à repérer les changements de votre état physique, psychologique et émotionnel. Vous pourrez ainsi repérer ce qui vous fait du bien et ce qui ne vous en fait pas.

Le conflit intérieur de la dépression

Un conflit intérieur est une opposition entre deux volontés contraires qui coexistent dans le même être. Une personne vivant un conflit intérieur est donc partagée, voir déchirée selon le cas, entre deux choix. Elle hésite entre les deux et ne parvient pas à prendre une décision difficile.

Le conflit intérieur peut être plus ou moins intense et provoquer plus ou moins de souffrance. Lors d'un petit conflit intérieur, vous hésitez entre deux choix mineurs et vous avez du mal à vous fixer. Cela n'est pas, dans ce cas, un sujet de souffrance principal.

Lors d'un conflit intérieur majeur, votre cœur et votre esprit sont déchirés par une prise de décision importante. Ce choix peut concerner votre avenir professionnel, votre famille ou votre couple. Voici les différents signes que vous vivez un conflit intérieur majeur :

- Vous êtes partagé entre deux choix.

- Vous avez un sentiment d'urgence concernant la prise de cette décision, c'est-à-dire que vous sentez que vous devez vous fixer sans trop traîner.

- Deux parties de vous-même sont en désaccord. Votre esprit comporte deux volontés contraires. L'une veut aller dans une direction et l'autre veut aller dans la direction opposée.

- Vous ne parvenez pas à concilier ces deux parties. Les deux volontés qui sont présentes en vous ne semblent avoir aucun terrain d'entente commun. De plus, lorsque vous choisissez de vous fixer sur une décision, vous n'êtes pas en paix car la partie de vous qui a été lésée souffre. Vous avez donc du mal à être en accord avec vous-même si vous reniez l'une de ces deux parties.

- Vos pensées relatives à cette prise de décision sont obsessionnelles. Elles consomment beaucoup de votre énergie et ne vous quittent pas.

- Ces deux décisions remettent chacune en cause une partie de votre identité. Leur opposition génère une souffrance souvent écrasante et impossible à ignorer.

Nous rencontrons tous des conflits intérieurs. Certains nous accompagnent durant une partie de notre vie sans pour autant nous causer trop de tort : choisir entre la flemme et l'autodiscipline, entre le restaurant et le repas à la maison, ou entre deux offres d'emploi. Généralement, les conflits intérieurs mineurs se résolvent en écoutant notre cœur ou en trouvant un moyen de concilier les deux décisions.

Les conflits majeurs, quant à eux, semblent être plus durs à résoudre. Voici quelques exemples de problématiques qu'ils peuvent concerner :

- Quitter votre partenaire de couple ou rester avec elle (ou avec lui) ;

- Quitter votre travail ou y rester ;

- Suivre votre rêve ou y renoncer pour faire plaisir à vos parents ;

- Côtoyer votre parent ou conjoint toxique ou bien le bannir ;

- Partir vivre à l'étranger ou rester dans votre pays actuel ;

- Changer de vie et tout abandonner ou bien demeurer dans un cadre de vie qui ne vous convient pas mais qui semble convenir à tous vos proches

Vous l'aurez compris, ce type de souffrance concerne une décision qui est sur le point d'influencer radicalement vos années à venir. Dans certains cas, la dépression peut être provoquée par un conflit intérieur car vous avez un désir irrépressible de prendre une décision, mais vous ne parvenez pas à la prendre, comme s'il vous manquait une information cruciale qui vous aiderait à y voir clair.

Vous essayez alors de penser compulsivement à la recherche d'une idée, mais rien n'y fait, vous ne parvenez pas à vous fixer. La dépression résulte du fait que vous vous fassiez violence pour prendre une décision alors que vous n'y parvenez pas. Elle peut aussi provenir du fait que vous renonciez à combler l'un de vos besoins que vous identifiez comme étant quelque chose de mal. Par exemple : vous renoncez à votre besoin de liberté et d'épanouissement car un membre de votre famille ou votre conjoint vous démontre par A + B que c'est ce que vous devriez faire pour être une bonne personne.

Le conflit intérieur peut également provenir d'un désaccord entre l'un de vos besoins et l'une de vos croyances limitantes qui vous empêche de le satisfaire. Votre besoin non comblé peut être l'expansion ou la sécurité. Il y a nécessairement un désir, une volonté intérieure qui vous empêche de le combler. Peut-être croyez-vous que c'est mal de quitter votre partenaire de couple auprès duquel vous ne vous épanouissez plus ? Peut-être croyez-vous que vous n'êtes pas légitime de vouloir réaliser un rêve ? Ou bien, peut-être croyez-vous que si vous quittez une personne, vous ne rencontrerez jamais un autre partenaire de couple ?

Dans tous ces cas-là, vous avez un besoin qui est non comblé. Vous aurez beau faire ce que vous pouvez pour ignorer son appel, il finira par refaire surface votre esprit. C'est à cause de ce besoin que quelque chose vous pousse à faire ce que vous redoutez le plus. Vous ne voulez pas prendre cette décision, mais un élan intérieur vous y pousse, vous indiquant que le bonheur semble être à la clé.

Une partie de vous lutte contre votre propre besoin. Vous utilisez donc de l'énergie pour vous faire intérieurement du mal, et votre besoin n'est pas comblé. Vous n'êtes donc doublement pas nourri, et vos réserves d'énergie vitales sont quasiment à plat.

Une autre cause du conflit intérieur est un mécanisme mental que vous aviez mis en place durant l'enfance pour vous protéger et qui aujourd'hui vous nuit. Ce mécanisme peut être en lien avec la culpabilité, le doute, la colère, la tristesse, la honte ou l'angoisse. Aujourd'hui, ce mécanisme vous dessert plus qu'autre chose et vous empêche de prendre des décisions éclairées.

Avant de vous donner des idées de solutions à appliquer pour résoudre un conflit intérieur majeur, je tiens à vous encourager à accepter le temps que prendra sa résolution. Certains conflits intérieurs majeurs peuvent prendre plusieurs mois à se résoudre, voire plusieurs années. Rien ne sert de vous infliger une pression psychologique pour le résoudre très vite. Lorsque vous vivez cette expérience pour la première fois, vous ne savez pas combien de temps elle va durer. Vous pouvez, si vous le souhaitez, mettre tout en œuvre pour le résoudre le plus vite possible, mais gardez à l'esprit que vous ne savez pas combien de temps cela prendra finalement. Tout ce que vous pouvez faire consiste à mobiliser vos efforts pour sa résolution. Vous n'avez aucun pouvoir sur le temps que cela prendra en fin de compte. Vous pouvez décidez de faire au plus vite, mais lâchez-prise sur le délai.

Passons maintenant aux solutions que vous pouvez trouver à un conflit intérieur. Tout d'abord, je vous conseille d'identifier la principale souffrance que vous traversez et de la nommer. Est-ce de la honte, de l'angoisse, de la tristesse, de la colère, de la culpabilité, ou bien du doute ? Une fois cette souffrance nommée, vous pouvez chercher dans ce livre comment vous en libérer. Dans les pages précédentes, vous trouverez des clés pour dépasser ces différentes souffrances.

Une autre solution peut consister à concilier vos deux besoins. Il convient d'identifier le besoin qui se trouve caché derrière vos deux volontés et de voir si vous pouvez trouver un terrain d'entente commun. Pour vous donner un exemple : admettons que votre conflit intérieur soit constitué de la lutte entre votre envie de faire le tour du monde et votre désir de vous maintenir dans une relation de couple toxique. Le besoin qui s'exprime à travers l'envie de faire le tour du monde est la liberté. Celui qui s'exprime à travers l'envie de rester en couple peut être le besoin de sécurité ou bien le désir d'être une bonne personne, d'être en accord avec vous-même. Une solution pourrait être de trouver comment être une bonne personne même en abandonnant quelqu'un.

Malheureusement, je ne peux vous expliquer comment concilier vos besoins car cela se détermine au cas par cas, chaque conflit intérieur étant unique et particulier. De même, une personne n'ayant pas détecté ses besoins peut avoir des difficultés à le faire car l'esprit humain a du mal à se regarder en face. Si vous vous trouvez dans ce cas, je peux donc vous conseiller d'aller voir un thérapeute ou bien un coach de vie spécialisé dans la résolution des conflits intérieurs. Il pourra prendre du recul et voir avec vous comment concilier vos besoins.

LA DÉPRESSION LIÉE AUX QUESTIONS EXISTENTIELLES

Autant les questions existentielles peuvent vous aider à évoluer, autant elles peuvent être le point de départ d'une période de dépression. En général, la dépression liée aux questions existentielles survient lentement et progressivement. Vous ne vous rendez compte de sa présence que lorsqu'elle est déjà bien installée.

Il existe donc deux types de questions existentielles : celles qui vous tirent vers le bas et celles qui vous tirent vers le haut. Les questions existentielles qui vous tirent vers le bas génèrent des pensées envahissantes et obsessionnelles et un sentiment d'urgence mêlé à un sentiment d'impuissance à trouver la réponse, tandis que celles qui vous tirent vers le haut vous ouvrent de nouveaux horizons.

Voici quelques exemples de ce que je nomme une « question existentielle » :

Quel est le sens de ma vie ?

Qu'est-ce que Dieu attend de moi ?

Qu'y a-t-il après la mort ?

Pourquoi vivre ?

Quelle est ma nature profonde ?

Comment atteindre l'illumination spirituelle ?

Ce n'est pas la question en elle-même qui pose problème mais la manière dont vous tentez d'y répondre. Vous avez donc la possibilité d'angoisser en lien avec votre question existentielle ou bien d'essayer d'y répondre avec passion et légèreté.

Dans le cas où vous vivez une dépression en lien avec des questions existentielles, voici plusieurs pistes susceptibles de vous aider à vous débloquer :

Si vous souffrez en lien avec des questions existentielles, il est fort probable que le problème vienne de votre manière de chercher la réponse. Peut-être qu'elle ne vous mène pas à la réponse. Vous répétez alors la même action continuellement en croyant que vous finirez par trouver la réponse ainsi, mais vous n'avancez pas d'un pouce. Cette manière de chercher la réponse produit de l'angoisse car vous vous sentez impuissant à atteindre votre objectif qui est de répondre à la question existentielle.

Par exemple : vous vous posez une question existentielle dont vous ne connaissez pas la réponse. Le moyen que vous employez pour chercher la réponse consiste à penser compulsivement à la recherche de compréhension et d'idées nouvelles.

Le problème vient donc du fait que vous cherchez la réponse à votre question existentielle là où elle n'est pas localisée, à savoir dans vos pensées. Votre pensée est constituée de votre mémoire et de vos souvenirs qui se mettent en mouvement. Si vous vous posez une question existentielle, cela implique que vous n'en connaissez pas la réponse. Votre pensée ne contient donc pas déjà la réponse. Rien ne sert alors de retourner votre esprit dans tous les sens à sa recherche. Je vous encourage, dans ce cas, à chercher la réponse là où elle est située : ailleurs que dans votre esprit. Documentez-vous, écoutez des vidéos, lisez des livres d'experts sur le sujet qui vous préoccupe et vous aurez davantage de chances de comprendre la réponse.

Le simple fait de savoir comment chercher la réponse peut vous débloquer. Il est même probable qu'en vous sentant à nouveau puissant à trouver la réponse, toute angoisse cesse instantanément.

Un autre moyen de sortir de la dépression liée aux questions existentielles consiste à changer le délai dans lequel vous croyez devoir trouver vos réponses. Peut-être croyez-vous devoir trouver rapidement votre réponse, alors qu'en fait, il est impossible de la trouver rapidement. Prenons l'exemple de la question « quel est le sens de ma vie ? » : si vous cherchez à trouver cette réponse rapidement, alors vous angoisserez à coup sûr. La réponse à cette question ne peut vous être donnée qu'à long terme. Je vous encourage donc à vous défaire de la croyance selon laquelle vous devez à tout prix répondre rapidement à votre problématique et à accepter que vous ignorez dans quel délai vous pourrez y répondre. Si vous rallongez le délai dans durant lequel vous souhaitez trouver la réponse, alors votre angoisse diminuera. De même que si vous vous autorisez à faire plusieurs tentatives avant de réussir, vous serez libéré du poids de votre propre exigence.

Le fait que vous vous posiez des questions existentielles n'est pas problématique en soi. C'est même cela qui vous permet d'évoluer spirituellement et de vous élever au-delà de votre niveau de conscience ordinaire. Chaque question de ce type représente un challenge.

Ce qui est problématique, c'est le moyen utilisé pour chercher la réponse (cogiter compulsivement), l'endroit où vous la cherchez (dans vos pensées) ou bien le délai durant lequel vous voulez trouver la réponse (très rapidement). Je vous encourage donc à chercher la réponse à vos questions, mais d'une manière qui ne vous fait pas souffrir et qui vous permet de trouver la réponse.

Pour conclure concernant la dépression

Mon but, dans ce chapitre concernant la dépression, est de vous donner des outils, des pistes et surtout de l'espoir pour avancer sur la voie de votre libération. Je pense toutefois que le meilleur moyen de dépasser une dépression consiste à identifier votre souffrance, à la comprendre, et à vous entraîner à la dépasser. C'est pourquoi je vous conseille de vous reporter aux différents chapitres de ce livre concernant la gestion des émotions qui engendrent une dépression (angoisse, colère, culpabilité ou tristesse) et les relations toxiques afin de trouver des solutions plus concrètes aux problèmes que vous pourrez rencontrer dans le cadre d'une dépression.

Pour l'avoir déjà vécue, je sais que la dépression représente la souffrance émotionnelle la plus intense que vous puissiez rencontrer. Elle occupe tout votre espace mental et vous vide de votre énergie. Elle vous empêche également d'envisager un avenir positif et vous coupe ainsi de l'espoir et de la motivation.

Si vous traversez une période de dépression, je vous encourage à rester centré. Ne vous perdez pas dans des travers si vous sentez que ce n'est pas utile. Ayez la force de reconnaître votre souffrance principale et de ne pas créer des souffrances annexes censées la masquer.

Continuez également de croire que vous pouvez résoudre ce problème qui paraît insolvable. Il existe une solution pour le résoudre même si vous ne la voyez pas. Ce n'est pas parce que vous ne voyez pas les différentes planètes du système solaire–qu'elles n'existent pas. Vous ne pouvez pas non plus voir votre cœur, ni vos cellules. Pourtant, tout cela existe. La solution pour sortir de la dépression existe elle aussi. Ne renoncez pas à la chercher et n'acceptez pas votre impuissance fictive à être heureux. Cherchez-la à votre rythme sans vous mettre de pression pour la trouver, mais continuez de la chercher.

Ce discours vous est adressé à l'impératif car je souhaite vous encourager. Vous pouvez l'appliquer et le porter dans votre cœur si vous sentez qu'il vous fait plus de bien que de mal. Autrement, n'en tenez pas compte.

J'ai déjà affronté bon nombre de mes problématiques psychologiques qui paraissaient au premier abord insolubles. À chaque fois, j'ai beaucoup souffert. Je pense que mes émotions sont intenses du fait de mon hypersensibilité. La conséquence nécessaire de cela est que lorsque j'ai repéré une émotion de souffrance, je ne peux plus l'ignorer ou la fuir. Je sens que ma voie de salut consiste à comprendre comment la dépasser définitivement. De nombreuses personnes me disent que la culpabilité, la colère, l'angoisse ou la tristesse sont des sentiments humains et font partie de la vie humaine, qu'il faut accepter de vivre avec. Je ne suis pas entièrement d'accord avec ces personnes. Certes, ces souffrances font partie de la vie des humains et rien ne sert de lutter contre. Mais lorsqu'une grande souffrance apparaît, cela témoigne d'une incohérence logique dans notre psychologie. Mon but est d'aider les personnes qui le souhaitent à dépasser radicalement leur souffrance, à ne plus la laisser traîner, et à arrêter de fuir en permanence un ennemi invisible.

Un jour, ma femme m'a écrit : « merci d'être celui qui un jour s'est convaincu qu'il y avait un moyen de ne plus souffrir ». Ces mots sont pour moi forts de sens. Je pense que les personnes convaincues qu'elles ne peuvent pas résoudre leur souffrance ne cherchent pas à la résoudre. Grâce aux enseignements des anciens, je fus convaincu qu'il était possible de dépasser définitivement toute forme de souffrance psychologique. Cette conviction m'a poussé à chercher comment faire. Cette recherche m'a permis à chaque fois de réussir.

CHAPITRE 10 :

COMMENT BRISER UN CONDITIONNEMENT ET ACCÉDER AU BONHEUR DE L'INSTANT PRÉSENT

Nous arrivons à présent au dernier chapitre consacré au dépassement des émotions de souffrance. Je souhaite vous y transmettre une vision nouvelle des choses ainsi que la croyance selon laquelle chacune de vos souffrances peut être radicalement et définitivement dépassée. Il est possible que vous ne souffriez plus jamais d'une rupture amoureuse, que vous n'ayez plus peur d'être abandonné, que vous soyez en paix intérieure face à une injustice, que vous ne vous sentiez plus coupable d'abandonner quelqu'un et que vous n'ayez plus aucune angoisse en rapport avec la satisfaction de vos désirs.

Je ne vous dis pas que vous devriez y arriver, mais simplement que cela est possible.

Le conditionnement psychologique se traduit par une condition que vous posez à votre existence. Cette phrase est importante pour comprendre la notion de conditionnement ; je vous conseille de la lire plusieurs fois de suite.

Je veux dire par là que dans certaines situations, vous vous interdisez d'exister : comme face à une situation d'injustice, un abandon, ou encore un échec. Votre corps est certes présent, mais votre esprit semble entravé et bloqué. Vous êtes-vous déjà demandé pourquoi dans certaines situations vous parvenez à être heureux et insouciant, et dans d'autres situations, vous souffrez et cultivez des pensées obsessionnelles ?

Je me suis déjà posé cette question, et je suis allé chercher la réponse. C'est d'ailleurs pour la transmettre que j'ai écrit ce livre. J'ai pu constater que le conditionnement était une des raisons majeures qui nous empêche d'être heureux. Permettez-moi de vous expliquer ce que c'est, comment il s'est construit dans votre esprit au cours de vos précédentes années et comment il agit aujourd'hui.

Qu'est-ce qu'un conditionnement psychologique et quels en sont les symptômes ?

Un conditionnement psychologique est une condition que vous posez à votre bonheur. Tant que le conditionnement est présent dans votre esprit, vous aurez l'impression que vous ne pouvez pas être heureux tout en vivant certaines situations.

Lorsque vous êtes amené à vivre la situation concernée par votre conditionnement, votre esprit effectue un violent mouvement de fuite ou de déni et votre organisme réagit en produisant une émotion de souffrance.

Voici quelques exemples de pensées liées à un conditionnement :

Comment pourrais-je être heureux alors que j'ai été abandonné ?

Comment pourrais-je laisser passer cette trahison et être heureux ensuite, comme si de rien n'était ? Cela est hors de question !

Laisser les autres, ça ne se fait pas, c'est mal ! Je ne peux pas le quitter, je dois rester pour l'aider.

Il ne faut pas que je prenne la fuite. La fuite, c'est pour les lâches. Je dois affronter la situation.

Comment puis-je le faire changer ?

Il est possible que ce conditionnement constitue une part importante de notre personnalité et qu'il soit actif durant plusieurs décennies sans que nous ne remarquions sa présence. Il s'agit d'un mensonge auquel nous croyons. Pour que vous compreniez de manière théorique ce dont il s'agit, voici quelques histoires de conditionnements :

•   En Inde, les dresseurs attachent les éléphanteaux à des petits troncs d'arbre qu'ils ne sont pas encore assez forts pour pouvoir déplacer. Les éléphanteaux essayent alors en vain de déraciner le petit tronc d'arbre pour pouvoir s'échapper. Au bout de plusieurs tentatives, ils finissent par comprendre que le tronc d'arbre ne peut pas être déplacé. Plusieurs années plus tard, lorsque l'éléphant devient adulte, il a gardé le conditionnement que le tronc d'arbre ne peut pas être déplacé, même lorsque son corps est devenu assez fort pour s'en libérer. Il suffit alors de l'attacher à un tronc d'arbre pour qu'il croie être scellé et qu'il n'essaye pas de s'en libérer.

• Voici une autre histoire qui concerne toujours le conditionnement des éléphants. Afin de les rendre dociles et de les utiliser comme attraction touristique, les dresseurs conditionnent les éléphants à avoir peur du bruit du hochet. Pour parvenir à leurs fins, ils infligent à répétition de la violence physique à l'éléphant tout en agitant un hochet à côté de lui. L'éléphant associe alors le son du hochet à la douleur. Les dresseurs n'ont plus qu'à agiter le hochet pour que l'éléphant adopte un comportement docile et soumis par peur d'avoir mal. Il leur suffit d'agiter le hochet pour que l'éléphant obéisse, même si aucune violence ne leur est infligée sur le moment.

• Certains enfants (humains, cette fois-ci!) vivent une situation d'abandon. L'un de leurs parents refuse de s'occuper d'eux, les rejette ou quitte le domicile familial. L'enfant ne peut pas trouver par lui-même des parents de remplacement ; il n'est pas autonome pour cela. Il apprend donc à grandir privé d'amour et livré à lui-même. Il garde alors la trace dans son esprit et dans sa mémoire corporelle que l'abandon est une chose dangereuse. Plus tard, même étant adulte, il aura peur d'être abandonné. La peur est une sorte de protection intérieure dans ce cas-là. Elle pousse l'adulte à agir pour éviter l'abandon car il a retenu qu'il était incapable de gérer ce type de situation. Il est donc conditionné à avoir peur de l'abandon alors qu'il est à présent tout à fait en capacité de gérer cela.

• Un enfant vivant avec un parent violent peut développer un conditionnement relatif à la culpabilité. Il apprendra à ses dépens que s'il ne se comporte pas de la manière attendue par son parent, il subit colère et peut-être même violence physique. Afin d'éviter de subir le comportement violent de son parent, l'enfant va développer un comportement d'auto-préservation. Une partie de son esprit va peu à peu se consacrer à l'autocensure. Dès lors qu'il aura envie de faire quelque chose que son parent n'aime pas, il s'infligera alors une censure intérieure. Cela lui permettra d'éviter d'affronter la colère. L'enfant sera donc conditionné à croire qu'il n'est pas capable de gérer la colère d'une autre personne, et ce même une fois devenu adulte.

Vous l'aurez compris, un conditionnement est un comportement que vous adoptez tel un réflexe lorsque vous vivez une certaine situation. Il peut avoir été construit suite au vécu d'une expérience traumatisante, comme nous l'avons vu dans ces exemples, ou bien par la répétition d'une affirmation. À force de vous répéter que vous n'êtes bon à rien, un manipulateur peut vous conditionner à croire que vous allez échouer quoi que vous entrepreniez. De même qu'en répétant des affirmations positives chaque jour, vous vous conditionnez peu à peu à croire en vous-même.

Notre mécanisme psychologique se construit donc en accord avec notre environnement extérieur. Le problème apparaît lorsque nous gardons un fonctionnement qui n'est plus adapté à notre situation actuelle. C'est cela qui produit la souffrance.

Il existe donc des conditionnements positifs comme des conditionnements négatifs. Un conditionnement positif peut consister à effectuer une préparation mentale pour une compétition sportive. Un conditionnement négatif peut consister à réagir par la colère à l'injustice ; il provoque la souffrance.

Le meilleur moyen de se défaire d'un conditionnement négatif consiste à le remplacer par un conditionnement positif. Cela vous permettra de pouvoir exister sans souffrir dans davantage de situations. Imaginez que vous soyez incapable d'être en paix face à une injustice, un abandon, un rejet, une méchante critique... Ne serait-ce pas libérateur ?

Voici les différents signes qui indiquent que vous avez un conditionnement lié à la souffrance :

- Dès lors que vous êtes amené à vivre un type de situation précis, vous souffrez.

- Vous avez des pensées obsessionnelles et vous essayez de fuir, d'atteindre ou de comprendre quelque chose. Vous n'y parvenez pas ainsi et vos émotions sont lourdes et écrasantes.

- Peut-être agissez-vous au-delà de la rationalité : C'est-à-dire que dans votre pensée rationnelle, vous avez l'impression de savoir quelle serait la décision la plus juste mais vous agissez tout de même dans le sens inverse. De plus, agir ainsi ne vous rend pas heureux mais provoque votre souffrance.

- Vous vous sentez bloqué intérieurement dans votre vie. Vous avez beau essayer de vous comprendre et de chercher solutions, vous n'avancez pas (ou alors très lentement). C'est comme si votre compréhension avait atteint ses limites et qu'elle ne vous suffisait plus pour avancer.

Vous l'aurez compris, la plupart d'entre nous a des conditionnements qui entraînent la souffrance. Ces conditionnements constituent souvent une composante majeure de notre personnalité sans même que nous ne nous en rendions compte. Nous pensons que c'est normal d'être en colère durant plusieurs jours de suite, de prendre des décisions par culpabilité, de vivre dans l'angoisse ou dans le déni. Ces comportements sont peut-être habituels, mais provoquent notre souffrance et peuvent tous être dépassés.

Si vous souhaitez repérer votre conditionnement, sachez que cela peut vous prendre quelques secondes ou bien quelques mois. Chacun a son rythme propre pour cela. Vous pouvez également vous faire accompagner par un sophrologue ou un coach en développement personnel pour dépasser votre conditionnement. Je vais tout de même vous donner des conseils pour vous aider à y parvenir par vous-même.

Pourquoi votre conditionnement vous fait-il souffrir ?

Dans la vie de chacun d'entre nous arrive un moment où nous devons nous libérer d'un mécanisme mental qui nous empêche d'être heureux. Ce que nous avons toujours toléré devient aujourd'hui intolérable. Notre souffrance habituellement silencieuse crie aujourd'hui. Ce que nous avons toujours ignoré nous saute aux yeux. Un basculement opère dans notre esprit, nous montrant comme une évidence que nous devons régler un problème de notre quotidien et que nous ne pouvons plus remettre cela au lendemain. L'heure est venue de passer aux choses sérieuses.

Ce genre de prise de conscience peut marquer le début d'une longue période de souffrance et d'un conflit intérieur, mais dans tous les cas, une libération est à la clé. Voici quelques exemples de moments où vous comprenez que vous devez régler un problème de votre quotidien :

- Vous comprenez que vous n'avez pas de problèmes de couple mais que le fait d'être en couple avec cette personne est votre problème ;

- Une situation réveille une colère ou une peur qui sommeillait en vous et elle occupe à présent tout votre esprit ;

- Vous vivez un burn-out et vous comprenez que vous devez changer de travail ;

175

- Vous souhaitez changer de vie mais vous ne trouvez pas le courage de quitter votre cadre de vie actuel ;
- La culpabilité occupe tout votre esprit et vous comprenez que vous ne pouvez plus la fuir et devez régler ce problème pour vous libérer.

En bref, ce qui était jusqu'à présent seulement désagréable devient aujourd'hui insupportable.

Cela arrive car votre conditionnement vous empêche de nourrir certains de vos besoins. Tout se passe comme si un programme informatique implanté dans votre esprit vous influençait fortement à ignorer certains de vos besoins. Vous pouvez alors ignorer votre besoin de sécurité, d'expansion, d'expression, d'affection, de reconnaissance, d'accomplissement de soi, ou même ignorer votre propre intelligence.

Vos besoins n'étant pas nourris, vous n'êtes pas pleinement épanoui. Vous pouvez vivre ainsi durant plusieurs années, mais il arrive un moment où votre organisme vous appelle à les nourrir. C'est à ce moment-là que votre conditionnement doit être modifié.

Comment se libérer d'un conditionnement ?

Il existe deux voies principales pour vous défaire d'un conditionnement.

1. La voie de la compréhension

La première voie est celle de la compréhension. Il est possible qu'en acquérant une meilleure connaissance de soi, vous compreniez votre problématique dans son ensemble, que vous en acquériez une vision claire et que votre esprit se libère de ses chaînes. Voici quelques faits à savoir pour avancer sur la voie de la compréhension :

Vous ne pouvez pas décider de comprendre quelque chose. Vous ne pouvez pas décider d'utiliser votre capacité de compréhension.

Pour comprendre, vous pouvez faire deux choses. La première est la recherche d'informations : lisez des livres, écoutez des conférences, faites-vous accompagner par un thérapeute, formez-vous, etc. D'autres personnes détiennent peut-être la solution de votre problématique ou des informations qui vous aideraient à le résoudre. Le fait d'apprendre des autres n'est pas une preuve de faiblesse mais d'intelligence car cela vous fait gagner beaucoup de temps et vous pouvez plus rapidement passer à autre chose.

La deuxième chose est l'observation continue de soi. En vous observant et en étant continuellement conscient de ce qui se passe en vous, vous comprenez peu à peu votre propre mécanisme et votre esprit s'apaise avec le temps. Je vous détaille comment pratiquer l'observation de soi-même à la fin du chapitre sur le travail et la motivation.

En pratiquant l'observation de soi et la recherche d'informations en continu, vous augmentez vos chances de comprendre la cause de votre souffrance et de vous en libérer.

Néanmoins, dans certains cas, la simple compréhension ne suffit pas à vous libérer de votre blocage mental. C'est alors que vous pouvez emprunter la deuxième voie :

2. La voie de l'action

J'ai déjà accompagné en consultation de coaching des personnes qui avaient acquis une compréhension poussée de leur problématique, mais qui n'en étaient pas libérées pour autant. Elles avaient compris le fonctionnement de leur blocage psychologique, ainsi que la toxicité de leur situation actuelle, mais s'y maintenaient.

Le problème que nous avons, en tant qu'occidentaux, est la croyance que la simple compréhension suffit à résoudre la totalité des problèmes mentaux. Lorsque nous souffrons intérieurement, nous cherchons comme par réflexe ce qui, dans notre enfance, a contribué à créer notre souffrance d'aujourd'hui. Et nous croyons que la compréhension de l'histoire de notre problème nous suffira à le régler. Cela est faux.

Dans certains cas, la compréhension peut bel et bien libérer votre esprit d'un fardeau. Mais dans d'autres cas, elle n'est pas suffisante. Si vous avez un bras cassé, la simple compréhension de ce qu'est une fracture suffit-elle à ressouder vos os, ou bien faut-il aussi œuvrer et agir pour guérir ?

Je pense que pour changer un conditionnement, il faut le remplacer par un nouveau conditionnement plus propice à votre bien-être. Cela revient à entraîner votre cerveau à réagir d'une manière différente de la situation dans laquelle vous réagissez habituellement par l'angoisse, la colère, la tristesse ou la culpabilité. Pour imager ce principe, imaginez une personne qui n'a jamais pratiqué les arts martiaux de sa vie. Lorsque quelqu'un la menace de lui mettre un coup de poing, cette personne va réagir par un mouvement de peur et de garde hasardeuse. Maintenant, admettons que cette personne ait décidé de pratiquer les arts martiaux durant cinq ans pour se renforcer et ne plus avoir peur des agresseurs. Lorsque quelqu'un tentera de la frapper à nouveau, son corps sera renforcé par de nouveaux réflexes. Il réagira instinctivement de manière différente à l'agression, plus propice à sa défense.

Votre cerveau est lui aussi un muscle qui peut acquérir de nouveaux réflexes. Il suffit de répéter un geste ou un mouvement de pensée jusqu'à ce que nous parvenions à l'adopter sans avoir à réfléchir pour cela.

Si vous souhaitez dépasser un conditionnement limitant, il vous faut dans un premier temps identifier votre comportement que vous souhaitez changer (une peur, une colère, une tristesse ou une culpabilité par exemple). Décidez ensuite par quel comportement vous souhaitez le remplacer (par la paix intérieure, un sourire, du courage, ou bien de la concentration).

Ensuite, entraînez-vous à vous connecter à cette émotion positive que vous souhaitez substituer à la souffrance. Vous pouvez vous visualiser en état de paix intérieure, de courage, de sourire ou de concentration par exemple durant dix minutes par jour pendant vingt-et-un jours.

Lorsque vous avez des facilités à vous connecter à cet état de bien-être recherché, vous pouvez ensuite affronter la situation de souffrance dans laquelle votre conditionnement s'active habituellement. Mais cette fois-ci, en vous connectant à l'émotion positive juste avant. Agissez ainsi à répétition plus d'une vingtaine de fois et votre conditionnement se transformera peu à peu : vous serez ainsi capable d'atteindre l'émotion positive dans la situation dans laquelle vous ressentiez habituellement de la souffrance.

Pour en acquérir une meilleure compréhension, je vous conseille de relire ce chapitre plusieurs fois de suite. De nouveaux éléments de compréhension pourraient vous apparaître lors de chaque lecture.

EN CONCLUSION CONCERNANT LA GESTION DES ÉMOTIONS

Dans cette partie sur la gestion des émotions, je vous ai transmis tous les outils dont je dispose pour vous aider à dépasser votre souffrance et à vivre heureux. Bien entendu, il me reste encore beaucoup de choses à comprendre et à découvrir. Je suis en perpétuel apprentissage.

Je vous encourage à tester chacun de mes conseils avant de lui donner du crédit. Ne croyez pas ce que je vous dis, mais testez-le et voyez si cela vous fait du bien ou non. Si mes conseils vous aident à dépasser une souffrance, alors appliquez-les. S'ils ne vous aident pas, alors ne les appliquez pas.

Je sais par expérience que lorsqu'on aime bien un « enseignant spirituel », on peut avoir tendance à appliquer aveuglément ses conseils, même si ceux-ci ne nous rendent pas tous heureux. Soyez donc vigilants avec mes propos. Ne croyez pas tout ce que je vous dis avant d'avoir vérifié par vous-même si j'ai tort ou raison.

Ne croyez pas non plus que je suis parvenu à un stade d'évolution supérieure que vous devez atteindre. Autrement, vous tenterez de modifier votre énergie pour me ressembler et ce sera plus destructeur qu'autre chose.

Puissent mes techniques vous aider à vous libérer d'un poids et à regagner la maîtrise de votre esprit.

PARTIE 2 :

RÉALISER SES RÊVES

TRAVAIL ET MOTIVATION

La maîtrise de ses émotions est certes un terrain utile à étudier pour être heureux, mais cela ne fait pas tout. Voyons dans ce chapitre comment rêver grand et comment œuvrer pour réaliser vos rêves. C'est cela qui vous permettra d'avoir de l'espoir, et cet espoir vous aidera à traverser les difficultés de la vie. Sans espoir, vous ne vous battez pas et vous laissez les problèmes vous accabler, tandis qu'en espérant, vous pouvez soulever des montagnes.

De même, lorsque nos rêves sont refoulés ou que nos besoins sont reniés, nous souffrons inévitablement. Une grande partie de notre souffrance émotionnelle peut disparaître lorsque nous vivons une vie en accord avec nos aspirations profondes.

À chaque rêve que j'ai réalisé, un nouveau défi est apparu, me poussant plus profondément à savoir qui je suis réellement. Cette quête de réalisation de mes rêves va de pair avec la quête de la fin de la souffrance.

J'écris actuellement ces lignes en fin novembre deux-mille-dix-neuf. Aujourd'hui, mes activités professionnelles consistent à créer des vidéos pour ma chaîne YouTube, à écrire, à donner des consultations de coaching et à organiser des retraites spirituelles dans différents pays. Je peux considérer qu'à ce niveau-là, je mène une vie de rêve. Je n'aurais jamais construit cela si je n'avais pas d'abord appris à rêver ma vie.

Quatre ans plus tôt, en novembre deux-mille-quinze, je travaillais en tant qu'employé de bureau à la sécurité sociale. Je passais mes journées à traiter les dossiers des allocataires et à rire avec mes collègues quand je le pouvais.

À force de m'intéresser à mon développement personnel, j'ai commencé à croire qu'autre chose que la vie d'employé était possible. Je me disais qu'il m'était peut-être possible de vivre d'un métier passionnant qui me permettrait de pratiquer le développement personnel et de voyager.

J'ai alors travaillé chaque jour d'arrache-pied pour me construire le cadre de vie que j'ai aujourd'hui. Cela m'a demandé de nombreuses heures de travail chaque semaine, de l'apprentissage et une grosse remise en question, mais j'y suis parvenu.

Je souhaite vous transmettre dans ce chapitre des outils pour vous aider à rêver grand, à établir une stratégie et à rester motivé pour œuvrer en continu à la réalisation de votre vie de rêve.

CHAPITRE 11 :

APPRENDRE À RÊVER SA VIE AVANT DE VIVRE SES RÊVES

Les deux principaux outils qui vous permettront de réaliser vos rêves sont votre imagination et votre corps. Vous vous devez donc de les développer et de les ménager. Votre imagination vous ouvre de nouvelles possibilités et échafaude des stratégies pour les concrétiser tandis que votre corps vous sert d'instrument d'action.

Étant donné que l'école ne vous apprend pas à développer votre imagination mais plutôt à la réprimer, vous allez devoir la développer par vos propres moyens : en lisant des livres ou écoutant des conférences à ce propos et vous entraînant. L'école sanctionne les rêveurs et leur apprend à entrer dans le rang, à penser et à se comporter comme tout le monde. De nombreuses personnes entrent donc en maternelle l'esprit plein de rêves et sortent de la fac avec pour ambition de trouver un CDI qui leur permettra tout juste de survivre. Que reste-t-il de l'enfant qui voulait devenir explorateur, cosmonaute, policier, détective, pilote d'avion ou tout autre métier palpitant et inspirant ?

Une personne qui rêve ne plaît en général pas à la société. Vous pourrez constater que lorsque vous avez de grands projets et que vous souhaitez accomplir des choses qui sortent de l'ordinaire, certaines personnes essaieront de vous en détourner en prétendant vouloir votre bien. Elles vous transmettront leurs peurs et leur jalousie sous forme d'arguments pour vous influencer à renoncer à vos rêves.

Ce que j'ai pu remarquer au cours de ma carrière de coach, c'est que lorsque vous renoncez à réaliser vos rêves, vous vous sentez comme incomplet. Quelque chose semble vous manquer, vous ne trouvez pas de sens à votre vie et votre cœur semble frustré. Tant que nous ne vivons pas en accord avec nos rêves, notre cœur continuera à aspirer en secret à autre chose. C'est pourquoi je souhaite vous transmettre ma panoplie d'outils pour vous aider à rêver, à écarter les personnes qui tentent de vous en empêcher, et à agir au quotidien pour réaliser vos rêves !

Comment entraîner sa capacité à rêver

Pour vous entraîner à rêver, j'ai deux exercices à vous conseiller. Je les ai tous les deux pratiqués à des moments significatifs de ma vie et ils m'ont permis de changer d'état d'esprit pour réaliser de grandes choses.

1. Les pages du matin

Le premier exercice est celui des « pages du matin » conseillé par l'auteur Julia Cameron dans son livre *Libérez votre créativité*.

Chaque matin, avant ou après votre petit déjeuner, vous pouvez écrire à la main entre une et quatre pages. Il n'y a aucune consigne d'écriture et le contenu que vous allez y mettre est totalement libre. Je peux vous conseiller, si vous souhaitez vous lancer dans les « pages du matin », d'être régulier et de choisir un nombre de pages qui est bon pour vous. Il ne faut pas que ce processus d'écriture soit fastidieux ni qu'il soit trop court. Le bon nombre de pages est celui que vous prenez plaisir à écrire et qui vous permet de laisser jaillir une part de votre esprit.

Dans son livre, Julia Cameron qualifie le moment des pages du matin de « rendez-vous avec Dieu ». Pour elle, lorsque vous écrivez sans aucune consigne d'écriture, il se passe quelque chose de particulier en vous, et je suis bien d'accord avec elle.

Écrire ses pages du matin consiste donc à instaurer une nouvelle routine quotidienne. Achetez-vous un cahier que vous allez consacrer à cette pratique, puis, chaque matin, vous pouvez vous lever plus tôt ou bien libérer trente minutes de votre temps pour écrire. Vous pouvez écrire vos idées, vos rêves, vos projets, une histoire que vous inventez, vos pensées, votre souffrance, une chanson, décrire quelque chose, ou encore une suite de mots qui semblent n'avoir aucun lien entre eux. Il n'y a aucune limite à ce que vous pouvez écrire. Juste, écrivez.

Ces pages du matin sont, bien entendu, un écrit confidentiel. Ne les montrez à personne et ne les relisez pas avant la fin du premier mois d'écriture.

Cette pratique vous permet de laisser jaillir une ou plusieurs part de vous que vous laissez rarement s'exprimer. Vous pourrez constater les effets positifs des pages du matin dès le premier jour ou bien après plusieurs jours de pratique, cela est propre à chaque personne. Dans tous les cas, je vous encourage à persévérer.

Lorsque j'ai commencé cette pratique, j'ai pu laisser s'exprimer mes rêves pour la première fois. Je m'imaginais un futur de rêve dans lequel je vivrais de ce qui me passionne et serais plus sage et abondant. Jour après jour, je « rêvais » : je m'imaginais un merveilleux futur vers lequel j'avais envie de me diriger. Cela me redonnait de l'espoir et me laissait croire qu'une vie meilleure que celle que me décrivait la société était possible.

J'ai eu également l'envie de m'essayer à l'écriture de textes dans lesquels je décrirais ma pensée et ma compréhension des choses. C'est là que j'ai réalisé mes tous premiers écrits. En relisant mes textes, j'ai compris que j'étais intelligent et capable d'écrire quelque chose de logique et de censé, ce dont je ne me croyais pas capable jusque-là.

Si vous aussi vous souhaitez vous découvrir, je vous encourage à écrire les pages du matin durant trente jours de suite, si ce n'est plus. Le fait de vous fixer ce défi peut vous motiver à aller jusqu'au bout des trente jours. Croyez-moi, les pages du matin ne sont pas du temps perdu. Après trente jours de pratique, quelque chose aura changé en vous. Vous serez une personne différente et vous serez heureux d'avoir été au bout de ce(s) mois d'écriture.

2. La visualisation positive

Il s'agit d'une autre pratique qui vous permet de développer votre capacité d'imagination. Elle consiste à encourager votre esprit à imaginer votre futur de rêve. Pour maximiser ses effets positifs, voici quelques instructions :

Prévoyez une plage de vingt minutes où vous ne serez pas dérangé. Vous pouvez mettre un timer sur votre téléphone pour vous indiquer quand les vingt minutes seront écoulées et vous éviter de regarder l'heure durant la visualisation.

Installez-vous confortablement sur un canapé, sur une chaise, adossé contre un mur ou un arbre.

Fermez les yeux.

Prenez cinq grandes respirations ventrales : lorsque vous inspirez, laissez votre ventre se gonfler légèrement pour accueillir l'air.

Lorsque vous expirez, laissez-le se dégonfler légèrement pour accompagner l'air vers la sortie, d'une douce contraction abdominale.

Imaginez maintenant votre futur de rêve. À quoi ressemblerez-vous lorsque vous serez une personne accomplie ? Quelle sera votre activité professionnelle ? Aurez-vous bâti quelque chose (dans votre temple intérieur et/ou dans le monde extérieur) ?

Dans quel lieu habiterez-vous ? Une maison ou un appartement ? Dans quel coin du monde ?

Quelle sera votre vie de couple (dans le cas où vous souhaitez en avoir une) ?

Aussi souvent que vous le pouvez, revenez à votre visualisation. Dès lors que vous remarquez que vous vous perdez dans vos pensées, vous pouvez choisir de vous concentrer à nouveau sur votre imagination.

Imaginez tous les détails de votre quotidien dans votre futur de rêve.

Utilisez les vingt minutes pour pratiquer cet exercice. Imaginez votre vie de rêve et laissez- vous emplir par toutes les émotions que vous y vivez. Vous pouvez même renforcer ces émotions positives par le souffle : à chaque inspiration, vous augmentez l'intensité de la joie et des autres émotions positives que vous rencontrez et vous les diffusez dans votre corps.

Après vingt minutes de pratique, vous ressentirez probablement un grand bien-être vous envahir. Vous pouvez également vous fixer un défi de trente jours de vingt minutes de visualisation positive.

Cela est aussi efficace que les pages du matin. À vous de voir laquelle de ces deux pratiques vous tente le plus : réveiller l'écrivain ou le méditant qui sommeille en vous ?

Le fait de répéter la même technique de visualisation durant trente jours de suite vous permet de vous familiariser avec elle, de l'explorer et de vous perfectionner. La répétition de cette pratique vous amène chaque jour à aller plus loin et à découvrir un nouvel aspect de vous-même.

Ces deux pratiques vous apprendront à rêver. Elles constituent un entraînement efficace pour imaginer votre vie de rêve avant d'agir pour la construire. Tout part d'un rêve.

CHAPITRE 12 :
STRATÉGIE D'AUTO-COACHING POUR ATTEINDRE VOS OBJECTIFS : LES 4 CLÉS DE LA MOTIVATION

Pour réaliser vos rêves, vous serez beaucoup plus efficace si vous avez une stratégie que si vous agissez de manière irrégulière et au gré de vos envies. Il n'y a rien de mal à vous laisser porter par la vie et à écouter votre intuition avant d'agir, au contraire. Mais dans le cas où vous êtes déterminé à générer un changement important dans la structure de votre cadre de vie, je vous conseille d'avoir une stratégie pour cela et de ne pas agir simplement à l'intuition. Cela vous permettra de savoir ce que vous devez faire et d'œuvrer chaque jour à votre rythme pour y parvenir. Vous saurez ainsi où diriger votre énergie et pourrez consacrer chaque parcelle de votre temps de travail à être efficace.

Voici donc un bon modèle de stratégie que vous pourrez appliquer à votre situation.

Étape 1 : visualiser votre objectif final

Votre objectif final est votre source de motivation. C'est vers lui que vous allez vous diriger durant les prochains mois ou les prochaines années. C'est en pensant à cet objectif que vous trouverez la force et l'espoir nécessaires pour agir chaque jour.

Je vous conseille donc pour cette première clé de la motivation, d'avoir une image mentale de ce que vous souhaitez atteindre dans le futur. Comment vous imaginez-vous une fois votre rêve réalisé ? À quoi ressemblerez-vous physiquement ? Quel sera votre comportement ? Dans quel lieu souhaitez- vous vivre ? De qui serez-vous entouré ? Quelles seront vos activités quotidiennes ? Et quel sera votre revenu ?

Il vous suffit de vous visualiser dans un cadre de vie épanouissant qui vous correspond une fois que vos rêves sont tous atteints. Imprégnez-vous de toutes les émotions positives que dégage cette image en vous et décidez qu'à partir de cette minute, vous allez mobiliser toutes vos forces pour réaliser ce rêve et en faire votre quotidien.

Étape 2 : choisir un chemin qui vous y mènera

Une fois que vous savez où vous souhaitez vous rendre, il convient de définir comment vous souhaitez vous y rendre.

C'est la voie que vous allez emprunter pour atteindre vos objectifs. En voici quelques exemples ;

- Mon objectif était de vivre du métier de coach en développement personnel. Je me visualisais en ayant des consultations de coaching, en écrivant des livres et en organisant des retraites spirituelles. La voie que j'ai choisie pour réussir consistait à créer des vidéos pour ma chaîne YouTube et à écrire des livres.

- Si vous vous visualisez tel un riche rentier qui vit de ses investissements immobiliers, la voie que vous allez emprunter peut consister à développer un premier business pour gagner de l'argent qui vous permettra ensuite d'investir intelligemment dans de nombreux logements.

- Si vous vous visualisez heureux en couple mais que vous avez peur de parler aux femmes, la voie que vous pouvez emprunter peut consister à dépasser votre peur du rejet en pratiquant la séduction de rue pour apprendre à vous détendre face à une femme.

- Si votre rêve consiste à être libre de toute attache émotionnelle et être un être accompli spirituellement, la voie à emprunter peut consister à participer régulièrement à des séminaires de développement personnel et à méditer quotidiennement.

La voie à emprunter est le(s) moyen(s) principal(aux) que vous allez emprunter pour réaliser votre vie de rêve. C'est un chemin. Il n'y a pas de bon ou de mauvais chemin, il y a juste le vôtre.

Si vous rencontrez des difficultés pour vous choisir un chemin, alors prenez votre temps pour cela. Il est normal que vous ayez du mal à vous fixer sur une de vos nombreuses idées. Le tout est de choisir le chemin qui vous offre le plus de chances de réussite tout en faisant quelque chose qui vous plaît.

Si votre hésitation devient longue et dépasse les quelques mois, alors je vous encourage à passer à l'action. Quelle idée de chemin vous semble la plus pertinente et est installée dans votre esprit depuis longtemps ? Choisissez l'idée de voie à emprunter qui revient le plus souvent dans vos pensées et qui reste valide au fil des mois. Mieux vaut tenter quelque chose et passer à l'action que de ne rien faire, car cela vous permettra d'expérimenter et de découvrir.

Un proverbe chinois dit : « Le meilleur moment pour planter un arbre, c'était il y a vingt ans. Le deuxième meilleur moment, c'est aujourd'hui ».

Le fait de passer à l'action vous permettra de vous défaire de l'angoisse qui résulte d'une trop longue hésitation. Vous avez le droit d'expérimenter un chemin qui ne vous plaît pas et d'en essayer ensuite un autre. C'est un apprentissage. Le fait de tenter plusieurs voies fait aussi partie de la voie.

Voyons maintenant comment passer à l'action de manière un peu plus concrète.

Étape 3 : définir des objectifs et des sous-objectifs

Avoir une vision de ce que vous souhaitez est un moteur pour vous. Savoir quelle voie emprunter est une certitude qui vous préserve des ténèbres du doute.

Maintenant, définissons-nous des objectifs qui éloigneront l'angoisse de notre esprit durant notre ascension. Il s'agit ici de vous fixer des petits objectifs sur lesquels vous allez pouvoir concentrer votre énergie. Selon la manière de faire, votre objectif peut être une source d'angoisse ou bien vous donner des ailes. Voyons ensemble comment vous fixer les objectifs les plus pertinents possibles.

Si vos objectifs génèrent chez vous de l'angoisse ou bien que vous échouez souvent à les atteindre, vous comprendrez probablement ici pourquoi.

Pour être efficace, votre objectif doit comporter les critères suivants :

Un objectif sur lequel vous avez du pouvoir.

Si vous n'avez aucun pouvoir pour atteindre votre objectif, vous angoisserez obligatoirement. Par exemple, si votre objectif est de gagner deux mille abonnés sur votre chaîne YouTube dans les trois prochains mois, alors il est probable que vous angoissiez. Vous avez du pouvoir pour créer des vidéos, mais pas pour décider du nombre d'abonnés qui en résultera. Dans ce cas, un objectif sur lequel vous avez du pouvoir peut être de créer une vidéo par jour durant deux mois. Cela augmentera considérablement vos chances de gagner des abonnées.

Si vous avez envie de séduire des femmes, votre objectif ne doit pas être de récolter six numéros de portable dans la soirée car cet objectif dépend aussi du bon vouloir de la femme. Vous pouvez vous fixer comme objectif d'aborder vingt femmes dans la soirée, et d'obtenir le plus de numéros de portable possible.

Je vous conseille donc d'axer votre objectif sur les actions à effectuer plutôt que sur le résultat. Ce sont les actions qui vous apporteront le résultat, alors mieux vaut vous concentrer dessus. Lorsque vous grimpez la montagne, ne restez pas focalisé sur le sommet. Regardez là où vous mettez les pieds.

Un objectif mesurable

Il s'agit d'un objectif précis et bien défini. Vous devez être en mesure de savoir à quelle distance vous vous situez de son atteinte.

Par exemple : si votre objectif est d'avoir plus confiance en vous-même, vous ne savez pas à quelle distance vous vous situez de son atteinte. Il vous faut quelque chose de plus précis. Aimeriez-vous avoir le courage de parler en public ou d'aborder cet homme qui vous plaît en secret ? Souhaitez- vous avoir assez de confiance pour faire votre coming-out ou pour oser vous habiller de la manière qui vous plaît secrètement ?

Si votre objectif est d'être plus riche, cela ne suffit pas. Il vous faut davantage définir ce que vous souhaitez atteindre : voulez-vous gagner deux-mille euros par mois grâce à votre activité d'entrepreneur ? Souhaitez-vous atteindre un poste précis dans votre boîte ?

Le fait de vous fixer un objectif mesurable vous permettra d'évaluer à quelle distance vous vous situez de votre objectif final et de constater votre progression. C'est quelque chose de sécurisant.

Un objectif temporel

Votre objectif doit comporter une notion temporelle. Vous pouvez décider de maintenir un rythme durant un certain laps de temps ou bien de terminer une tâche précise en un certain laps de temps. Par exemple : « Je vais aller à la salle de sport quatre fois par semaine durant quatre mois », « Je dois travailler une demi-heure sur mon projet professionnel par jour durant trente jours », ou bien

« Je dois avoir fini d'écrire mon livre dans trois mois », « Je dois avoir rangé la totalité de mon logement désordonné dans deux semaines ».

La notion de temps incluse dans votre objectif vous aidera à rester constant et motivé.

Un objectif réaliste

Votre objectif doit être réaliste, c'est-à-dire en accord avec vos capacités et avec le rythme d'évolution des événements, autrement, il sera davantage une source d'angoisse que de motivation. Pour vous fixer un objectif réaliste, il faut tenir compte de ce que vous êtes actuellement capable de faire et du rythme auquel vos graines semées portent leurs fruits.

Par exemple : admettons que vous souhaitiez trouver vos cent premiers clients en une semaine lorsque vous lancez votre entreprise. Peut-être que, selon votre marché, il faut plus d'une semaine pour trouver cent clients. Il faut donc étudier votre marché pour apprendre à le connaître. Vous pourrez ainsi savoir que vous êtes capable de trouver vos cent premiers clients en trois mois plutôt qu'en une semaine.

Si votre objectif est trop ambitieux ou trop proche dans le temps, vous vivrez un sentiment d'échec. S'il est trop simple et facile à atteindre, il risque de ne pas vous motiver suffisamment. L'idéal est de convoiter un objectif qui vous permettra de vous dépasser et de vous challenger tout en semblant réaliste, c'est-à-dire « dans vos cordes ».

Un objectif moralement acceptable

Pour pouvoir atteindre votre objectif, vous devez le considérer comme quelque chose de « bien » ou de « bon pour vous ». Autrement, vous aurez des réticences à mobiliser toutes vos forces vers son atteinte.

Vous impliqueriez-vous dans l'atteinte d'un objectif que vous considérez comme « mal » ou « mauvais » ? Sacrifieriez-vous du temps et de l'argent dans une telle cause ? Si vous échouez à atteindre votre objectif, peut-être est-ce parce qu'une partie de vous le considère comme étant mauvais ?

Votre objectif doit correspondre à vos valeurs. Pour ce faire, vous pouvez ajuster votre objectif pour l'alléger de tout ce avec quoi vous n'êtes pas d'accord. Vous pouvez aussi faire un travail sur vous pour modifier vos croyances limitantes et vos valeurs. Un coach en développement personnel peut vous y aider.

Fixez-vous un premier objectif qui correspond à ces cinq premiers critères. Quel est le prochain palier que vous souhaitez atteindre, la prochaine étape de votre accomplissement ? Voici quelques exemples de premiers objectifs à se fixer selon votre rêve actuel :

- Je dois m'être inscrit à des cours de séduction dans moins de dix jours ;

- Je dois m'être inscrit à la salle de musculation dans moins de dix jours ;

- Je dois acheter ma caméra et mon micro pour débuter sur YouTube dans moins de dix jours ;

- Je dois écrire deux pages par jour pour mon prochain livre durant soixante-jours ;

- Je vais lire trois livres sur le sujet qui m'intéresse en moins d'un mois ;

- Je vais me créer un numéro SIRET pour ouvrir mon entreprise avant le mois de janvier ;

- Je vais maintenir une routine de X heures de travail durant X jours.

Ces objectifs ont de grandes chances de vous motiver à passer à l'action car ils sont réalistes, acceptables, temporels, mesurables, et vous avez du pouvoir dessus.

- Voici maintenant des exemples d'objectifs liés à l'angoisse :
- Je dois avoir rencontré la femme de ma vie dans un mois ;
- Je dois avoir gagné deux kilos de muscle dans deux mois ;
- Ma chaîne YouTube doit compter deux-mille abonnés dans moins de trente jours ;
- Je dois être inspiré tous les matins pour écrire ;
- Je dois avoir trouvé mes dix premiers clients aujourd'hui.

Ces objectifs-là sont insécurisants car vous misez votre bonheur sur le résultat et non sur le sur le maintien constant des efforts qui mènent à ce résultat.

Une fois que vous avez choisi votre premier objectif, il convient de vous fixer des sous-objectifs. Il s'agit de toutes les petites tâches que vous devez accomplir au quotidien pour progresser dans l'atteinte de vos objectifs : passer un coup de fil, s'inscrire quelque part, chercher des informations manquantes, acheter un objet, terminer un travail, etc.

Étape 4 : établir une routine quotidienne qui vous aidera à atteindre vos objectifs

Il s'agit ici de l'étape la plus concrète et la plus importante pour atteindre vos objectifs. Ce que vous allez faire chaque jour de manière répétée vous permettra d'avancer vers la réalisation de vos rêves.

Le fait de vous fixer une routine quotidienne est important car cela donne de nouveaux réflexes à votre cerveau et vous permet de vous habituer à fonctionner différemment, d'une manière plus propice à votre bien-être. Adopter une routine vous permet de maintenir vos efforts dans la durée et de persévérer vers l'accomplissement de vos objectifs pour ainsi obtenir des résultats.

Vous pouvez voir votre réussite comme un jardin rempli d'arbres dont les fruits poussent en abondance. Si vous souhaitez obtenir un tel jardin, il est évident que le fait de semer une seule graine ne suffira pas. Il faut semer chaque jour de nouvelles graines et arroser les anciennes. Un magnifique jardin où règne l'abondance de fruits ne se crée pas en un seul jour mais en de nombreuses années, tout comme votre réussite. Les ignorants qui verront votre jardin plein de fruits pourront se dire « il a de la chance d'avoir un si beau jardin », mais vous savez que la chance n'a joué qu'un petit rôle dans votre réussite : ce sont vos efforts et votre persévérance qui ont tout fait.

Lors des premiers jours de son application, vous n'êtes pas habitué à votre routine. Elle peut alors sembler déstabilisante ou innovante. Mais peu à peu, à force de la reproduire, votre corps finit par s'adapter à ce nouveau rythme et la pratiquer devient un plaisir.

Voici quelques conseils pour vous fixer une routine :

Définissez un nombre d'heure ou de minutes que vous allez passer chaque jour à travailler sur la réalisation de vos rêves ainsi qu'un nombre de jours par semaine où vous l'appliquerez.

Il peut s'agir d'une routine qui consiste à répéter chaque jour la même chose (par exemple : une heure de musculation par jour cinq fois par semaine) ou bien d'un nombre d'heures que vous allez consacrer à des tâches variées (par exemple : je consacre deux heures par jour à la construction de mon entreprise, que cela implique de travailler sur mon site, de suivre des formations ou de chercher un local à louer).

Vous pouvez adapter votre routine à votre rythme, au fil du temps : peut-être vous êtes-vous surestimé et votre routine est-elle trop difficile à maintenir ? Ou bien vous êtes-vous sous-estimé et vous souhaitez viser plus haut ? Considérez votre première routine comme un prototype que vous améliorerez avec le temps.

Si vous avez des difficultés de concentration, n'hésitez pas à vous faire violence et à vous « forcer » à vous mettre à l'action aussi souvent que vous le pouvez dans le cadre de votre routine.

Dans le cas où vous avez déjà un emploi qui occupe de nombreuses heures de votre semaine, il est également possible de mettre une routine en place en vous levant une heure plus tôt pour travailler à la réalisation de vos rêves. C'est en agissant ainsi que j'ai monté mon premier blog. Je me levais une heure et demie plus tôt chaque matin pour travailler dessus.

Voici quelques exemples de routines que vous pouvez mettre en place :

-   Chaque jour, je travaille durant une heure à la réalisation de ce projet ;

- Cinq jours par semaine, je pratique telle activité durant une heure et demie ;
- Chaque matin, j'écris deux pages de mon livre ;
- Chaque semaine, je vais passer dix heures au total sur mon projet.

La mise en place d'une routine vous permet de vous faire passer en premier dans votre vie. Au lieu d'agir uniquement pour faire plaisir à vos parents, à la société, à votre conjoint(e) ou à votre patron, vous agissez aussi pour vous faire plaisir à vous-même. Vous consacrez ainsi du temps à un projet qui vous fera grandir et progresser.

Bien entendu, votre routine peut être modifiée en fonction de l'évolution de vos besoins.

Dans le cas où vous avez un rêve à réaliser, je vous conseille d'appliquer minutieusement ce plan d'action en quatre phases. À lui seul, il peut vous permettre d'atteindre de grands objectifs et d'accomplir de grandes choses. Consacrez à ce chapitre toute votre attention et entraînez-vous à l'application de cette stratégie jour après jour : il est alors mathématiquement impossible que vous échouiez, tant que vous continuez à persévérer. Votre « moi » du futur pourra être fier de vous et vous remerciera d'avoir agi ainsi.

CHAPITRE 13 :
COMMENT AMÉLIORER VOTRE QUALITÉ DE VIE ET ATTEINDRE VOS OBJECTIFS

5 « HACKS PSYCHOLOGIQUES » POUR CULTIVER UNE MOTIVATION À TOUTE ÉPREUVE

Le principal obstacle à la réalisation de vos rêves, c'est vous-même. Peu importe le nombre d'échecs que vous subissez ou de bâtons que l'on placera dans vos roues, tant que vous continuez à essayer, vous avez des chances de réussir. Que votre objectif soit de fonder une famille, d'être heureux en couple, de vivre de votre passion, de trouver le sens de votre vie ou de réaliser un projet professionnel ambitieux, vous pouvez y arriver. La route est parfois longue. Aussi, il convient de rester motivé et de continuer à agir jusqu'à avoir atteint votre objectif.

Voyons ensemble différents « hacks » psychologiques pour cultiver un état mental de motivation à toute épreuve. Il s'agit de stratégies que j'ai moi-même développées, testées et approuvées. Chacune d'entre elles vous permettra de supprimer tout ce qui vous empêche d'être motivé et vous permettra de le rester.

Hack #1 : pourquoi atteindre ses rêves ?

Beaucoup de personnes renoncent à atteindre leurs rêves. Elles voient la réalisation de leurs rêves comme une montagne trop longue à gravir, comme un projet trop éloigné pour être un jour réalisé.

J'ai longtemps fait partie de ces gens-là. Je me disais qu'avoir un travail plaisant était réservé aux gens riches et que d'ailleurs, je ne savais même pas ce qui me plaisait. Tant que je conservais cet

état d'esprit, j'avais perdu d'avance.

Un beau jour, je n'ai plus réussi à me persuader que j'étais impuissant à vivre mes rêves. Je sentais quelque chose en moi s'agiter et aspirer à une existence plus riche. J'ai alors compris que si je continuais à me rendre au même travail tous les matins, dans cinq ans, mon cadre de vie n'aurait pas changé. Je me suis imaginé cinq ans plus tard, plus âgé mais exerçant le même boulot de téléconseiller. Je me suis alors rendu compte que cette vie ne me nourrissait en aucun point : elle ne me convenait pas.

Aujourd'hui, soit quatre ans plus tard, je vis de ma passion. Pour me motiver à passer à l'action, à l'époque, je m'étais dit que dans cinq ans, cinq ans se seraient écoulés (cela va de soi). C'est également valable pour vous. À compter de maintenant, vous pouvez choisir ce que vous allez faire de vos cinq prochaines années. Vous pouvez continuer à agir comme vous le faites sans rien changer. Dans ce cas, votre cadre de vie dans cinq ans sera sensiblement le même qu'aujourd'hui. Vous pouvez également vous pencher sur la réalisation de vos rêves. Le chemin est peut-être long et comporte de nombreuses étapes mais si vous l'empruntez dès aujourd'hui, dans cinq ans, vous aurez considérablement progressé.

Quel cadre vie souhaitez-vous avoir dans cinq ans ? Le même qu'aujourd'hui, ou bien avoir davantage de connaissances, d'expérience et être plus proche de la réalisation de vos rêves, voire l'avoir déjà atteinte ? Il ne tient qu'à vous de choisir de quoi vous allez remplir vos prochaines années !

Bien sûr, réaliser vos rêves prend du temps. Mais ne pas réaliser vos rêves prend aussi du temps ! Le temps passe dans tous les cas. C'est à vous de décider si vous allez œuvrer chaque jour à la réalisation de vos rêves ou si vous continuez à vivre une vie qui ne vous convient pas.

Hack # 2 : Ne pas avoir de regrets

Lorsque vous vous trouverez sur votre lit de mort, que regretterez-vous de ne pas avoir accompli dans votre vie ? Vous demanderez-vous ce à quoi aurait ressemblé votre vie si vous aviez tout donné pour réaliser un rêve précis ?

Si oui, alors je vous encourage à passer à l'action, ne serait-ce que pour quitter ce monde en paix car vous avez fait tout ce qui était en votre pouvoir pour écouter votre cœur.

Hack #3 : Appliquez votre meilleure idée du moment

Je vous en ai déjà parlé dans le chapitre concernant le doute ; cette stratégie est très efficace dès lors que vous souhaitez atteindre un objectif.

Elle consiste à appliquer continuellement la meilleure idée que vous ayez pour progresser. Cela vous permet de passer à l'action sans attendre d'avoir « l'idée du siècle ».

Quelle est votre meilleure idée actuelle qui vous permettrait de vous rapprocher de l'atteinte de vos objectifs ? S'agit-il de vous inscrire à une formation, de chercher des informations, d'interroger quelqu'un, de mettre en place une routine ou d'essayer quelque chose sans savoir si cela va fonctionner ?

Reconnaître votre meilleure idée du moment, c'est simple. Il vous suffit de chercher parmi vos idées actuelles celle qui est présente depuis le plus longtemps et qui comporte une part de logique ainsi qu'une part d'enthousiasme. Ainsi, si vous avez une idée qui ne vous quitte pas depuis plusieurs semaines, plusieurs mois ou plusieurs années, que cette idée vous motive (même si elle vous fait peur) et que logiquement, il y a une probabilité qu'elle fonctionne, alors je vous encourage à l'appliquer sans tarder.

Même si elle échoue, vous aurez gagné de la connaissance et vous pourrez éliminer cette option. C'est une démarche qui vous fait davantage progresser que le fait de vous maintenir dans l'inertie de l'hésitation.

Hack #4 : La triple certitude à cultiver

Si vous souhaitez combattre le doute et rester motivé quoi qu'il arrive pour atteindre vos objectifs, je vous invite à cultiver chaque jour ces trois certitudes :

1. L'objectif que vous convoitez est bon pour vous. Son atteinte vous garantit une vie plus riche et abondante. C'est la meilleure chose que vous puissiez vous souhaiter.

2. Vous pouvez atteindre votre objectif, c'est dans vos cordes. Cela peut être long et demander une remise en question et de la persévérance, mais vous pouvez y arriver.

3. D'un point de vue purement logique et rationnel, la voie que vous empruntez pour atteindre votre objectif est efficace. Vous êtes sur la bonne voie et vous êtes d'ailleurs en train de faire de votre mieux en appliquant vos meilleures idées.

Tant que vous êtes certain que votre objectif est bon pour vous, que vous pouvez l'atteindre et que la voie que vous avez choisie vous y mène, rien ne pourra vous arrêter. Dès lors que vous vous surprenez à douter de votre rêve, je vous encourage à repenser à cette triple certitude. C'est un outil mental très puissant pour écarter tout doute qui vous tire vers le bas.

Hack #5 : Réaliser que chaque peur cache un rêve

Lorsque nous avons un rêve, le plus dur n'est pas de le réaliser mais de croire en lui, de lui accorder toute l'attention qu'il mérite. Même lorsque nous nous trouvons seuls face à nous-mêmes, je sais que nous avons du mal à nous dire : « j'ai un rêve à réaliser, et ce rêve est... ».

Certains types de phrases que nous pouvons nous répéter mentalement nous éloignent de nos rêves. Nous préférons nous dire par exemple :

« J'ai peur de ne jamais être heureux(se) en couple » plutôt que : « j'ai pour rêve et pour objectif d'être heureuse heureux(se) en couple » ;

« J'ai peur de la précarité » plutôt que : « j'ai pour rêve de vivre dans l'abondance financière jusqu'à la fin de mes jours » ;

« J'ai peur de la solitude » plutôt que : « j'ai pour rêve d'avoir un entourage riche et de qualité » ;

« Je me sens vide car je ne trouve pas de sens à ma vie » plutôt que : « mon rêve est de connaître le sens de ma vie. Je vais partir en quête existentielle ! ».

Une partie importante du travail sur soi consiste à identifier les rêves qui se cachent derrière nos peurs. Il est parfois difficile de surpasser nos doutes et de nos angoisses même lorsque nous sommes seuls et même lorsque nous sommes entourés de personnes motivantes, alors nous n'avons vraiment pas besoin de nous entourer de personnes qui nous communiquent leurs peurs.

VAINCRE LA PROCRASTINATION

« Procrastiner » signifie (selon le dictionnaire Larousse) « avoir tendance à remettre au lendemain ».

La procrastination est donc votre tendance à remettre à plus tard les tâches que vous avez à faire. Elle peut avoir de nombreuses conséquences négatives :

- Vous remettez au lendemain les tâches qui demandent des efforts mais qui sont importantes donc vous stagnez.

- Vous remettez le rangement au lendemain donc le désordre s'accumule.

- À force de remettre vos obligations au lendemain, vous croulez sous une grande quantité de choses à faire qui devient difficile à gérer et vous décourage. Vous vous retrouvez donc dans un cercle vicieux : le retard et les tâches à effectuer s'accumulent, ce qui vous décourage encore plus d'agir. Le seul moyen d'en sortir consiste à se faire violence pour rattraper le retard.

- Vous remettez à plus tard les décisions importantes comme déménager, rompre ou démissionner.

- Vous prenez l'habitude de tout remettre au lendemain et cela devient votre réflexe.

- Vous faites tout au dernier moment et vous agissez sous l'impulsion du stress.

Je connais deux moyens efficaces de vaincre la procrastination : la manière douce et la manière radicale. Vous pouvez les utiliser toutes les deux conjointement durant la même période.

Visualiser sa journée du lendemain

Concernant la manière douce, j'ai pu remarquer que la procrastination pouvait provenir de deux causes différentes que sont la paresse (plus couramment nommée « la flemme ») et le manque d'organisation.

Dans de nombreux cas, la personne qui procrastine n'est pas paresseuse de nature mais elle manque simplement d'organisation. Sa journée n'est pas organisée à l'avance. Lorsqu'elle se lève et décide de se mettre au travail, elle est alors confrontée à un obstacle de taille : elle doit à la fois décider des tâches sur lesquelles elle va se pencher et en plus, elle doit travailler. Cela demande un lourd effort mental et c'est face à lui que la flemme se déclenche.

Si vous souhaitez contrer la flemme liée au manque d'organisation, j'ai une méthode à vous transmettre. Je l'utilise tous les jours et elle me permet de ne plus procrastiner.

Tous les soirs, avant de vous coucher, prenez cinq minutes pour visualiser votre journée du lendemain. Imaginez les différentes choses que vous allez faire du lever au coucher dans les détails. Cela vous permettra de décider à l'avance du programme de votre journée. Lorsque vous vous lèverez le lendemain matin, vous n'aurez donc plus à prendre de temps pour décider de ce que vous allez faire. Vous saurez déjà ce que vous avez à accomplir ce matin-là. Cela supprimera la flemme qui résulte de l'hésitation. Passons maintenant à la manière radicale.

Le « do it now ! »

Le propre de la procrastination, c'est de tout remettre au lendemain. Une personne qui procrastine pourra par exemple prétendre vouloir se défaire de cette tendance. Pour ce faire, elle cherchera à mettre en pratique une méthode anti-procrastination autre que le fait de passer à l'action. Elle cherchera à comprendre d'où lui vient la procrastination pour s'autoriser ensuite à la dépasser. Dans ces deux cas, c'est la procrastination qui agit. Sous couvert de thérapie ou de développement personnel, vous remettez au lendemain ce qui pourrait être fait aujourd'hui : passer à l'action.

Si vous souhaitez vous défaire de la procrastination, la méthode la plus efficace que je connaisse consiste à passer à l'action de manière répétée pour éduquer votre cerveau à fonctionner différemment : c'est la méthode du « do it now ! » (« fais-le maintenant » en Anglais). Un procrastinateur lisant ce texte se dira probablement « Pfff... Plus tard ! ». Encore une fois, c'est la procrastination qui s'exprime et elle a le droit de le faire. La procrastination n'est pas quelque chose de mal en soi. Vous avez le droit de faire passer votre détente et votre bien-être en priorité. La procrastination vous cause du tort seulement lorsqu'elle vous empêche de réaliser ce qui est cher à votre cœur.

Voici donc le challenge que je vous propose : chaque jour, vous pouvez faire la tâche la plus importante et/ou la plus pénible de votre journée en premier. Une fois votre petit déjeuner pris, je vous encourage à effectuer la tâche que vous savez devoir faire et qui vous demande le plus de concentration.

En agissant ainsi, vous vous rendez un grand service car vous vous libérez du fardeau psychologique que représente cette corvée : tant qu'elle n'est pas faite, elle vous hantera toute la journée à intervalles réguliers. Cela vous est probablement déjà arrivé : vous savez que vous devez effectuer une tâche qui demande des efforts ou une corvée. Tout au long de votre semaine, vous y pensez régulièrement. Étant donné que ces pensées vous alourdissent et vous emplissent de flemme, vous repoussez votre corvée au lendemain.

En réalité, cela est beaucoup plus fatigant que de vous acquitter de la corvée au premier moment où vous y pensez car vos pensées vous plongent dans l'énergie de la corvée à de multiples reprises jusqu'à ce qu'elle soit réalisée. Émotionnellement, vous vivez donc l'accomplissement de cette tâche un nombre incalculable de fois jusqu'à ce qu'elle soit enfin réglée, au lieu d'agir puis d'avoir l'esprit libre.

Je vous conseille donc de commencer votre journée en effectuant les tâches les plus importantes de votre to-do-list. Ces tâches peuvent être :

- Traiter vos courriers ;

- Répondre à un membre de votre entourage qui vous a posé une question mais à qui vous tardez à répondre ;

- Faire du rangement ;

- Effectuer une recherche sur internet ;

- Passer des appels téléphoniques importants ;

- Toute autre démarche en rapport avec vos projets professionnels.

Le concept du « do it now ! » consiste à repérer le moment où l'on repousse quelque chose au lendemain, et à décider de le faire maintenant pour se libérer du poids psychologique que la tâche non effectuée représente.

Depuis que je le pratique, j'ai réussi à l'ancrer comme nouveau réflexe, moi qui étais avant un procrastinateur professionnel. Ma tendance à procrastiner était tellement sévère que je me suis inscrit en retard à mon bac. J'ai rendu le dossier d'inscription trois semaines après la date butoir et le lycée m'a autorisé par miracle à passer mon bac malgré cela. J'ai toujours fait mes devoirs littéralement à la dernière minute (dans le bus qui m'emmenait au lycée) et j'ai raté l'inscription sur les listes électorales à une période de ma vie où j'avais pourtant envie de voter. Je me croyais compétent à me concentrer seulement dans l'urgence.

Mais depuis que je pratique le « do it now ! », j'ai éduqué mon cerveau à fonctionner d'une nouvelle manière réflexe qui consiste à faire ce que je dois faire le plus tôt possible.

FAIRE UN TRI RELATIONNEL

Lorsque vous vous lancez dans une quête de réalisation personnelle, trois types de personnes pourront essayer de vous en détourner :

1. Les personnes qui projettent leurs peurs sur vous

Il s'agit de personnes qui s'imaginent être à votre place lorsque vous prenez des risques pour réaliser vos rêves. Elles vivent alors la peur qu'elles ressentiraient elles-mêmes si elles prenaient le même risque que vous et elles essayent alors d'argumenter pour vous dissuader de passer à l'action.

Ces personnes ne font pas la différence entre vous et elles-mêmes. Elles agissent sous l'impulsion de la peur comme si elles étaient à votre place, or elles ne le sont pas. Elles vous parleront avec inquiétude, vous exposant tous les dangers dont est truffé votre chemin à leurs yeux.

Si vous êtes certain que votre voie est la bonne, alors vous saurez leur répondre. Vous leur direz que c'est votre décision et non la leur et que vous savez ce que vous faites.

Autrement, il est possible qu'un doute s'installe en vous après avoir discuté avec elles. Dans ce cas, je vous recommande de prendre vos distances avec les gens qui projettent leurs peurs sur vous. Avancer malgré votre doute est courageux et vous n'avez pas besoin que viennent s'y ajouter les doutes des autres.

2. Les personnes jalouses

Il s'agit de personnes qui ont renoncé à réaliser leurs rêves et qui en gardent une certaine amertume. Elles n'apprécient pas de voir quelqu'un réaliser ses rêves sous leur nez. Ces personnes ne cherchent plus à réaliser leurs rêves, mais plutôt à empêcher les autres de réaliser les leurs. Cela leur prouve qu'il est impossible de réaliser ses rêves et qu'elles ont eu raison de ne pas persévérer après un échec.

Lorsque vous vous trouvez en leur présence, et que vous êtes joyeux et plein d'ambition, ces personnes risquent de voir cela comme une attaque. Vous vous autorisez à être vous-même et à écouter votre cœur sous leur nez, ce qu'elles s'interdisent de faire depuis de si nombreuses années. Elles vont alors tenter de vous détourner de votre objectif.

Le comportement des personnes jalouses peut se traduire de deux manières :

1.   La manière directe : elles peuvent vous juger, vous qualifier, vous dire que vous manquez de confiance en vous, que vous n'êtes bon à rien, que vous n'y arriverez pas, voire se moquer de vous. La personne est ouvertement méchante envers vous par jalousie.

2.   La fausse bienveillance : il s'agit de la jalousie la plus pernicieuse. La personne va vous poser des questions dans un premier temps, pour découvrir vos forces et vos faiblesses. Une fois la phase d'interrogatoire passée, elle appuiera sur une de vos blessures encore à vif. Il peut s'agir de votre peur de l'échec, de vos doutes ou de votre manque de confiance en vous. Son but est de vous déstabiliser sans que vous ne remarquiez que ça vient d'elle. Généralement, vous vous concentrez ensuite sur votre souffrance intérieure et vous oubliez la personne qui l'a ranimée.

Pour reconnaître une personne jalouse, voici un indicateur qui ne trompe pas : vous vous sentez moins bien après lui avoir parlé. Avant votre conversation, vous étiez dans un état plutôt positif et après votre conversation, vous êtes en proie au doute, à la confusion et à l'angoisse.

J'ai deux solutions à vous proposer pour ne plus souffrir en présence d'une personne jalouse. Premièrement, ne tentez pas d'argumenter ou de défendre votre point de vue : c'est une perte d'énergie. C'est d'ailleurs ce que la personne jalouse veut : que vous utilisiez votre énergie à tenter en vain de lui faire comprendre les choses qu'elle sait déjà plutôt que de vous concentrer sur vos objectifs. Quoi que cette personne puisse dire, ne la contredisez pas et restez centré sur vos priorités. Ensuite, je vous conseille de vous en écarter. Toute discussion avec ce type de personne est toxique. Moins vous passerez de temps en leur présence, mieux vous vous porterez.

3. Les personnes vampiriques mais non-malveillantes

Il s'agit du troisième type de personnes qui pourra vous ralentir dans la réalisation de vos rêves. Il concerne les personnes qui vous demandent beaucoup d'attention, vous parlent beaucoup, vous posent beaucoup de questions, et vous demandent de trouver des solutions à leurs problèmes. S'ajoute à cela un sentiment de relation à sens unique (vous donnez beaucoup et ne recevez rien en retour) et une sollicitation récurrente de la part de l'autre personne.

Plus concrètement, il s'agit de quelqu'un qui compte sur vous pour régler ses problèmes alors que cela vous épuise. La personne en question n'a un comportement vampirique que parce que vous jouez son jeu. Elle demande à manger et vous la nourrissez. Elle ne veut pas concrètement votre mal mais ne se préoccupe pas non plus de votre bien.

La solution pour ne plus vous laisser vampiriser par ce type de personne consiste à apprendre à dire « non », à lui conseiller d'autres solutions qui ne vous impliquent pas (comme un suivi avec un psychologue ou un coach de vie par exemple) et à dépasser votre émotion de culpabilité.

Ces personnes n'ont pas forcément l'intention de vous détourner de vos objectifs mais souhaitent juste avoir davantage d'attention de votre part que ce qu'il est bon pour vous de leur donner.

S'ENTOURER DE PERSONNES QUI VOUS TIRENT VERS LE HAUT

Prendre ses distances avec les personnes qui vous tirent vers le bas vous permet de libérer de la place dans votre vie. Vous pouvez ensuite utiliser cette place pour prendre du temps seul ou bien pour vous entourer de personnes qui vous tirent vers le haut. Voici donc les trois catégories de personnes positives dont vous pouvez vous entourer dans votre quête de réalisation personnelle :

1. Les proches qui vous soutiennent

Il s'agit de vos amis et des membres de votre famille qui sont enthousiastes pour vous et qui vous encouragent dans vos décisions. Peut-être ne s'y connaissent-ils pas dans votre domaine de prédilection mais ils sont heureux pour vous. Ils peuvent vous donner des idées, des conseils non- directifs, ou simplement partager du temps de qualité et d'amusement avec vous. Dans tous les cas, le temps passé avec eux est de qualité.

2. Les personnes qui progressent sur une voie similaire à la vôtre

Je parle ici des personnes qui sont motivées à réaliser des rêves qui sont assez semblables aux vôtres, qui ont des objectifs similaires. Elles peuvent vouloir atteindre tout comme vous l'indépendance financière, l'apaisement de l'esprit, un plus haut niveau de confiance en soi, la victoire dans une compétition sportive, ou bien la réussite dans n'importe quel milieu.

Ces personnes peuvent constituer des rivaux positifs. Ensemble, vous vous entraînez, vous trouvez des idées, vous vous soutenez et vous vous dépassez l'un l'autre.

3. Les mentors : ces personnes qui ont déjà atteint les objectifs que vous convoitez

La simple existence de ces personnes vous montre qu'il est possible de réaliser vos rêves, parce qu'elles l'ont déjà fait. Lorsque vous doutez de vous, il est donc important de parler à l'un de vos mentors ou de prendre connaissance de son discours pour vous rappeler que vous êtes sur la bonne voie. Ces personnes vous tirent vers le haut car elles savent que vous pouvez réaliser vos rêves. Elles se voient en vous et aiment vous motiver à vous dépasser.

Il m'est déjà arrivé d'avoir la chance d'être en contact avec des personnes que je considérais comme mes mentors. Il s'agissait de mon professeur de sophrologie Charles Rodà et de mon professeur d'Aïkido. Je les considère tous deux comme de grands hommes. Par leur simple présence, je peux sentir qu'ils m'enseignent quelque chose. Je vivais à Strasbourg dans l'est de la France à cette époque. J'ai par la suite déménagé dans le sud.

N'ayant plus l'occasion de les côtoyer, j'ai dû m'entourer de mentors d'une autre manière : via internet.

Lorsque vous n'avez pas l'occasion de créer un lien social entre vous et vos mentors, vous pouvez vous enrichir de leurs discours et de leurs écrits. Vos mentors peuvent être des personnes qui sont passées maîtres dans votre domaine d'apprentissage, des chanteurs, des acteurs, des « motivational speakers », des personnes vivantes ou décédées. Tant que leur énergie vous apaise, vous motive ou vous inspire, alors entrez en contact avec elle. Abonnez-vous à leur chaîne YouTube, achetez leurs livres, et rencontrez-les si possible.

En vous entourant de ces trois types de personnes positives, vous créez ce que l'entrepreneur Antoine BM nomme un « écosystème du succès », c'est-à-dire un environnement positif et motivant qui augmente vos chances d'atteindre vos objectifs. Votre entourage vous rappelle alors en permanence qu'il est possible de réaliser vos rêves.

L'écosystème du succès m'a permis de changer mes croyances et de voir peu à peu que j'étais capable de me créer le cadre de vie qui m'inspire. Vous trouverez des conseils pour rencontrer des amis positifs plus tard dans ce livre dans le chapitre concernant les relations.

Consacrons-nous maintenant à l'un des pires ennemis de la réussite : le perfectionnisme.

SE DÉFAIRE DU PERFECTIONNISME

Ayant été élevé dans un cadre familial pervers narcissique, j'ai une tendance très développée au perfectionnisme. J'ai été éduqué à agir de manière parfaite, à ne rien oublier, à dire ce que l'autre souhaitait entendre, toujours dans le bon timing. Je devais anticiper les colères de l'autre et ses frustrations et y palier avant même qu'elles se présentent sous peine de passer un sale quart d'heure. Lorsque j'échouais à ma tâche, j'étais battu, enfermé sur le seuil de la terrasse non-couverte en dépit de la météo, forcé d'écouter un adulte parler durant une à huit heures sans interruption ou de copier plusieurs centaines de lignes. Par peur de subir ces châtiments, j'ai formaté mon esprit à devenir parfait aux yeux des personnes constituant mon cadre familial toxique.

Le perfectionnisme m'a ensuite suivi dans tous les domaines de ma vie même après avoir quitté la cage familiale. J'ai voulu être parfait au travail, en amitié, en couple, dans le domaine sportif et même dans la spiritualité. Je m'autocensurais à chaque fois que je faisais quelque chose qui n'était pas parfait. Cela générait en moi un grand stress.

D'après ce que j'ai pu observer en m'étudiant moi-même et en récoltant des retours lors de mes consultations de coaching, voici les différents symptômes du perfectionnisme :

- Vous ne supportez pas de produire un travail « mal fait » ou incomplet ;

- Vous passez beaucoup de temps sur chaque détail de toute création ou de tout projet professionnel sur lequel vous travaillez ;

- Vous pouvez être lent et peu productif ;

- Vous commencez de nombreux projets que vous ne menez pas à bien car vous abandonnez en cours de route ;

- Vous envisagez difficilement de pouvoir produire des choses de qualité en grande quantité et rapidement, comme si l'un annulait automatiquement l'autre ;

- La perfection que vous souhaitez atteindre n'est pas clairement définie : vous souhaitez la plupart du temps que votre travail soit bien fait, mais vous n'avez de définition claire et nette de ce que vous voulez atteindre ;

- Vous avez des difficultés à maintenir une routine de productivité sur le long terme ;

- Lorsque vous souhaitez rendre un travail parfait, il peut vous arriver de sentir une angoisse (donc une sorte de pression) ;

- Le perfectionnisme peut aussi se traduire par votre manière d'être. Vous contrôlez vos pensées et vos réactions dès lors qu'elles ne vont pas dans le sens de ce que vous croyez devoir être.

La personne perfectionniste a donc tendance à chercher à produire un travail parfait, voire à être parfaite en toute circonstance. Cela lui nuit car cette quête semble ne jamais avoir de fin concrète et mesurable.

Je pense que pour vous défaire du perfectionnisme, il est important de faire la différence entre« perfection » et « excellence ».

La perfection constitue ce qu'il y a de mieux, de plus haut dans l'échelle des valeurs. On ne peut rien concevoir de meilleur que ce qui est parfait.

L'excellence constitue un haut niveau de maîtrise, mais pas obligatoirement le plus haut qui existe.

La perfection implique qu'il n'y a plus rien à corriger ni à changer, alors que l'excellence laisse entendre qu'un perfectionnement est toujours possible.

Je vous encourage donc à viser l'excellence plutôt que la perfection.

Premièrement, il faut définir clairement l'excellence que vous souhaitez atteindre dans un domaine concerné. Que voulez-vous être capable de faire ? De quelle manière ? Avec quelle rapidité ?

Si votre objectif n'est pas défini, alors votre quête de perfection risque de ne jamais prendre fin.

Deuxièmement, faites un état des lieux : à quelle distance vous situez-vous de votre objectif ? Que savez-vous déjà faire ? Que devez-vous apprendre ? Quels axes sont les plus importants à travailler ?

Troisièmement, vous pouvez regagner une vision objective des choses. Dans quel laps de temps estimez-vous honnêtement être capable d'atteindre votre objectif ? Pouvez-vous l'atteindre demain à coup sûr ou bien est-il plus sage de ne pas se fixer de limite de temps ? Le fait de rallonger le délai dans lequel vous souhaitez atteindre votre objectif vous permet d'évacuer l'angoisse liée au perfectionnisme. Le fait de viser l'excellence n'a rien de « mal » et ne provoque pas votre souffrance. Ce qui la provoque, c'est le délai trop court dans lequel vous souhaitez devenir parfait.

Quatrièmement, mettez en place un entraînement vous permettant d'atteindre la perfection par la répétition du geste. Vous souhaitez devenir un grand écrivain ? Alors choisissez d'écrire un excellent roman. Mais ne décidez pas que votre premier roman doive à tout prix être excellent car cela sera une source de stress. Vous pouvez décider que votre cinquième roman le sera.

Vous souhaitez devenir un grand boxeur ? Alors décidez de le devenir dans cent combats.

Vous souhaitez devenir un hypno thérapeute efficace ? Alors souhaitez le devenir au bout de deux-cents consultations.

Vous souhaitez devenir un amant très doué ? Alors choisissez de le devenir au bout de trois-cents rapports sexuels.

Vous souhaitez rencontrer le/la partenaire de couple parfait(e) ? Alors autorisez-vous à expérimenter plusieurs relations de couple différentes avant de le/la trouver.

Le meilleur moyen d'atteindre l'excellence consiste à répéter un geste jusqu'à devenir très doué. Le meilleur moyen de répéter ce geste suffisamment pour devenir excellent consiste à accepter de ne pas le faire parfaitement. La meilleure solution pour devenir parfait est de pratiquer.

En guise de remède contre le perfectionnisme, je peux vous encourager à continuer de convoiter l'excellence (dans le cas où cela vous stimule et vous motive) mais fixez-vous des objectifs réalistes pour l'atteindre. Le fait de critiquer intérieurement tout ce que vous faites car vous ne trouvez pas cela assez bien ne vous y aidera pas. Seules l'étude de la théorie alliée à une pratique répétée et continue vous apportera la maîtrise du geste.

Certains objectifs peuvent être fixés comme une quête existentielle ou bien une quête de maîtrise. Ils deviennent tout de suite plus motivants et amusants à atteindre.

« Je n'ai pas peur de l'homme qui a pratiqué dix-mille coups une seule fois, mais de l'homme qui a pratiqué le même coup dix-mille fois » *Bruce Lee.*

QUE FAIRE UNE FOIS QUE NOUS AVONS ATTEINT NOS OBJECTIFS ?

Je me rappelle du jour où j'ai décidé de consacrer chacune de mes pensées à l'atteinte de mes objectifs. J'ai décidé de repousser le doute car cela faisait des mois que je le suivais alors qu'il ne me permettait pas d'avancer. Durant plusieurs mois, j'ai alors uni tous les courants de ma pensée dans la même direction : celle de l'atteinte de mes objectifs. Ce déclic m'a aidé à travailler de manière acharnée chaque jour et à obtenir des résultats exponentiels.

Je me souviens aussi du jour où j'ai constaté que j'avais atteint mes objectifs. Cela faisait plusieurs jours que je continuais à travailler de manière acharnée. Je me suis alors demandé pourquoi je continuais à agir ainsi car je n'avais plus d'objectif à atteindre. J'avais du mal à me projeter dans le futur ou à me fixer de nouveaux buts car la plupart de mes besoins étaient à présent comblés.

Je me suis alors dit : « J'ai atteint mes objectifs, très bien. Maintenant, je fais quoi ? ».

J'ai alors pu distinguer deux stratégies différentes : le marathon et le sprint. Durant ces derniers mois, j'avais pratiqué le sprint, travaillant de manière acharnée six jours par semaine, du matin au soir. Cela m'a permis d'atteindre mes objectifs professionnels en un temps record. Cet état d'esprit m'a donné tellement de résultats que j'en suis venu à le considérer comme étant l'étape supérieure de mon évolution. Je croyais que je devais maintenir cet état de détermination à tout prix, et que si je le perdais, je régresserais.

En réalité, mon état mental de super détermination n'était pas fait pour durer. Mon esprit pouvait difficilement le maintenir durant plus de quelques mois consécutifs pour plusieurs raisons. La première est qu'en travaillant du matin au soir sans pause de manière acharnée, je consomme davantage d'énergie que ce que je gagne grâce à mon sommeil et à mon alimentation. La deuxième raison est que cet état d'esprit est très utile pour une situation d'urgence car il me permet de sortir du danger grâce à mes efforts. Néanmoins, une fois le danger écarté, mon organisme ne perçoit plus d'utilité à unir la totalité de ses ressources vers une seule direction.

Une fois mes objectifs atteints, il était donc normal que je ne parvienne plus à maintenir un état d'hyper concentration durant huit heures par jour.

Il me fallait donc arrêter mon sprint et adopter une autre stratégie : celle du marathon. Le sprint m'avait permis de me construire rapidement un cadre de vie confortable. Une fois mon objectif atteint, j'ai eu du mal à comprendre que je pouvais ralentir le rythme et en profiter. Le marathon me permet de maintenir ce cadre de vie dans le temps et de le renforcer au fil des mois.

La stratégie du marathon consiste donc à trouver un juste milieu entre l'appréciation de votre cadre de vie présent (profiter du moment présent) et se fixer des objectifs pour continuer à évoluer. Il ne s'agit plus ici de s'épuiser à atteindre nos objectifs, mais de travailler avec la force tranquille.

Une fois que vous avez atteint vos objectifs, vous pouvez ralentir le rythme, vous reposer, et vous fixer de nouveaux objectifs qui font sens pour vous.

Maintenant que vous avez connaissance de la théorie, je vous encourage à passer à la pratique. La simple application des stratégies de ce chapitre peut vous permettre de réaliser vos rêves. Comment vous sentiriez-vous si vous connaissiez le sens de votre vie ? Si votre travail vous passionnait ? Si votre partenaire de couple était gentil, attentionné et un bon coup au lit ? Si vous aviez tout cela en même temps ? C'est possible, mais seulement si vous agissez. Je vous encourage à appliquer mes conseils pour apprendre à rêver. Après plusieurs jours de pratique des pages du matin, de la visualisation, vous pouvez appliquer les autres clés de la motivation et vous créer une nouvelle routine qui vous aidera à passer à l'étape suivante de votre existence.

QUATRE ENTRAÎNEMENTS POUR SE FORGER UN ESPRIT INVINCIBLE

Dans les précédents chapitres, nous avons vu comment dépasser une émotion de souffrance. Voyons maintenant comment cultiver un esprit fort et imperturbable.

Lorsque vous faites face à une grande souffrance, il est important de comprendre votre problématique et de la résoudre. Mais il existe un autre moyen d'être heureux : l'entraînement de l'esprit. Lorsque tout va plutôt bien dans votre vie, c'est le moment rêvé pour vous entraîner et vous renforcer. Cela permettra de diminuer l'impact des prochains aléas de la vie et de les traverser plus facilement.

Tous les outils que je vous donne dans ce livre sont ceux que j'utilise moi-même au quotidien et qui me donnent des résultats pour trouver et cultiver la paix intérieure. Ils sont donc basés sur mon expérience et sur celles des personnes que j'accompagne en consultation de coaching en développement personnel.

À propos de l'esprit

Lorsque je parle de « l'esprit », je désigne la part de nous qui est non-physique, à savoir :

-   Nos pensées

-   Nos croyances

-   Nos rêves

-   Nos suppositions

-   Nos idées

-   Notre ego

-   Notre imagination

-   Notre conscience du soi et du monde

-   Notre perception des phénomènes psychologiques

La somme de toutes ces choses constituent ce que je nomme « esprit ». C'est la partie de nous qui est non-physique, qui est toujours en mouvement et qui n'a aucune limite à part celles qu'elle se fixe.

L'esprit est infini. Personne ne peut définir là où il commence et là où il s'arrête. Il se renouvelle à chaque seconde et n'est pas figé. Il ne peut pas rester totalement immobile. Même si les pensées peuvent s'arrêter lorsque nous nous concentrons sur notre respiration, il se passe toujours quelque chose dans notre esprit : une image, une pensée, une couleur, une forme le traverse. Il y a tellement à dire à son propos qu'une vie entière d'écriture à son sujet ne me suffirait pas à en faire le tour.

Dans notre esprit, naissent nos idées qui donneront plus tard élan à nos actes. Nos actes ont des conséquences qui constituent notre cadre de vie. Dans notre esprit, se trouve donc la source de toute création, de tout ce qui est construit et établi par l'homme.

Notre esprit est intimement relié au corps également. Notre souffrance et notre bien-être physiques peuvent affecter notre esprit tout comme notre souffrance psychologique peut affecter notre corps. Lorsque vous avez peur, votre cœur se serre dans votre poitrine ou dans votre ventre et vos sensations au niveau du cerveau sont différentes. Vous pouvez sentir une sorte de brûlure dans votre poitrine dans le cas d'une grosse colère, ou bien avoir la diarrhée lors d'une dépression. En apprenant à observer votre corps et votre esprit, vous vous rendez compte de l'impact que l'un a sur l'autre.

Le lien qui unit le corps à l'esprit se nomme « émotion ». Selon la manière dont notre esprit est orienté, notre émotion change donc. Lorsque notre esprit est orienté vers le sacrifice de soi, notre organisme réagit par l'émotion de culpabilité. Lorsqu'il est orienté vers la vengeance, notre organisme réagit par la colère. Enfin, lorsqu'il est bloqué entre deux désirs contraires, notre organisme réagit par l'angoisse.

Il est donc très difficile (voire impossible) de contrôler une émotion à elle seule, car elle est une réaction de notre organisme aux mouvements de notre esprit. La cause de l'émotion est, selon ce que j'ai pu observer, la manière dont sont orientées nos pensées. Si nous souhaitons agir sur nos émotions, il faut agir sur leur cause qui est notre manière de penser. En ne provoquant plus leur cause, nous ne provoquerons plus nos émotions.

Vous trouverez donc dans ce chapitre différents entraînements de l'esprit que vous pourrez reproduire et qui vous aideront à gagner en maîtrise de vous pour ne plus produire les émotions de souffrance.

Entraînement 1 : l'observation de soi

C'est de loin l'outil de développement personnel le plus puissant que je connaisse. Je l'utilise chaque jour tout au long de la journée depuis plusieurs années et il m'a aidé à résoudre tous les problèmes que j'ai rencontrés sur ma route. C'est grâce à l'observation de moi que j'ai pu acquérir la plupart des connaissances que vous trouverez dans ce livre.

Avant de pratiquer l'observation de soi, j'étais ma souffrance et je voyais le monde à travers elle uniquement. Lorsque j'étais en colère, je pensais juste à me venger. Lorsque j'étais angoissé, je ne percevais pas d'issue à ma souffrance.

Depuis que je m'observe, une nouvelle dimension s'est ajoutée à ma perception des choses. Lorsque je suis en colère, je pense certes à me venger, mais je perçois cette colère et j'en ai conscience. Je sais alors que je peux travailler dessus. Lorsque je suis angoissé, je perçois mon blocage. J'ai conscience de mon angoisse et je sais que je peux la résoudre.

L'observation de soi me permet donc de m'élever au-dessus du problème et de pouvoir enquêter sur sa résolution ensuite. Cela me donne de l'espoir, me montre que je ne suis pas coincé dans le problème, mais juste une personne en train de traverser temporairement un problème.

Lorsque je m'observe au quotidien, je suis donc conscient de ce qui se passe en moi. Je perçois mes joies et mes souffrances au moment où je les éprouve et après qu'elles soient passées. Cela ne me permet pas de résoudre instantanément chacune de mes souffrances, mais de voir plus clair ce qui se produit en moi pour évoluer plus vite. Cela me permet d'acquérir une nouvelle dimension de perception qui ne cesse de s'accroître.

Si vous souhaitez commencer à vous observer, j'ai un exercice à vous conseiller. Chaque soir, durant trente jours, vous pouvez tenir un rapport écrit de votre état émotionnel et mental de la journée.

Vous pouvez y noter comment les différents états mentaux et émotionnels que vous avez vécus du matin au soir.

Voici un exemple de rapport quotidien que vous pouvez rédiger : Ce matin, je me suis senti triste dès le réveil au moment d'ouvrir les yeux. J'ai ensuite fait ma méditation du matin et je me suis senti mieux jusqu'à midi. Lorsque j'ai entendu ma collègue se vanter de sa modestie devant tout le monde, j'ai été en colère car personne ne remarque son jeu à part moi. L'après-midi, j'ai eu envie de changer de vie. J'ai imaginé ce que je pourrais vivre de mieux avant de me sentir mal lorsque je me suis dit que je n'y arriverai jamais.

Vous pouvez très bien écrire un rapport plus long et plus détaillé. L'observation de soi pousse à l'introspection qui aide à résoudre tous les problèmes du quotidien avec le temps.

Au départ, vous pouvez la pratiquer chaque soir. Cela vous aidera à intégrer l'habitude de vous observer. Avec le temps, vous la pratiquerez toute la journée durant.

Au quotidien, mon observation de moi se traduit par de nombreux moments où je reviens à la conscience du moment présent : je réalise que telle ou telle émotion vient de me traverser et que cela a affecté ma manière d'être. Je continue ensuite le cours de ma journée. Cet outil est le plus simple à utiliser car il ne demande aucun effort et il produit les résultats les plus bénéfiques qui soient.

Ne vous attendez donc pas à des résultats à court terme, mais à moyen terme et à long terme.

L'observation de soi est particulièrement utile dans la résolution d'un problème psychologique complexe. À force d'observer ce qui se produit dans votre esprit et dans vos émotions, un changement se produit en vous au fil des mois. Lorsque vous faites face à un problème que vous ne parvenez pas à résoudre, je vous conseille d'appliquer continuellement toutes les idées de potentielles solutions qui émergent dans votre esprit, tout en continuant à vous observer.

Plus les mois d'observation passent et plus vous vous percevez et vous vous comprenez. Par votre perception de vous-même, votre esprit se transforme et évolue naturellement, sans que vous n'ayez aucun effort à produire. L'observation, mêlée à la recherche permanente de solutions, est la meilleure stratégie que je connaisse pour venir à bout de n'importe quel problème psychologique.

Le défi

Si vous souhaitez entraîner votre capacité d'observation de soi, je pour vous conseiller de procéder ainsi :

Programmez trois alarmes à minimum deux heures d'intervalle dans l'horloge ou l'agenda de votre smartphone. Trois fois par jour, au moment de l'alarme, prenez un instant pour vous demander comment vous vous sentez. Soyez attentif à votre état émotionnel et mental.

Le soir, prenez cinq à dix minutes pour noter dans un cahier ou sur un logiciel de traitement de texte l'histoire émotionnelle de votre journée. Racontez-y comment vous vous êtes senti du matin au soir et quels ont été les changements de votre état d'esprit.

Maintenez ce rythme durant trente jours.

Au bout de trente jours, relisez votre journal en entier. Vous pourrez constater des changements dans votre perception de vous-même et du monde.

Entraînement 2 : la concentration

La concentration consiste à réunir toutes vos énergies (la somme de vos pensées et de vos actes) dans une seule direction. Depuis l'école, on exige de nous de rester concentrés mais personne ne nous explique comment y parvenir, comme si cela devait être inné et logique pour nous.

Lorsque j'étais enfant, je ne parvenais pas à me concentrer sur le contenu enseigné à l'école. Je n'ai jamais réussi à rendre mes devoirs à temps car je ne me concentrais pas suffisamment longtemps pour les terminer. J'ai même été renvoyé de mon lycée : je ne venais plus en cours parce que je ne parvenais pas à m'y concentrer.

Quelques années plus tard, lorsque j'ai monté mon entreprise, j'ai été forcé d'apprendre à me concentrer. Je devais rester chaque jour focalisé durant plusieurs heures sur mon but final et travailler dur pour l'atteindre. J'ai donc développé une méthode d'entraînement à la concentration que je vais vous partager ici.

Tout d'abord, je tiens à vous préciser qu'il existe deux types de concentration. Il y a d'une part la concentration à long terme et d'autre part, la concentration à court terme. La concentration à long terme consiste à rester chaque jour dirigé vers un objectif que vous souhaitez atteindre à moyen ou long terme. Vous travaillez jour après jour et vous continuez d'y croire. Il s'agit en quelque sorte de votre ligne directrice, d'un sens physique que vous donnez à votre vie.

La concentration à court terme consiste à maintenir votre esprit focalisé sur une tâche précise durant plusieurs minutes consécutives. Dès lors que votre esprit se détourne de votre travail, vous l'y ramenez. Elle vous permet d'être efficace et productif.

Si vous souhaitez atteindre vos objectifs et réaliser vos rêves, alors ces deux formes de concentration seront utiles à développer.

Si vous souhaitez développer la concentration à long terme : il convient de rester focalisé chaque jour sur votre objectif final. Pour ce faire, appliquez les conseils donnés dans le chapitre concernant le dépassement du doute. Cela vous permettra de rester constant dans votre motivation. Ensuite, vous pouvez vous encourager à réussir en vous créant un climat propice à la motivation. Décorez votre chambre avec des photos qui évoquent votre rêve, changez votre fond d'écran de téléphone et d'ordinateur, regardez des vidéos motivantes quotidiennement, embauchez un coach... Dans tous les cas, vous pouvez truffer votre décor quotidien de choses qui vous aideront à rester motivé. Lorsque vous travaillez pour réaliser vos rêves, c'est du changement de votre cadre de vie tout entier dont il est question. Croyez que vous pouvez le faire et continuez à agir tant que vous n'aurez pas réussi.

Si vous souhaitez développer la concentration à court terme : Il est vrai que certaines personnes ont davantage de difficultés à se concentrer sur un sujet choisi que sur d'autres. Mais même pour ceux qui ont le plus de mal, il est possible de progresser. J'ai pu constater que bon nombre de personnes n'avaient pas de difficulté de concentration, contrairement à ce qu'elles croient. Lorsqu'elles sont angoissées ou qu'elles ont un sujet d'obsession, elles parviennent à se focaliser dessus sans problème durant plusieurs jours de suite. Elles rencontrent en réalité des difficultés à maintenir leur concentration sur le sujet de leur choix. Leur capacité de concentration est tout à fait fonctionnelle et tout l'enjeu est de sélectionner le sujet en lien avec lequel elle va être utilisée.

Voici donc différentes manières d'entraîner votre capacité de concentration à court terme :

La concentration forcée est de loin ma stratégie préférée. Elle consiste à se concentrer de force sur votre travail durant de courtes périodes (entre trente minutes et une heure et demie). Le principe est simple : la concentration est une capacité. Plus vous la mettrez à contribution, plus elle se développera. Au départ, se concentrer n'est pas simple. Le cerveau cherche des distractions.

En pratiquant la concentration forcée, vous vous obligez à vous concentrer sur votre tâche. Dès lors que vous vous apercevez que vous pensez à autre chose, vous replacez votre attention sur votre travail. Plus vous pratiquerez cette méthode, plus vos capacités de concentration se développeront. Vous pouvez vous fixer pour objectif de l'appliquer durant une heure chaque jour pendant un mois et vous verrez vos résultats grimper. Cette méthode marche surtout si votre travail est un moyen d'atteindre un objectif qui vous tient à cœur.

La sophrologie est ma deuxième manière préférée d'entraîner la concentration. Elle comporte des exercices spécialement conçus pour cela, comme le scan corporel. Assis au calme, vous prenez de longues minutes pour vous concentrer sur vos sensations corporelles.

Plus vous la pratiquez, plus l'utilisation de votre capacité de concentration devient facile.

C'est en forgeant que l'on devient forgeron tout comme c'est en se concentrant que l'on devient concentré. Au départ, cela peut demander de gros efforts, mais à force de pratique, vous y parviendrez naturellement.

Le défi

Afin d'entraîner votre capacité de concentration, je peux vous proposer le défi suivant :

- Décidez du projet sur lequel vous avez envie de travailler durant les trente prochains jours.

- Chaque jour, durant trente à quatre-vingt-dix minutes, pratiquez la concentration forcée.

- Travaillez sur votre projet et ne faites rien d'autre. Dès lors que votre attention se relâche, revenez à votre tâche.

- Encouragez-vous en éteignant votre téléphone et en déconnectant votre ordinateur du réseau Wi-fi si possible.

- Au bout de trente jours d'entraînement, vous pouvez noter les progrès de concentration que vous avez faits, ainsi qu'une avancée considérable dans votre travail.

Cet entraînement n'est pas une punition : il vous apportera l'autodiscipline nécessaire pour vous créer la vie de vos rêves.

Lorsque j'étais enfant, on me battait pour me forcer à travailler et à copier des lignes. J'ai par la suite refusé de me concentrer sur ma besogne par acte de rébellion envers la personne qui m'avait fait du mal durant mes jeunes années. Plus tard, j'ai compris que je devais renoncer à cette rébellion si je souhaitais réaliser mes rêves. Je travaille aujourd'hui pour me créer une belle vie et la concentration est mon alliée.

Entraînement 3 : La confiance en soi

La confiance en soi est la certitude que vous pouvez accomplir quelque chose. Lorsque vous avez confiance en vous, vous êtes donc certain que vous êtes capable d'accomplir une chose. La « dose » de confiance en soi que nous possédons n'est pas homogène, elle est souvent inégale selon les domaines où elle se manifeste. Vous pouvez avoir une grande confiance en vous dans un domaine et une faible confiance en vous dans un autre domaine. Par exemple : si cela fait plusieurs années que vous exercez le même travail, il est fort probable que vous ayez confiance en vos capacités d'accomplir les tâches relatives à votre emploi. Mais lorsque vous vous trouvez face à un nouveau challenge (comme aborder un inconnu, débuter un nouvel emploi ou lancer votre première entreprise), il est probable que vous n'ayez pas confiance en vous.

Voyons ensemble quelles sont les cinq clés qui vous permettront d'entraîner votre confiance en vous.

1) D'où vient votre confiance en vous ?

La confiance en soi a deux sources : l'absence de peur et l'expérience. Lorsque vous avez peur, cela signifie que vous ne vous estimez pas capable d'accomplir quelque chose. Par exemple : lorsque vous avez peur de parler en public, vous ne vous sentez pas capable de faire face à toutes les personnes qui vont vous regarder. Lorsque vous avez peur d'être abandonné, vous ne vous estimez pas capable de faire face à la solitude.

L'expérience vous confère de la confiance en vous. Plus vous répétez une action, vous plus avez confiance en vos capacités. Lorsque vous vous rendez pour la première fois à votre nouveau boulot, il est probable que vous ayez peu confiance en vous. Vous vous demandez si vous allez plaire au patron ou si vous allez être compétent pour remplir les missions relatives à votre contrat. Au bout de plusieurs années passées à occuper ce poste, il est probable que vous ayez tellement confiance en vous que vous travailliez sans même réfléchir à ce que vous faites. Vous avez intégré de nouveaux réflexes et automatismes et vous savez que vous êtes capables de faire certaines tâches correctement.

C'est donc la pratique qui vous permet d'augmenter votre confiance en vous. Plus vous pratiquez, plus vous vous sentez capable de pratiquer.

2) Dans quel domaine souhaitez-vous augmenter votre confiance en vous ?

Je vous invite à définir un domaine dans lequel vous souhaitez gagner en confiance en vous. Souhaitez-vous avoir davantage confiance en vous pour :

Aborder les hommes ou femmes qui vous plaisent ?

Avoir le courage de dire « non » ?

Parler en public ?

Fuir une relation toxique ?

Vous créer le travail de vos rêves ?

Vous exposer publiquement sur internet ?

Je suis sûr que vous souhaitez avoir davantage confiance en vous dans le but de faire face à une situation précise. L'idée selon laquelle vous manquez de confiance en vous (dans le cas où elle est présente dans votre esprit) a germé pour une raison bien précise. C'est face à la situation en question que je vous encourage à vous entraîner.

3) Voyez cela comme un entraînement

Maintenant que vous savez face à quelle situation vous souhaitez gagner confiance en vous, passons à la préparation mentale. Lorsque vous manquez de confiance en vous vis-à-vis d'une situation précise, il est probable que vous la redoutiez.

Si vous souhaitez vous dépasser, je vous encourage à voir cela comme un entraînement. À chaque fois que vous ferez face à la situation concernée, voyez-y une occasion de progresser et de vous dépasser.

4) Fixez-vous des objectifs

La quatrième étape consiste à se fixer de petits objectifs sous forme de défis pour progresser pas à pas, à votre rythme, sur la voie de la confiance en soi.

Si vous n'avez pas confiance en vous pour vous exposer publiquement sur internet, vous pouvez vous fixer pour objectif de mettre en ligne votre première vidéo ou bien d'écrire votre premier article dans une semaine.

Si vous n'avez pas confiance en vous pour dire « non », alors vous pouvez vous fixer pour objectif de dire « non » deux fois par semaine.

Si vous n'avez pas confiance en vous pour parler en public, vous pouvez vous fixer pour objectif de parler face à un groupe d'amis pour commencer.

Le but de cet entraînement est de sortir de la peur. Le meilleur moyen d'y parvenir est de passer à l'action malgré elle. Vous constaterez ainsi que vous êtes capable de réaliser bien plus que ce que vous pensez.

5) Pratiquez

Seule la pratique vous permet de vous améliorer dans une discipline. Vous pouvez travailler la théorie durant plusieurs années, mais si vous ne pratiquez pas, alors vous n'aurez intégré aucun nouveau réflexe. Vous pourrez reprendre vos droits sur des terres qui sont à présent colonisées par la peur, et briser vos chaînes intérieures.

Lorsque vous passez à l'action pour relever vos défis, deux cas de figure peuvent se produire :

1. Vous réussissez et vous relevez votre défi. Dans ce cas-là, vous pouvez célébrer votre victoire et vous fixer un autre défi un peu plus challengeant que le précédent.

2. Vous échouez et vous ne relevez pas votre défi. Dans ce cas, vous pouvez peut-être vous fixer un objectif intermédiaire un peu plus facile à atteindre.

Voilà tout pour cet entraînement à la confiance en soi. Il vous suffit de le reproduire pour voir votre champ des possibles s'élargir.

Le défi

Pour gagner en confiance en soi, je vous mets au défi d'appliquer cet entraînement en cinq étapes et de passer à l'action dans un délai maximum de sept jours. Cela signifie que vous avez sept jours pour définir le domaine dans lequel vous souhaitez progresser, la pratique qui vous fera progresser, ainsi que votre premier défi, avant de pratiquer. Pourquoi attendre davantage ?

Entraînement 4 : les affirmations positives

C'est l'un des entraînements les plus puissants que je connaisse. En seulement dix minutes par jour, il vous permet de changer votre vision du monde et d'augmenter votre confiance en vous.

Son utilité consiste à changer notre manière habituelle de penser autrement que par la compréhension des choses.

En bons occidentaux, nous avons pour habitude d'essayer de comprendre notre situation en croyant que la compréhension à elle seule nous libérera de notre problème psychologique. Dans certains cas, la compréhension est insuffisante à nous soulager de notre souffrance car notre esprit est simplement habitué à réagir d'une certaine manière à une situation précise.

Lorsque nous sommes sur le point de devoir nous affirmer et dire « non », il est possible que nous réagissions par la culpabilité. Lorsque nous sommes sur le point d'entamer un nouveau projet professionnel, il est probable que nous réagissions par la peur. Lorsque nous nous trouvons face à une injustice, il est probable que nous réagissions par la colère, bien que celle-ci ne nous permette pas de rétablir la justice. Toutes ces émotions sont des réflexes. Elles se produisent sans même que nous le décidions, par habitude.

Si vous souhaitez dépasser votre souffrance, je peux donc vous conseiller de pratiquer un entraînement pour implanter de nouvelles habitudes. Vous pourrez ainsi réagir par la paix intérieure ou par le courage là où vous réagissiez auparavant par la souffrance. C'est là qu'interviennent les affirmations positives. Elles vous permettent donc de changer vos habitudes de pensée et de maintenir un état d'esprit positif en toute circonstance. Elles font des miracles.

L'entraînement consiste à pratiquer dix à vingt minutes d'affirmations positives par jour. Ce faisant, vous aurez au minimum dix minutes de pensées positives dans la journée. Avec la répétition quotidienne de cet exercice, votre esprit arrivera de plus en plus facilement à générer des pensées positives. Vous l'entraînez à adopter de nouveaux réflexes, comme aux arts martiaux. Si vous souhaitez que votre corps réagisse de manière efficace à une agression, la simple compréhension des mécanismes du corps humain ne suffit pas. Il faut les pratiquer pour que votre corps les intègre, votre esprit fonctionne de la même manière. Si vous souhaitez que votre esprit réagisse positivement à une situation, il convient de l'entraîner à le faire. Le meilleur moyen de s'y entraîner consiste à se plonger dans un état d'esprit positif chaque jour. Vous pourrez ainsi parvenir à le recréer de plus en plus facilement. Vos pensées s'y adapteront et votre environnement intérieur quotidien sera lui aussi plus positif.

Une affirmation positive est une phrase affirmative formulée de manière positive (donc sans négation). Voici des exemples d'affirmations positives :

Je suis enfin libre de faire ce que je veux ;

Je suis en paix et le monde m'est totalement ouvert ;

Je suis une personne géniale et talentueuse ;

Je suis attirant(e) et je plais à beaucoup de personnes de qualité ;

Je suis capable d'atteindre mon objectif ;

Je suis légitime de prendre cette décision ;

Je suis riche et abondant.

Voici comment pratiquer les affirmations positives :

Procurez-vous un audio de dix ou vingt minutes d'affirmations positives. Vous pouvez en trouver sur YouTube ou bien gratuitement sur mon site internet (https://masophrologie.fr). Vous en trouverez pour vous aider concernant de nombreux sujets : la confiance en soi, la motivation, la légitimité, la liberté, la richesse ou encore la paix intérieure. Je vous conseille de choisir un sujet en lien avec lequel vous souhaitez vous améliorer et progresser.

Installez-vous ensuite dans un endroit où vous ne serez pas dérangé.

Lancez l'audio, et répétez chaque affirmation positive l'une après l'autre à voix haute ou bien mentalement. Lorsque vous prononcez votre affirmation positive, concentrez-vous sur l'énergie de la phrase. Prononcez-la en conscience en prêtant attention à son sens. Vibrez-la comme si vous la viviez ici et maintenant.

Faites ainsi pour chaque affirmation jusqu'à la fin de l'audio.

C'est aussi simple que cela. Il vous suffit d'écouter cet audio une fois par jour durant un minimum de trente jours, et vous pourrez constater les importants changements qui se sont produits dans votre esprit et dans vos émotions.

La pratique des affirmations positives comporte quatre bienfaits principaux :

1. Elle vous permet d'éduquer votre esprit à penser différemment. Chaque jour, vous vous entraînez à adopter un état d'esprit positif. Avec la répétition de cette pratique, vous parvenez de plus en plus facilement à être en paix.

2. Votre énergie globale change. Lorsque vous mettez un glaçon dans une tasse d'eau chaude, un échange d'énergie se produit. La température du glaçon monte tandis que celle de l'eau baisse. Le même phénomène se produit lorsque vous créez une bulle de joie dans votre journée grâce aux affirmations positives. Peu à peu, votre énergie globale s'ajuste sur le positif.

3. Ce changement d'état d'esprit affecte votre état émotionnel, qui affecte votre énergie globale. Vous pouvez ainsi attirer plus facilement à vous ce dont vous avez besoin pour vous créer la vie de vos rêves.

4. Au bout d'un certain nombre d'affirmations positives consécutives, un phénomène d'extase peut se produire.

Les livres de philosophie hermétique m'ont enseigné que si nous n'exerçons pas un contrôle sur nos pensées, alors d'autres personnes le feront et cela risque de nous déplaire. J'entends par là que vos pensées peuvent être influencées par des facteurs extérieurs, tout comme vous pouvez décider de les maîtriser et d'en faire un outil.

Les différents entraînements que je vous ai partagés vous permettent, chacun à sa manière, d'en regagner le contrôle.

Maintenant que vous connaissez mes stratégies pour dépasser vos émotions de souffrance et que vous savez comment entraîner votre esprit, passons à la mise en situation : les relations humaines. La plupart de nos problèmes du quotidien sont en rapport à d'autres êtres humaines : la colère, la culpabilité, la peur de la précarité, la compétition, ou encore la solitude. Notre entourage influence notre état émotionnel qui influence à son tour nos pensées, qui influencent nos actes. La construction d'un entourage sain et bienveillant est donc un des piliers d'une vie épanouissante.

PARTIE 3 :

LES RELATIONS SOCIALES

ET AFFECTIVES

À ce jour, j'ai donné plus de deux-mille consultations au cours de ma carrière de coach en développement personnel. Pour autant, je n'ai jamais reçu en consultation une personne qui faisait appel à moi car elle s'était disputée avec son animal de compagnie.

Les gens me contactent car ils ont des problèmes en lien avec eux-mêmes ou bien avec d'autres êtres humains.

J'ai donc jugé important de consacrer une partie de ce livre aux relations humaines. Nous y aborderons les relations toxiques, la manipulation mentale et émotionnelle, les pervers narcissiques, l'empathie et les relations saines. Mon but y est de vous aider à vous construire des relations saines et à ne plus souffrir en lien avec la manière dont les autres se comportent avec vous.

Les relations humaines sont donc un puissant outil d'évolution, que ce soit par la joie ou par la souffrance. Il existe trois catégories de personnes avec lesquelles vous pouvez être en relation et chacune d'entre elles vous apporte quelque chose de différent :

1. Les personnes qui vous tirent vers le haut : une fois que vous avez fini de leur parler, vous vous sentez motivé, joyeux, et votre confiance en vous a augmenté.

2. Les personnes neutres : le fait de les côtoyer ne vous fait ni chaud ni froid. Elles ne elles ne laissent pas une grande trace dans votre esprit et vous passez rapidement à autre chose une fois que vous n'êtes plus en leur présence.

3. Les personnes qui vous tirent vers le bas : après leur avoir parlé, vous vous sentez angoissé, apeuré, coupable, triste, en colère, en proie au doute ou vidé de votre énergie.

La relation que vous vivez avec certaines personnes peut donc vous apporter de la souffrance ou de la joie.

Voyons ensemble dans ce chapitre comment vous créer des relations saines et positives et comment éviter les relations toxiques.

CHAPITRE 14 :
LES RELATIONS TOXIQUES

Selon le dictionnaire Larousse, *toxique* signifie : « qui agit comme un poison ». *Poison* signifie : « substance capable d'incommoder fortement ou de tuer. Ce qui est pernicieux, dangereux ».

Une relation toxique est un lien que vous conservez avec une ou plusieurs personnes. Tant que ce lien est maintenu, un des deux membres de la relation, voire les deux, souffrent. Il s'agit donc d'une relation qui, pour être maintenue, implique que les protagonistes souffrent.

Bien entendu, il existe différents niveaux de toxicité dans les relations. Certaines relations sont en partie toxiques (elles comportent à la fois des liens toxiques et des liens sains) et certaines sont totalement toxiques (elles comportent uniquement des liens toxiques).

Cela ne signifie pas que la personne est toxique en elle-même ; c'est son comportement qui l'est pour autrui ou bien le maintien de la relation. Par exemple, un pervers narcissique isolé sur une île déserte sans aucun animal ne sera toxique pour personne à part lui-même. Mais dès lors qu'il commence à entrer en relation avec autrui, sa toxicité s'installe. Il n'est donc pas ici question de juger les personnes avec lesquelles vous êtes en relation, mais plutôt de vous aider à identifier les différents schémas de relation toxique pour les comprendre et pouvoir les déjouer.

IDENTIFIER LES DIFFÉRENTS SCHÉMAS DE RELATION TOXIQUE

Voici les différents schémas de relations toxiques que vous pouvez rencontrer. La plupart du temps, les membres de la relation ne sont pas conscients de la toxicité de celle-ci, et ne s'impliquent pas consciemment dans la destruction psychologique de leur partenaire. En effet, lorsqu'une personne réalise que son comportement est toxique, elle peut avoir deux réactions différentes :

1. La prise de conscience libératrice. Après avoir réalisé son comportement toxique, la personne ne souhaite plus le reproduire et change de comportement.

2. Le déni : certaines personnes ont du mal à se regarder en face et à se remettre en question.

Il se peut que lorsqu'elles sont sur le point de constater leur part de responsabilité dans la souffrance de l'autre, elles se plongent dans le déni et se mentent à elles-mêmes pour continuer à agir sans éprouver de culpabilité ni se remettre en question.

Néanmoins, des personnes parviennent à maintenir leur comportement toxique tout en étant conscient de celui-ci. Je vous invite donc à garder à l'esprit que dans les différents types de relation toxique exposés ci-après, certains peuvent être conscients ou inconscients.

Les relations toxiques peuvent exister au sein du couple, de la famille, du cercle amical, ou au travail.

Il est possible que vous reconnaissiez certaines personnes de votre entourage dans cette description de la personne au comportement toxique. Ou bien que vous réalisiez que vous adoptez vous-même ce type de comportement. Dans ce dernier cas, nul besoin de culpabiliser. N'hésitez pas à consulter la table des matières de ce livre pour trouver des solutions et changer de comportement. Le fait que vous ayez adopté un comportement inconscient de manipulation ne fait pas de vous une mauvaise personne. Vous avez seulement appris à vous comporter de la sorte étant enfant et vous ignorez comment faire autrement pour combler vos besoins. Il est possible de modifier ce comportement.

Sachez aussi que dans une relation toxique, les deux membres de la relation jouent le jeu. La relation toxique n'est jamais à sens unique.

Soit les deux membres de la relation ont un comportement faussé par leurs illusions et trouvent en partie leur compte dans cette dernière, soit un des deux membres a un comportement toxique et l'autre s'efforce malgré cela de maintenir la relation en place. Vous êtes chacun responsables de cinquante pour cent de la relation. Vous êtes responsables de vos actions et de vos réactions, tout comme l'autre est responsable des siennes.

Voyons ensemble comment identifier ces fameuses relations toxiques pour s'en protéger.

Les neuf types de manipulation émotionnelle

La manipulation émotionnelle consiste à adopter un comportement qui va influencer les émotions d'une autre personne. Le but, pour le manipulateur, est d'obtenir de l'attention, de l'aide ou de l'énergie de votre part. Il ne souhaite pas que vous adoptiez un comportement naturel et heureux, mais plutôt que vous jouiez un rôle dans son schéma de manipulation.

Voyons donc ensemble les neuf types de manipulation émotionnelle.

1 – Bouder

Bouder consiste à exprimer son mécontentement par un air maussade et renfrogné, par le silence et le refus de communiquer. Une personne qui boude va donc se renfermer sur elle-même en attendant que l'autre la supplie de lui dire ce qui ne va pas. L'action de bouder a pour but d'attirer l'attention et non de communiquer pour trouver une solution au problème rencontré. Le boudeur veut donc vous faire payer ce qu'il estime être une erreur de votre part.

En vous prêtant au jeu de celui ou de celle qui boude, vous vous épuisez à lui tirer les vers du nez pour comprendre « ce qui ne va pas ». Vous vous sentez coupable et responsable de sa souffrance et le boudeur ne vous libérera pas de ce fardeau. Il permettra au doute de s'installer dans votre esprit en refusant de vous révéler la cause de son problème afin que vous ne puissiez pas le régler. Il/elle pourra vous répondre que tout va bien et qu'il n'y a aucun problème tout en continuant à adopter un air mécontent.

L'intention consciente ou inconsciente de celui qui boude est de vous amener à vivre une émotion de culpabilité.

2 – Intimider

Celui qui essaye d'intimider l'autre adopte un comportement menaçant et violent (physiquement, verbalement, ou simplement à travers le ton de sa voix et ses gestes dans le but de vous faire peur. Il/elle essaye de vous à plier à sa volonté. En manifestant une colère froide ou explosive, il tente de vous influencer à vivre une émotion de peur, de panique, d'angoisse, car une personne qui se laisse guider par la peur est vulnérable.

243

Pour mener à bien son intimidation, il n'hésitera pas à adopter une posture autoritaire tel un parent qui réprimande un enfant. Il haussera le ton, vous adressera des reproches et manifestera sa colère.

Que vous vous laissiez intimider ou non, la colère que l'autre vous envoie est une énergie violente à recevoir. Ce n'est jamais bon pour vous de vous exposer à une colère prolongée, même si vous ne vous laissez pas impressionner par celle-ci.

3 – Celui qui prétend avoir besoin de vous et refuse de s'autonomiser

Une autre stratégie de manipulation consiste, pour une personne, à vous amener à croire qu'elle dépend de vous, qu'elle a besoin de vous pour survivre car sans vous, sa vie ne serait que souffrance. La plupart du temps, cette stratégie est utilisée de manière inconsciente par les personnes qui vivent la dépendance affective, mais certains manipulateurs pervers narcissiques l'utilisent consciemment.

Menée à son paroxysme, cette manipulation émotionnelle va se traduire par une personne qui est persuadée qu'elle ne peut pas survivre si vous la quittez, que vous seul êtes capable de la rendre heureuse, ou encore qu'elle est incapable de s'en sortir seule dans la vie.

Le but de la personne qui pratique ce comportement est d'amener l'autre à entrer dans une émotion de culpabilité pour se maintenir dans la relation ou d'adopter un comportement de sauveur, prenant sur ses épaules la responsabilité du bonheur des deux membres de la relation. Encore une fois, de nombreuses personnes utilisent cette stratégie de manière inconsciente. Elles n'ont pas l'intention de vous nuire mais adoptent ce comportement car elles ne savent pas comment obtenir de l'affection autrement, tandis que certains manipulateurs l'adoptent consciemment pour vous retenir en jouant sur votre tendance à culpabiliser.

4 – La personne dont vous dépendez

Cette stratégie consiste à se rendre indispensable dans votre vie et à vous empêcher de vous autonomiser. C'est le schéma typique de la personne qui pêche pour vous et qui boude ou s'énerve lorsque vous souhaitez apprendre à pêcher par vous-même. Le manipulateur en question va donc vous surprotéger et faire à votre place ce que vous auriez pu faire vous-même jusqu'à ce que cette habitude s'installe. Il vous répétera directement ou par le biais de sous-entendus que vous avez besoin de lui, et que sans lui, vous n'arriverez jamais à vous débrouiller dans ce monde hostile et dangereux.

Son but est de vous amener à perdre votre autonomie pour que vous restiez à ses côtés par peur de devoir vous débrouiller seul. Il peut vous amener à croire que vous avez besoin de :

- Son soutien financier ;
- Sa gestion administrative ;
- Son toit ;
- Travailler dans son entreprise ;
- Rester en couple avec lui (ou elle) ;
- Son affection.

Attention à ne pas confondre ce type de profil avec les personnes qui vous surprotègent car elles ont le syndrome du sauveur. La différence entre les deux c'est que le sauveur se croit responsable de votre bonheur et tente de faire de son mieux pour vous rendre heureux, tandis que la personne dont vous dépendez refuse que vous vous autonomisiez, et ne souhaite donc pas votre bonheur mais simplement votre présence dans sa vie.

Le but de ce comportement est de vous infantiliser, de vous amener à entrer dans un sentiment d'impuissance et de faiblesse face à un monde perçu à présent comme dangereux.

5 – La Personne qui déforme ce que vous dites et le reformule de travers

Il s'agit généralement d'une personne qui veut avoir le dernier mot dans une conversation avec vous et qui, pour arriver à ses fins, interprète vos propos et les reformule d'une manière erronée. Son but n'est pas seulement d'avoir le dernier mot : elle souhaite aussi vous décrédibiliser et vous tourner en ridicule devant un public pour se mettre en avant. Ses reformulations dépeignent une image négative de vous qui ne correspond pas à la réalité.

Pour illustrer mes propos, voici l'exemple d'une discussion que vous pouvez tenir avec ce genre de manipulateur :

- « Le manipulateur : Qu'en penses-tu ?
- Vous : Je n'ai pas d'avis là-dessus, je ne connais pas le sujet.

- Le manipulateur : Je te comprends, ce n'est pas facile d'exposer son avis et de se mouiller, tu as le droit d'en avoir peur.

- Vous : Mais je n'ai pas peur ! Je ne connais simplement pas le sujet, je n'ai rien à dire de pertinent là-dessus, c'est tout. Je dois y aller, j'ai du travail.

- Le manipulateur : Tu as raison. Moi aussi, à ta place, je prendrais la fuite. »

Ces conversations sont à sens unique car le manipulateur ne tient pas compte de vos propos. Il n'écoute que pour répondre et non pour comprendre. Il ne discute pas avec vous, mais utilise votre échange verbal pour influencer le public qui vous écoute ou jouir de s'écouter parler quand il n'y a pas de public. Le but de cette manipulation émotionnelle est de vous amener à entrer dans un sentiment d'injustice et d'impuissance à rétablir la justice. Vous vous épuisez à essayer de rétablir la vérité sans y parvenir car le manipulateur s'efforce continuellement de déformer vos propos.

En général, ce type de manipulateur utilise plusieurs stratégies de manipulation émotionnelle cumulées.

6 - Celui qui sait tout mieux que vous

Il s'agit d'une personne qui se positionne d'office comme vous étant supérieure. Si vous entrez dans son jeu et que vous le considérez vous-mêmes comme supérieur, vous avez perdu. Que ce soit en adhérant à ses propos et en vous remettant en question ou bien en essayant de le faire tomber de son piédestal, vous perdez. La solution et d'appliquer la stratégie du bouclier-miroir décrite ci-après dans le chapitre de la contre-manipulation.

La personne utilisant cette manipulation émotionnelle va se comporter de la sorte :

- Elle affirmera mieux connaître les choses, même concernant votre domaine d'expertise ;

- Elle vous dira comment vous devriez vous comporter ;

- Elle vous expliquera comment vous devez faire votre job ;

- Elle vous répétera que vous manquez de confiance en vous, de neutralité, de savoir-faire ou encore d'humilité.

Si vous croyez le manipulateur (ou la manipulatrice), vous vous remettez en question inutilement et vous perdez réellement confiance en vous, ce qui conforte ses propos. Plongé dans le doute, vous avez moins d'entrain à réaliser vos projets. Cette forme de manipulation est particulièrement toxique pour vous si vous la laissez pénétrer dans votre organisme.

7 – L'inverseur de responsabilité

Il s'agit d'une personne qui ne se remet jamais en question. Pour lui, les autres ont toujours tort. Si vous lui demandez de se remettre en question et d'arrêter de faire quelque chose qui vous déplaît, il renversera la situation. Il vous dépeindra comme étant le responsable de son propre comportement qui vous déplaît. Après vous avoir adressé quelques reproches pour appuyer ses propos, il vous demandera à votre tour de vous remettre en question, vous laissant sur une double frustration : votre frustration initiale ainsi que ses reproches injustifiés.

Les personnes qui pratiquent cette manipulation nient généralement qu'elles sont responsables de leurs propres actes et émotions. Elles tiennent les autres pour responsables de ceux-ci. Le but est de vous amener à entrer dans un des états émotionnels les plus lourds à vivre : la culpabilité.

Voici un exemple typique de ce type de manipulation : une femme a surpris son mari en train de la tromper. Pris sur le fait, son mari sort son plus beau jeu d'acteur pour lui expliquer qu'il la trompe car elle a pris quelques kilos, qu'elle ne lui accorde pas de liberté et qu'elle le néglige. Il lui dira que depuis plusieurs mois, il se sent délaissé, et ce même si en réalité c'est lui qui délaisse sa femme. Celle-ci culpabilisera en retour. Elle se sentira responsable du fait que son mari l'ait trompée. Le manipulateur aura alors tout gagné : prendre du plaisir en trompant sa femme et faire porter à celle- ci la responsabilité de son acte.

8 – Le séducteur

Il n'est pas question ici de se montrer séduisant auprès de votre partenaire de couple, mais plutôt d'utiliser la séduction pour influencer les autres personnes à vous donner ce que vous souhaitez obtenir de leur part.

La personne qui pratique la séduction comme une manipulation émotionnelle aime avoir l'attention des autres tournée vers elle. Elle analyse rapidement ce qui plaît à son interlocuteur et s'adapte pour le lui donner. S'il aime avoir des compliments, de la reconnaissance, des propositions de travail ou encore des rapports charnels, elle les lui donnera.

Elle alterne entre quatre positionnements :

Le positionnement de séducteur : elle vous donne ce dont vous manquez.

L'exclusivité de la relation : elle (ou il) vous amène à croire par ses paroles ou par ses actes que votre relation est unique et spéciale.

L'indifférence : elle change brutalement d'attitude à votre égard et vous traite comme un étranger. Cela faisant contraste avec la relation exclusive que vous avez tissée avec elle, vous vous sentez déstabilisé.

L'intouchabilité : se comporte comme si elle était hors de portée des personnes qu'elle séduit. Elle a besoin de son public pour se sentir exister, mais mime qu'elle n'en a absolument pas besoin.

Le but de cette manipulation est de vous déstabiliser et de vous amener à entrer dans un état de manque et d'angoisse permanent, voire de dépendance affective.

9 – Le cumulateur

Il s'agit d'une personne qui cumule plusieurs de ces stratégies de manipulation émotionnelle, voire les cumule toutes. Un bon exemple de cumulateur est le manipulateur pervers narcissique sur lequel nous reviendrons. Un chapitre de ce livre lui est consacré.

Le vampirisme énergétique

Le vampirisme énergétique est la tendance à puiser l'énergie d'une autre personne. Une personne pratiquant le vampirisme va tenter de vous utiliser de plusieurs manières différentes. Elle va principalement :

- Accaparer toute votre attention de manière positive ou négative : que vous soyez en sa présence ou non, son but est que vos pensées soient orientées vers elle (en lien avec la joie, la crainte, la culpabilité, le manque ou la colère) ;

- Vous solliciter abusivement : elle vous écrira beaucoup de messages (spamming), vous appellera aux moments où vous ne souhaitez pas lui parler et fera irruption dans votre sphère privée ;

- Vous demander de l'aide physique, matérielle ou psychologique même si cela ne vous fait pas du bien.

Il existe différents niveaux de vampirisme allant de l'ami un peu envahissant au pervers narcissique qui tissera une véritable toile autour de vous pour vous garder auprès de lui.

Voici quelques conseils afin d'identifier une personne qui pratique le vampirisme. Tout d'abord, après avoir parlé avec elle, vous vous sentez vidé de votre énergie, fatigué sur le plan émotionnel (vous n'êtes plus joyeux ni motivé) ou même énervé, avec le sentiment d'avoir perdu votre temps et votre énergie. Ensuite, cette personne essaye de négocier vos « non ». Elle ne respecte pas votre volonté ni vos besoins, elle essaye toujours de gratter un peu plus d'attention de votre part ou de franchir les limites que vous tentez de lui poser. Typiquement, lorsque vous dites à une personne pratiquant le vampirisme « Je dois te laisser, j'ai quelque chose d'important à faire », celle-ci est capable de vous poser « juste une dernière question » trois fois de suite pour vous tenir la jambe.

Dans certains cas, le vampirisme n'est pas bien méchant. Il suffit de dire « non » à l'autre, de lui poser un cadre, ou encore de vous en aller en coupant court à la discussion. Certaines personnes pratiquant un vampirisme sont mêmes sympathiques et agréables à côtoyer tant que vous savez poser vos limites. Cela ne fait pas d'elles automatiquement de mauvaises personnes. Il peut s'agir simplement d'amis qui ont tendance à dépasser les bornes si vous leur en laissez la liberté.

D'autres cas, en revanche peuvent s'avérer dangereux pour vous, car le vampire essaye de créer avec vous le plus de liens possible afin de compliquer votre fuite.

Le vampire va donc vous puiser de l'énergie et s'en « nourrir », c'est-à-dire qu'il va monopoliser votre attention dans le but conscient ou inconscient d'orienter vos pensées vers lui. Devenu votre sujet principal de pensée, il se sent nourri et comblé. Bien entendu, certains vampires n'apprécient pas que l'on coupe leur source d'approvisionnement. Ils vont alors tenter de négocier votre décision par tous les moyens : argumentation, chantage affectif, intimidation ou toute autre stratégie de manipulation émotionnelle.

La « claque émotionnelle »

Je nomme « claque émotionnelle » l'action de déverser son émotion de souffrance sur une autre personne par le dialogue, pour s'en décharger. Par exemple : une femme rentre du travail de mauvaise humeur, excédée par les disputes qu'elle a eu avec ses collègues durant la journée. Elle vit une émotion de colère et d'amertume. Son moyen préféré pour se défaire de l'émotion de souffrance consiste à se vider de sa colère sur son mari : elle lui raconte l'injustice qu'elle pense avoir vécue dans la journée tout en se mettant en colère, comme si elle était devant ses ennemis. Elle mime ce qu'elle aurait aimé leur dire, se plaint, râle, clame haut et fort à quel point ce qu'elle a vécu était injuste, et alimente sa colère de la sorte, la laissant grandir jusqu'à ce qu'elle s'en soit totalement déchargée.

Les personnes hypersensibles sont particulièrement affectées par ces situations. Cela peut sembler anodin aux autres personnes, mais les hypersensibles ou hyper-empathiques vive cela comme une violente claque émotionnelle.

Le problème n'est pas que l'autre vous partage ses problématiques et interrogations, mais qu'il se décharge de son émotion de souffrance sur vous. Généralement, les personnes qui agissent de la sorte ont une maturité émotionnelle peu élevée. Elles ont du mal à stabiliser leur état émotionnel et à dépasser une émotion de souffrance. En agissant ainsi, elles ne prennent pas en compte la sensibilité de leur interlocuteur. Elles ne se demandent pas non plus si c'est bon pour leur interlocuteur de recevoir la violente émotion qu'elles leur balancent. Selon elles, c'est « normal » de parler à l'autre de nos problèmes du quotidien, et celui-ci « devrait » écouter.

La toxicité de la relation vient de la manière dont la personne partage son problème.

Énergétiquement, elle le balance dans la tronche de son interlocuteur. Il existe pourtant d'autres moyens de parler de ses problèmes que d'utiliser la claque émotionnelle : décrire calmement le problème ainsi que l'émotion rencontrée, chercher des solutions plutôt que de blâmer les autres, ou bien demander à l'autre s'il est disposé à nous accorder son temps et à nous apporter l'aide que nous voulons.

Certes, une personne a le droit de vouloir vous envoyer une claque émotionnelle, tout comme vous avez le droit de ne pas vouloir la recevoir.

La personne qui veut vous changer

Un autre schéma de relation toxique consiste à vouloir que l'autre change des aspects importants de sa personnalité. Qu'il s'agisse de votre conjoint, de votre parent ou de votre patron, dès lors que l'autre veut vous influencer à changer d'importants aspects de votre personnalité, la relation devient toxique, car elle implique que vous vous autodétruisiez dans le but de faire plaisir à l'autre.

Ce qui est toxique, c'est la démesure des changements que vous demandez à l'autre ainsi que la manière dont vous formulez vos demandes.

Par exemple : demander à votre conjoint s'il peut nettoyer la baignoire différemment, car elle est toujours sale quand il finit le ménage n'est pas toxique en soi. Demander à votre mère si elle peut vous appeler moins souvent car vous avez un emploi du temps bien chargé ne l'est pas non plus.

Par contre, demander à votre conjoint de changer de style vestimentaire alors qu'il n'en a pas envie, de ne plus voir certains amis, de se marier contre son gré, ou bien d'avoir des enfants s'il ne le souhaite pas, cela peut être toxique. Tout dépend de la manière dont vous faites votre requête. La toxicité commence dès qu'une des techniques de manipulation émotionnelle précitées est utilisée pour vous influencer à accepter la demande. Toutefois, il n'y a rien de mal, à exprimer vos souhaits et à demander à l'autre s'il est en accord avec, ni même à lui dire que cela est important pour vous tant que vos demandes sont franches et honnêtes.

Les demandes exprimées sous forme d'argument d'autorité

Une autre technique de manipulation consiste à exprimer toutes ses demandes comme étant voulues par la logique. Le but de cette technique est pour une personne d'appuyer toutes ses demandes par des arguments d'autorité dans le but de faire plier l'autre à sa volonté. La personne qui agit de la sorte ne décrit jamais sa demande comme étant son souhait ou sa volonté, mais plutôt comme étant ce qui est juste et logique.

Par exemple :

« Tu ne devrais pas sortir avec tes amies le soir, car ça ne se fait pas. Une épouse devrait rester chez elle le soir prendre soin de sa famille ». Ceci est une forme toxique de communication utilisant l'argumentation d'autorité.

La demande exprimée de façon saine pourrait être la suivante : « j'aimerais que tu passes plus de temps avec moi et les enfants. Cela me ferait plaisir car actuellement je me sens seul. Qu'en penses-tu ? ».

Dans le premier cas, la personne n'expose pas sa demande comme telle, mais plutôt comme étant

« LA » logique divine à laquelle il faudrait se conformer. Dans le second, la personne est honnête quant aux motivations de sa demande.

La personne qui se trouve soumise continuellement à des demandes formulées sous forme d'argument d'autorité a souvent tendance à essayer d'y adhérer. Peu à peu, elle se conforme à cette logique exprimée par l'autre et se dépersonnalise pour y correspondre toujours davantage. Utilisé à répétition, ce type d'arguments contribue à la formation de croyances limitantes concernant ce qui est bien et ce qui est mal, ce qui se fait et ce qui ne se fait pas. Ces croyances vont considérablement limiter votre champ des possibles et influencer la production d'émotions de souffrance telles que la culpabilité ou l'angoisse.

La relation avec une personne autoritaire et castratrice

Un autre schéma de relation toxique est basé sur l'autorité qu'un des deux membres exerce sur l'autre. Dans ce type de relation, un parent, un conjoint ou un collègue exerce une autorité sur vous qui êtes adulte. Cette autorité ne se limite pas à la fonction professionnelle mais s'étend à tous les domaines de votre vie.

La personne autoritaire vous dira ce que vous devez faire, influencera vos choix et n'hésitera pas à vous intimider ou à se mettre en colère contre vous pour vous faire peur. Elle aura une posture dominante au sein de votre relation.

Quant à vous, vous lui demanderez son accord pour prendre des décisions qui ne la concernent pourtant pas, vous aurez peur de ses réactions et vous aurez une représentation mentale de cette personne comme étant plus grande, plus sainte ou plus puissante que vous.

La toxicité de cette relation est simple : l'autre personne décide de ce que vous faites de votre vie. N'étant pas vous, elle ne prendra pas les décisions les plus adaptées à votre épanouissement. De plus, si elle se plaît à exercer une autorité sur vous, il y a des chances qu'elle souhaite vous utiliser pour répondre à ses besoins, vous influençant à sacrifier votre bonheur pour lui faire plaisir (vous renoncez à ce qui est important pour vous afin de lui faire plaisir).

Cette relation est également castratrice car l'autre personne prend les rênes de votre vie. Vous aurez l'impression de faire des choix, mais vous les ferez à contrecœur. Généralement, il s'agit des choix que l'autre personne a faits pour vous, ou bien des choix guidés par la culpabilité. L'aspect castrateur intervient quand l'autre personne occupe tellement d'espace dans votre champ de décision que vous ne pouvez plus prendre d'initiative. Il est probable qu'elle aille jusqu'à vous reprocher de ne pas prendre de décisions ou d'initiatives.

Le sacrifice de soi

Une relation sera obligatoirement toxique si elle est basée sur le sacrifice d'un des deux membres pour faire plaisir à l'autre. Concrètement, le sacrifice de soi dans une relation toxique consiste à renoncer à satisfaire ses besoins et ses désirs profonds dans le but de faire plaisir à l'autre. Les relations de perversion narcissique sont basées sur ce schéma, mais elles ne sont pas les seules.

Dans ce type de relation, l'un des deux membres (le plus sensible et empathique) va renoncer à ses aspirations profondes ainsi qu'à ses envies du moment pour combler une autre personne (immature émotionnellement et plaintive).

Si le mot « sacrifice » vous dérange, alors vous pouvez le remplacer par la notion d'« oubli de soi ». La personne qui s'oublie va donc faire passer ses désirs au dernier plan de la relation. Elle ne les

satisfera qu'une fois les exigences de l'autre personne comblées. Sa priorité est de rendre l'autre heureux et cela ne colle malheureusement pas avec la réalisation de ses désirs.

Si votre parent ou votre conjoint n'est heureux que lorsque vous renoncez à vos désirs, alors la relation est toxique. Elle implique vous vous priviez d'exister pleinement pour maintenir une bonne entente. Vous avez donc le choix entre réaliser vos désirs et affronter la colère ou le chantage affectif de l'autre, ou bien renoncer à votre épanouissement personnel en échange de son contentement.

Cette relation n'est pas saine car l'autre membre qui vous pousse à renier vos désirs pour lui utilise des arguments d'autorité et la manipulation émotionnelle pour motiver ses demandes. De plus, si le bien-être de la relation implique votre sacrifice personnel, alors celle-ci est vouée à s'effondrer. L'épanouissement est un besoin chez l'homme et non une simple envie.

Essayez de renoncer à vous épanouir et vous constaterez que vous n'y arriverez que durant un temps limité. La tendance à l'évolution est intrinsèque à notre nature.

Cela fait déjà quelques pages que nous sommes focalisés sur les relations toxiques, mais rassurez-vous : toutes les relations ne sont pas ainsi. Il existe des relations saines, ou des relations avec seulement un petit aspect toxique qui peut changer grâce à la communication. Voyez ce chapitre comme un répertoire des différents comportements toxiques, et non comme une vision noire et dramatisée du monde. Toutes les relations sont loin d'être nocives. De nombreuses belles personnes sont peut-être comme vous en ce moment-même en train d'aspirer à une relation saine. Vous n'êtes pas seul.

La relation ambiguë

Certaines relations ambiguës sont toxiques. Il ne s'agit pas du moment où vous ressentez des sentiments pour une personne avant de les lui déclarer, mais plutôt des relations difficilement qualifiables, à cheval entre deux types de relation, ambiguës depuis longtemps même si cela déplaît

à un des deux membres qui voudrait se fixer. La relation ambiguë est toxique dès lors que l'une des deux personnes souhaite sortir de l'ambiguïté et que l'autre tente de la maintenir. Celle-ci apparaît dès lors que les actes de la personne sont en incohérence avec son discours.

Dans ce type de relation, vous retrouverez :

La relation de type « ami ou plus ? » : une personne dit vouloir n'être que votre ami mais se comporte avec vous comme si elle était amoureuse de vous. Elle adopte un comportement amoureux à tous les niveaux (tactile, rencards, temps passé ensemble, regards, compliments) mais va vous freiner net dès que vous tentez d'officialiser cette relation. Elle se maintiendra entre l'ami et le partenaire de couple. La relation est toxique surtout si la personne sait que vous êtes amoureux d'elle et qu'elle continue à vous voir sous couvert d'amitié, freinant toutes vos tentatives de rapprochement. À part vos sentiments, rien ne vous force à rester dans cette relation.

La relation de type « ex ou partenaire de couple? » où votre ex-conjoint se comporte avec vous comme si vous étiez en couple (rencards, caresses, rapports sexuels), mais dès lors que vous lui proposez de reformer un couple, il se braque. Le conjoint qui agit de la sorte peut être animé par plusieurs intentions différentes : l'intention de s'amuser de votre souffrance en profitant du fait que vous êtes accro à lui pour vous mener à la baguette, ou bien il est perdu entre deux choix et ne voit pas comment sortir de l'hésitation. Dans les deux cas, si vous souhaitez avoir une relation de couple avec votre ex et que celui-ci fait de son mieux pour entretenir une relation ambiguë, cela n'est pas sain pour vous.

La « relation indéfinissable toxique ». J'ignore véritablement comment nommer ce type de relation. Rares sont les personnes qui l'ont connue. Il s'agit d'une relation avec une personne qui occupe une place importante dans vos pensées et dans votre quotidien. Vous lui écrivez souvent, vous vous disputez avec elle et vous cogitez beaucoup à propos de problèmes en lien avec elle. Pourtant, vous ne savez pas comment qualifier cette personne : est-ce votre ami, votre associé, votre collègue, votre partenaire de couple ? Il ne rentre dans aucune de ces cases, pourtant votre relation est particulièrement forte et tumultueuse. Elle vous cause plus de souffrances qu'autre chose. Étant donné que vous ne savez pas comment la qualifier, il est probable que vous en parliez rarement autour de vous. Ayant comme une relation amicale, la relation a rapidement viré vers « autre chose » d'indéfinissable.

J'ai rencontré dans ma carrière de coach plusieurs personnes qui ont fait face à ce type de relation. Si vous vivez cela actuellement, il est probable qu'il s'agisse d'une relation d'emprise avec un manipulateur pervers narcissique. Nous aborderons ce profil dans le prochain chapitre.

La relation de type « conjoint parent ». Comme dans la relation d'autorité, dès lors que votre conjoint commence à vous donner des ordres et à décider de ce que vous allez faire de votre vie, la relation est toxique. Pour éviter sa colère, vous vous soumettez. Cela est une tyrannie.

La relation de type « parent, amoureux ou ami ? ». Certains parents alternent entre un comportement autoritaire et castrateur, un comportement d'ami et de confident, et un comportement jaloux et possessif. Vous ne savez pas sur quel pied danser avec eux. Ils tentent de prendre à la fois la place de votre tyran, de votre seul ami et aussi de votre amoureux. Ne remplissant correctement aucun de ces trois rôles, ils tentent de vous bloquer ces trois places de votre vie, et alternent entre chantage affectif et réprimandes dès lors que vous construisez votre vie avec d'autres personnes saines et sans eux. Soyons clairs, je ne parle pas ici du parent sain avec lequel vous entretenez aussi une relation amicale tellement vos rapports sont bons.

La relation ambiguë est toxique dès lors qu'un des deux membres tente de lever l'ambiguïté et que l'autre souhaite la maintenir. Il y a à partir de ce moment une incompatibilité dans vos deux désirs et la relation ne sera pas satisfaisante. Soit un changement a lieu de votre côté ou du sien, soit la toxicité perdure jusqu'à épuisement, soit la relation se termine.

Le syndrome du sauveur

La relation du sauveur est toxique pour le sauveur et pour le sauvé. Il s'agit d'une relation où l'un des deux membres tient le rôle de sauveur, et l'autre tient celui de la personne qui est sauvée. Le sauveur veut selon ses mots « aider » l'autre à faire certaines choses. L'autre ne demande pourtant pas d'aide. Le sauveur veut donc imposer son aide à quelqu'un qui ne la demande pas. Avec insistance, il met une pression à l'autre pour qu'il accepte son aide. Si l'autre le repousse, le sauveur réagira en s'écrasant par une puissante culpabilité.

Les problèmes de cette relation concernent la tendance qu'a le sauveur à imposer son « aide » à une personne qui la rejette, à s'évertuer à aider quelqu'un qui s'obstine à s'auto-saboter, ou encore à vouloir apporter une aide qu'il n'est pas compétent à apporter à une personne précise. Il arrive par exemple que le sauver veuille aider une personne à résoudre ses problèmes psychologiques alors qu'il n'a aucune compétence pour y parvenir et que la personne en question ne s'implique pas activement dans son développement personnel.

Il existe deux types de relation toxique construite sur un schéma de sauveur :

1) Le sauveur qui veut imposer son aide à une personne. Il veut la sortir de ce qu'il voit d'un œil extérieur comme étant un problème mais la personne en question ne reconnaît pas la situation comme étant problématique. Le sauveur lui met alors la pression pour la sortir d'un problème qu'elle ne considère pas comme tel. Il sera alors seul à s'impliquer dans la résolution de celui-ci.
La solution, dans ce cas, consiste à voir quelle aide réelle vous pouvez apporter à la personne. Écoutez-la, questionnez-la. Ce qu'elle vous décrit comme étant un problème pour elle reflète son réel besoin d'aide. Demandez-lui quelle aide elle souhaite recevoir de votre part et jugez ensuite si vous êtes compétent ou non pour la lui apporter.

2) Le sauveur qui s'évertue à sauver un kamikaze. J'entends par là qu'il existe des relations où une personne essaye selon ses mots « d'aider » une personne qui fait de son mieux pour détruire sa propre existence et sombrer dans la débauche. Le sauveur se sent alors obligé de courir derrière le kamikaze, réparant une à une ses bêtises. Il s'épuise à lui apporter une aide durable et à lui construire

une situation confortable. Il suffit qu'il quitte des yeux le kamikaze pour que ce dernier s'empresse de retourner dans la débauche dont le sauveur l'a sortie. Le sauveur se vide de son énergie pour amorcer des changements qui n'ont aucun résultat durable dans la vie du kamikaze.

Si le sauveur ne parvient pas à aider le kamikaze à sortir de la débauche dans laquelle il vit, c'est parce que cette débauche se trouve dans le cerveau de celui-ci avant de se trouver dans son cadre de vie extérieur. Le problème vient de l'intérieur du kamikaze. Son extérieur a beau changer, dès qu'il le peut, il le modifiera à l'image de son intérieur à nouveau.

Selon le cas, le kamikaze peut prendre du plaisir à demander de l'aide au sauveur et à voir celui-ci s'épuiser pour rien. Il s'utilise lui-même comme un instrument pour faire mal au sauveur. Il détruit sa propre vie dans le but de punir le sauveur de quelque chose. Si le sauveur arrête de vouloir sauver le kamikaze, celui-ci risque de ne pas apprécier, car il aura dégradé sa santé sans pour autant arriver à ses fins.

Certains kamikazes ne prennent néanmoins aucun plaisir à voir leurs proches souffrir. Ils n'ont aucune intention sadique et vivent simplement à leur propre rythme d'auto-sabotage.

Si vous vous reconnaissez dans le comportement du sauveur, je vous encourage à jeter un œil au chapitre de ce livre concernant l'émotion de culpabilité.

Tout type de sauveur doit relever deux challenges principaux pour arrêter de souffrir de l'angoisse et de la culpabilité. Premièrement, le sauveur doit aider une personne qui souhaite bénéficier de son aide. S'il force l'autre, il pourra constater que son « aide » échoue et que l'autre le repousse car il se sent agressé. Il doit donc (dans le cas où il souhaite apporter son aide à l'autre) échanger avec celui-ci pour déterminer quelle aide il souhaite recevoir. Une fois que le sauveur et son interlocuteur se sont mis d'accord sur la nature de l'aide, il convient au sauveur d'évaluer sa compétence à apporter ce type d'aide.

Admettons que vous soyez un sauveur qui veut « aider » sa sœur à s'éloigner de ses amis qui, selon vous, ne sont pas bons pour elle. Vous avez tenté de lui dire de les quitter, mais toutes vos tentatives se sont soldées par un des échecs cuisants. Vous pouvez lui demander si elle souhaite bénéficier de votre aide dans sa vie. Si oui, que pourrait-elle attendre de vous ? Si elle vous dit qu'elle souhaite jouir de votre aide pour trouver ce qu'elle veut faire comme métier parce qu'elle se sent un peu perdue, cela n'a rien à voir avec ses amis que vous n'aimez pas, mais cela est important pour elle. À vous de juger si vous disposez des compétences nécessaires pour l'y aider ou non.

Le triangle dramatique ou triangle de Karpman

Le triangle dramatique est un schéma d'analyse transactionnelle évoqué par le psychiatre Stephen Karpman qui met en évidence les différents rôles que peuvent jouer les protagonistes d'une relation toxique. Les trois rôles sont les suivants : victime, bourreau et sauveur. Chaque membre d'une relation toxique, tant que celle-ci perdure, va incarner l'un de ces trois rôles. C'est l'incarnation de ces rôles qui permettra à la relation toxique de perdurer. Autrement, elle prendrait fin. Les personnes qui incarnent ces rôles n'en sont souvent pas conscientes. Elles jouent un rôle depuis tellement longtemps qu'elles se prêtent sérieusement au jeu, le prenant pour la réalité.

Le bourreau est celui qui persécute la victime. Il la punit et la corrige dès qu'elle agit « mal » selon lui. Le bourreau impose ses règles, il est persuadé de représenter la justice, de l'appliquer et de savoir mieux que quiconque ce qui est juste ou injuste. Se sentant au-dessus des lois, il justifie ses actes violents et immoraux par ses notions de bien et de mal, de « ce qui se fait » et de « ce qui ne se fait pas » ou de « ce que l'autre devrait faire ». Croyant donc incarner la justice, il prend du plaisir à infliger de la violence physique, verbale ou psychologique à la victime. Il est convaincu d'incarner la justice et que son comportement violent est légitime.

Le bourreau se comporte en figure d'autorité. Adoptant une posture parentale et très directive, il va essayer d'imposer ses lois à la victime. Il considère que ses lois ne sont dictées que par la logique universelle.

Il existe bien entendu plusieurs degrés de bourreaux, allant de la personne autoritaire et colérique par moments, au fou qui vous séquestre et vous poursuit dans la rue pour vous rattraper lorsque vous vous évadez.

La victime, quant à elle, est convaincue de son impuissance à régler définitivement ses problèmes. Elle se sent impuissante à tenir tête au bourreau (et elle a peut-être raison, car rien ne sert de lui tenir tête, mieux vaut s'en écarter et changer sa situation déplaisante. Elle espère que quelqu'un d'autre viendra la soulager de sa souffrance intérieure et extérieure. Elle attend l'aide d'un sauveur. La victime n'a pas un rôle sain pour elle-même, ni même pour autrui. Étant donné qu'elle attend que quelqu'un vienne la sortir de sa situation difficile, elle se sent impuissante à le faire seule. Ce sentiment d'impuissance injustifié lui crée des angoisses. Elle cherche inconsciemment à dominer l'autre en lui imposant de la secourir : « Je suis faible et toi tu es fort, tu dois m'aider ».

La posture de victime est utilisée par certaines personnes de manière permanente, mais aussi par les pervers narcissiques. Ils font du mal à la personne qui vit sous emprise, puis jouent le rôle de la victime devant le public pour se faire plaindre. Ils incarnent tellement bien cette prestation que le public prend la personne sous emprise comme étant le bourreau.

C'est là que le sauveur entre en jeu.

Le sauveur, nous l'avons vu plus haut, cherche des victimes à sauver. Il mobilise son énergie pour sortir la victime de sa souffrance en allant à l'encontre de la volonté de celle-ci et de celle du bourreau. En poussant ses tentatives de sauvetage à l'extrême, il peut prendre le rôle du bourreau à son tour, contraignant la victime à faire des choses « pour son bien » selon lui.

La victime, prenant son rôle trop au sérieux, peut devenir le bourreau du bourreau qui se transforme à son tour en victime. La frontière est mince entre le sauveur, la victime et le bourreau.

L'incarnation d'aucun de ces trois rôles n'est une stratégie qui permet de sortir de la relation toxique.

Le challenge de la victime est de prendre conscience de son pouvoir personnel et de le mobiliser au maximum pour s'en sortir. Elle peut chercher un soutien, un appui extérieur ou une aide thérapeutique mais c'est elle qui est responsable de son salut et non autrui. Pour sortir du rôle de victime, elle doit reconnaître sa part de responsabilité dans sa propre souffrance et dans sa situation. Même si cela dure depuis longtemps, elle doit avoir le courage de réprimer son égo et de choisir de s'en sortir par elle-même. Son challenge consiste à sortir du sentiment d'impuissance qui mène à la tristesse, pour le remplacer par le courage et la détermination qui mènent à la joie.

Le challenge du bourreau consiste à constater la réalité de ses faits : il est entièrement responsable de tous ses actes. La victime ne l'a pas obligé à agir en tyran. Il l'a fait de son plein gré et personne à part lui n'en est responsable. De plus, il a justifié ses actes violents comme étant le vecteur d'une loi supérieure. Cette loi existe dans son esprit et c'est lui-même qui a décidé d'appliquer la sanction gratuitement alors qu'il n'y était pas obligé. Il doit aussi dépasser sa colère et apprendre à la canaliser. S'il a toujours vécu avec elle, ce sera difficile car il la considère comme étant une partie de lui-même.

Tant qu'il n'a pas reconnu cela, il restera dans le rôle du bourreau.

Peut-être avez-vous l'impression de ne pas connaître d'autres types de relation que les relations toxiques que j'ai décrites ci-dessus ? Sachez que je n'exagère pas et que toutes ces relations comportent chacune une part de toxicité. Passons maintenant à la relation toxique par excellence : la perversion narcissique. Il s'agit d'une relation qui cumule tous les différents comportements toxiques listés précédemment.

CHAPITRE 15 :
LE MANIPULATEUR PERVERS NARCISSIQUE

Terminons le chapitre sur les relations toxiques par la relation d'emprise psychologique avec un manipulateur pervers narcissique. Nous verrons ensuite différentes stratégies pour le contrer et pour sortir définitivement des relations toxiques avant de finir sur des conseils pour créer des relations saines.

La relation de perversion narcissique est la plus toxique qui soit car elle ne comporte aucun lien non-toxique. Tout lien que vous aurez avec un pervers narcissique, même un simple échange verbal, sera toxique pour vous, surtout s'il vous a dans le collimateur. Il ne connaît que la manipulation et il est impossible pour vous de parvenir à toucher la personne qui se trouve derrière le personnage. Voyons ici comment reconnaître un pervers narcissique, comment comprendre son fonctionnement, et comment sortir de cette relation toxique.

Qu'est-ce qu'un pervers narcissique ?

Selon le dictionnaire Larousse : *pervers* signifie : « qui est enclin à faire le mal et qui le tente par des moyens détournés » et *narcissique* signifie : « qui porte un amour excessif à l'image de soi ».

L'association des termes « *pervers narcissique* » est donc utilisé pour qualifier une personne atteinte d'un trouble de la personnalité bien particulier. On peut le reconnaître aux signes suivants :

-   Il ne se remet jamais en question et accuse les autres personnes d'être responsables de ses propres actes ;

-   Il construit avec vous une relation à la fois fusionnelle et violente (physiquement ou psychologiquement) : il tient la place de votre meilleur ami et de votre pire ennemi à la fois ;

-   Il tend à vous éloigner de vos proches et à vous isoler ;

-   Il accapare toute votre attention de manière positive ou bien négative ;

-   Il utilise les autres personnes pour parvenir à ses fins ;

-   Il ment, triche et manipule les autres ;

- Il ne possède pas de personnalité propre : il change de visage en fonction de l'interlocuteur auquel il s'adresse ;

- Ses colères sont fréquentes et peuvent durer plusieurs jours ou semaines ;

- Il écrase les autres pour se sentir exister ;

- Il interprète la gentillesse comme de la faiblesse ;

- Il est impossible d'avoir une communication constructive avec lui : il déforme vos phrases et les retourne contre vous ;

- En société, il paraît doux et sympathique mais en privé, il est violent et destructeur ;

- Il ne tient pas ses promesses ;

- Sa vie se résume à une suite de conflits et il peut être récalcitrant quand il s'agit de se venger de quelqu'un, de le punir ou de rétablir la justice.

Voici les principaux traits de caractère propres aux pervers narcissiques. Aux yeux des personnes qui n'en ont jamais rencontré, il s'agit d'un mythe, d'un sujet de philosophie ou d'un mensonge.

Pour ceux et celles qui ont déjà vécu une relation d'emprise, en revanche, le phénomène est dangereux et bien réel.

Le pervers narcissique est bloqué dans son délire, c'est-à-dire dans sa vision du monde qui ne correspond pas à la réalité. Il est persuadé d'être plus intelligent et plus pur que les autres personnes, c'est pourquoi il les méprise et il refuse de se remettre en question. Les autres étant selon lui ses inférieurs, il ne se remettra pas en question suite à leurs suggestions. Il existe des hommes et des femmes ayant ce fonctionnement.

Il ne connaît pas le rapport d'égal à égal. Pour lui, dans une communication, il y a forcément un dominant et un dominé. C'est pourquoi chaque tentative de communication avec lui tourne au conflit. Il voit cela comme une tentative de votre part de le soumettre. Pour lui, les forts écrasent les faibles, alors il se construit un ego épais et infranchissable, une sorte de barrière censée dissimuler ses faiblesses.

Il/elle vit comme bloqué(e) sur la scène d'un théâtre. Tous ses comportements sont semblables à des prestations scéniques qu'il donne, dont la plupart ont pour seule utilité de vous manipuler ou d'entraîner d'autres personnes dans son délire. Par exemple : le pervers narcissique peut se mettre en colère contre vous concernant quelque chose d'insignifiant (un petit oubli de votre part ou une chose que vous n'avez pas faite « comme il faut »). À ce moment, il peut réagir en entrant dans une impressionnante colère qui n'a qu'une seule utilité : vous intimider. Il peut aussi se donner en spectacle, se dépeignant comme victime devant d'autres personnes, tout en sachant très bien qu'il inverse les rôles. Dans ces moments, il est en pleine prestation artistique, il interprète un rôle de manière très convaincante.

Cela est peut-être difficile à concevoir au départ, mais le manipulateur pervers narcissique peut occuper n'importe quelle place dans votre cercle social. Il peut s'agir d'un parent, d'un conjoint d'un collègue ou même d'un ami.

Je précise que l' association de termes *pervers narcissique* n'a pas de valeur médicale ni juridique. Les différents points cités ci-dessus ne constituent pas un diagnostic médical mais servent à vous mettre la puce à l'oreille concernant le phénomène du pervers narcissique et à vous permettre de mieux l'identifier.

Pourquoi le pervers narcissique se comporte-t-il comme cela ?

Tout d'abord, je suis tenté de vous dire qu'il agit ainsi parce que c'est dans sa nature. Un des pièges dans lesquelles tombent les personnes qui vivent une relation d'emprise est de croire que le visage gentil qu'il vous a montré au début de la relation est son vrai visage et que sa colère n'est que passagère. En fait, le vrai visage du pervers narcissique est constitué de la somme de tous ses masques. Il n'y en a pas un qui soit son identité propre et qui sorte du lot parmi les autres. Ses différents comportements sont juste ses moyens à lui d'employer une stratégie de manipulation émotionnelle, que ce soit conscient ou inconscient de sa part.

Il agit ainsi en fonction de sa manière de voir le monde. Refusant de reconnaître sa part de responsabilité dans la tournure chaotique que prend sa vie, il ne se remet pas en question et ne change pas.

Il agit ainsi car il souhaite obtenir de vous plusieurs choses, comme je le précise dans mon précédent livre « Pervers narcissique : l'identifier, le fuir, se reconstruire ». Tout d'abord, il cherche une personne dont il pourra vampiriser l'énergie. Pour cela, il a besoin d'avoir votre attention. Il fera tout ce qui est en son pouvoir pour que vos moindres pensées soient mobilisées dans sa direction : séduction, intimidation, menaces et reproches pour vous amener à culpabiliser.

Ensuite, il cherche un partenaire de conflit avec lequel il pourra pratiquer la joute verbale et la dispute. Il peut prendre ces disputes comme un jeu ou une discipline à laquelle il s'exerce pendant que vous vivez cela très mal. C'est dans le conflit qu'il se sent exister. Le conflit vous vide de votre

énergie tandis que lui s'en nourrit.

Il cherche également à obtenir de l'aide de votre part. S'il peut prendre votre argent, vos contacts professionnels, vos amis, votre temps ou votre force de travail, alors il le fera. Enfin, le pervers narcissique cherche une personne qui l'aidera à améliorer la qualité de son image sociale. Peu importe que votre relation soit chaotique en réalité, ce qui lui importe est la manière dont les autres le perçoivent. Il peut vous utiliser de manière positive en mettant en avant vos qualités, ou bien de manière négative en se plaignant de vous à autrui.

Le pervers narcissique tisse une toile autour de sa victime de sorte à ce que celle-ci se sente piégée lorsqu'elle veut s'échapper. Il l'isolera de ses proches, voire de sa région, et contribuera à créer de nouvelles angoisses afin que la victime n'ait plus la force de s'évader. Mais il reste de l'espoir ! Si vous êtes en démêlés avec un PN, les différentes stratégies que je vous donne pour contrer les émotions de souffrance sont faites pour vous débloquer psychologiquement et vous donner l'impulsion de partir.

Communiquer avec un pervers narcissique

L'emprise psychologique est la relation toxique par excellence. Elle ne comporte aucun lien sain et toute communication avec un PN revient à perdre votre énergie. Vous pouvez observer qu'un pervers narcissique ne connaît qu'un seul mode de communication : la manipulation émotionnelle. Chaque fois qu'il échange verbalement avec une personne, il a pour intention d'influencer les émotions de celle-ci. Il le fait de manière positive (pour séduire l'autre, pour s'attirer sa sympathie) ou négative (intimidation, injustices, reproches).

Les personnes qui discutent avec un pervers narcissique essayent alors de toutes les façons possibles de toucher son cœur, de lui faire comprendre les choses et entendre raison. Elles font de leur mieux pour y parvenir, mais toutes leurs tentatives se soldent par un échec : c'est peine perdue. Chaque fois qu'un des masques du pervers narcissique se fait contrer, un autre prend immédiatement le relais, de sorte qu'il est impossible de parler à la personne emmurée derrière le personnage. Par exemple : s'il vous accuse d'une chose que vous n'avez pas commise et que vous réussissez à prouver qu'il a tort, il passera de l'accusateur à la victime et se plaindra du fait que vous êtes toujours en train de le contredire.

Le problème survient quand vous vous évertuez à chercher la bonne manière de communiquer avec lui. Si vous ne la trouvez pas, c'est parce qu'elle n'existe pas. Il n'y a aucune bonne manière de communiquer avec lui. Peu importe la manière dont vous vous y prenez, vous serez confronté à l'échec car le problème ne vient pas de vous mais de lui. Il ne souhaite pas communiquer. Son intention est même de saboter toute tentative de communication sérieuse. Rien ne vous oblige à me croire, bien entendu. Je vous invite à vérifier cela par vous-même.

Tenant compte de ce fait, j'ai identifié trois positionnements précis que vous pouvez adopter lorsque vous communiquez avec un PN :

1. Vous jouez son jeu.

Le premier positionnement face à un pervers narcissique consiste à jouer son jeu. Cela signifie que vous répondez positivement à ses tentatives de manipulation émotionnelle. Lorsqu'il est auteur d'une injustice, vous vous mettez en colère. Lorsqu'il vous accuse ou joue la carte de la victime, vous vous sentez coupable. Lorsqu'il vous menace, vous avez peur, etc. Vous réagissez de cette manière lorsque vous n'êtes pas conscient du fait qu'il vous manipule.

Ce positionnement ne permet aucune communication sincère et authentique avec lui, surtout à compter du moment où il commence à vous considérer comme son ennemi.

2. Vous faites semblant de jouer son jeu.

Vous pouvez agir de la sorte lorsque vous avez pris conscience de la manipulation du pervers narcissique. Cela consiste à faire semblant de réagir comme d'habitude à ses tentatives de déstabilisation en faisant de votre mieux pour être convaincant. Vous pouvez adopter cette stratégie lorsque vous êtes coincé avec un PN et que vous voulez mener la danse sans qu'il se doute de rien. Par exemple, cette stratégie est utile si vous habitez avec lui et que vous avez prévu de déménager mais que vous ne voulez pas qu'il se doute de quelque chose, alors vous mimez que votre comportement n'a pas changé.

Ce positionnement permet d'avoir un semblant de communication avec lui.

3. Vous ne jouez pas son jeu et vous ne faites pas semblant de le jouer.

Ce mode de communication restreint vos possibilités de communication au simple côté organisationnel. Vous ne vous laissez plus manipuler par lui car vous savez que tout ce que vous lui direz sera déformé puis retourné contre vous. Quoi que vous disiez, il cherchera en permanence à impacter vos émotions, alors la meilleure stratégie consiste à ne plus échanger avec lui, ne serait-ce qu'un seul mot.

Ce troisième positionnement peut peut-être choquer certaines personnes car cela implique de rompre le contact avec un pervers narcissique, et il est possible que vous soyez attaché à lui s'il s'agit de votre conjoint ou d'un parent. Je vous parle de cette option car j'ai pu observer que tout contact avec un PN était toxique. Quoi que vous fassiez ou disiez, vous ne parviendrez pas à entrer en contact avec la personne qui est derrière le personnage. De plus, sa carapace aux multiples visages n'est pas agréable à côtoyer. Entre la dévalorisation, la séduction mielleuse, les propos incohérents et le chantage affectif, je n'ai trouvé aucun moyen d'arriver à discuter en adulte avec ce type de manipulateur.

J'ai remarqué aussi que les personnes impliquées dans une relation d'emprise peuvent souffrir lorsqu'elles essayent de faire comprendre quelque chose au pervers narcissique, ou bien lorsqu'elles cherchent « la bonne manière » de s'adresser à lui.

La souffrance vient alors du fait que vous croyez que vous devez trouver la bonne manière de vous adresser à lui pour établir une communication pacifique. Il vous influence d'ailleurs fortement dans cette croyance en vous disant que c'est de votre faute s'il s'est mis en colère. Il vous ment en vous disant que vous avez une part de responsabilité dans sa colère.

En fait, il n'existe pas de bonne manière de s'adresser à un pervers narcissique. C'est d'ailleurs pour cela que vous la cherchez sans la trouver. Son intention est le conflit et la manipulation, donc, quoi que vous lui disiez, il le pervertira pour le transformer en facteur de conflit. S'il souhaitait avoir la paix, alors ses actes engendreraient cette dernière.

La raison pour laquelle le pervers narcissique vous rend fou

Si vous avez côtoyé un pervers narcissique, vous l'avez peut-être remarqué : ses raisonnements logiques sont bancals et fallacieux, comme s'ils contenaient une part de faux entourée d'une part de vrai. C'est d'ailleurs pour cela qu'il est impossible d'argumenter avec eux. Il y a une case manquante dans leur logique.

Vous avez peut-être déjà entendu un PN utiliser ce genre de phrase :

« Tu m'as énervé ! »

« Tu m'as mis(e) en colère ! »

« C'est de ta faute si je t'ai insulté, parce que... »

« Regarde ce que tu m'as poussé à faire ! »

« Tu m'as fait faire telle chose. »

La totalité de ces phrases sont des mensonges, non au niveau des valeurs morales, mais à celui des mathématiques. Vous ne pouvez pas mettre quelqu'un en colère, ni lui « faire faire » quelque chose, ni le forcer à vous insulter s'il n'en a pas envie. C'est le pervers narcissique lui-même qui produit sa propre colère et qui prend la décision de vous insulter ou de vous manquer de respect. Vous ne l'avez pas prise à sa place.

En réalité, voici ce qu'il se passe lorsqu'un pervers narcissique vous crie dessus :

1. Vous faites quelque chose qui déplaît au manipulateur.

2. Il constate cette chose.

3. Il décide de se mettre en colère contre vous et peut-être de vous insulter.

4. Il applique sa décision et se met en colère.

Le problème dans son esprit est qu'il est dans le déni de l'étape 3. Il se considère comme une machine et non comme un être humain. Selon lui, si vous faites une chose précise (oublier une corvée ou bien faire quelque chose d'épanouissant pour vous), il est obligé de réagir d'une manière précise. Il se ment à lui-même en se persuadant qu'il ne peut pas choisir sa réaction : Si vous agissez de la sorte, alors il est obligé de réagir de la manière pré-programmée.

En tant qu'être humain, il a pourtant la capacité de choisir comment il va réagir à vos actions. Admettons que vous l'insultiez. Il peut choisir quelle sera sa réaction : entrer en colère, vous insulter en retour, rester calme, dialoguer, garder le silence, etc.

La preuve que c'est un mensonge est qu'il n'agit pas comme cela avec tout le monde. En société, il arrive très bien à se contenir.

C'est donc lui-même qui se met en colère en réaction à vos actes et il est responsable de sa colère : vous n'avez aucun pouvoir de le mettre en colère ni de le calmer contre son gré.

Comment être sûr que c'est un pervers narcissique ?

Le plus important n'est pas de s'assurer que la personne que nous côtoyons est bien un pervers narcissique, mais plutôt de constater la toxicité de la relation au niveau des faits. Qualifier l'autre de pervers narcissique peut vous permettre de prendre conscience de ce que vous avez vécu ou de ce que vous vivez actuellement et vous aider à chercher d'autres informations à ce sujet à l'aide de ce mot-clé.

Toutefois, pour décider de l'avenir que vous allez donner à la relation, rien ne vous oblige à diagnostiquer de manière sûre si l'autre est bien un pervers narcissique. Vous pouvez plutôt vous concentrer sur son comportement dévalorisant, violent, manipulateur, menteur et déstabilisant. Si ce comportement-là vous déplaît et que vous n'arrivez pas à l'amener à changer par la communication, alors cela signifie qu'il ne changera pas. Savoir s'il est PN ou non n'est pas indispensable pour constater que l'autre a un comportement toxique qui ne changera pas et décider de se placer à l'abri de lui.

Certains souhaitent aider ou guérir le pervers narcissique. Ils souhaitent le soigner de son trouble mental.

Vouloir aider le PN n'est pas un problème. Vous avez le pouvoir d'essayer de l'aider et d'apprendre de vos échecs. L'aspect problématique de la situation apparaît lorsque vous vous faites un devoir de sortir l'autre de la mouise dans laquelle il s'évertue à se plonger (et à vous plonger, accessoirement). Peut-être n'êtes-vous tout simplement pas compétent à aider l'autre à ne plus être un pervers narcissique et peut-être l'autre ne veut-il pas de votre aide, ni de celle d'un psychiatre, coach ou psychologue. Dans ce cas, vous n'avez simplement aucun pouvoir de le changer.

Ce que vit une personne sous emprise psychologique

La relation entre un manipulateur pervers narcissique et sa victime relève de l'emprise (c'est-à-dire la « domination intellectuelle ou morale » selon le dictionnaire Larousse). La personne est donc manipulée, de manière inconsciente la plupart du temps, par le PN qui mène la danse. La victime ne fait que suivre le rythme qui lui est imposé. Elle ne décide pas de ce que la relation va devenir, elle devient dépendante de son bourreau.

Voici en plusieurs points ce que vit une personne sous emprise. Cela pourra vous aider à mettre des mots sur ce que vous vivez ou avez vécu, ou bien à comprendre vos proches qui subissent ce type de relation. Je vous précise que ce test n'est en aucun cas un diagnostic médical. Il a pour utilité de vous mettre la puce à l'oreille afin que vous puissiez creuser le sujet ou vous faire diagnostiquer chez un professionnel compétent si vous le souhaitez.

Une personne sous emprise :

- Vit une relation assez particulière avec une autre personne (dans le cadre de la famille, des amis ou du couple) ;

- A le sentiment que personne ne pourra comprendre la relation particulière qu'elle partage avec le manipulateur ;

- Se pose une interdiction intérieure d'en parler et de s'en plaindre ;

- A peur des réactions du manipulateur et fait de son mieux pour calmer et adoucir celui-ci ;

- Éprouve un immense sentiment de culpabilité qui a peu à peu remplacé sa personnalité joyeuse d'avant la relation ;

- Est en état de remise en question permanente, n'a plus aucune « base » solide ni aucun fondement sur lequel construire sa personnalité, doute de soi, ne trouve plus de sens à sa vie, se cherche sans se trouver, ne sait plus ce qu'elle aime ni même qui elle est ;

- Vit avec l'autre personne une relation ambiguë qui comprend à la fois des éléments d'un couple, de la relation parent-enfant, amicale mais aussi de la relation d'ennemis.

- Ne se reconnaît plus depuis qu'elle vit avec l'autre personne : elle a le sentiment d'être l'ombre d'elle-même, ou bien d'être devenue une autre personne ;
- Accorde de l'autorité à l'autre de manière consciente, le voit intuitivement comme un supérieur ;
- Voit son champ des possibles se rétrécir, ne trouve pas d'issues positives et durables à sa situation ;
- A l'impression d'être entièrement responsable du malheur du manipulateur mais ne trouve aucun moyen d'agir sur celui-ci ;
- Vit des conflits violents (physiquement, verbalement ou psychologiquement) ;
- Elle a envie de résoudre ses problèmes mais exclue la possibilité de bannir le pervers de sa vie, ce qui serait pourtant la solution la plus logique pour y parvenir ;
- Vit peut-être une dépression ainsi des problèmes physiques somatisés ;
- A perdu contact avec certains de ses proches depuis qu'elle est en relation avec le PN ;
- Subit l'inquiétude de ses proches qui ne s'y prennent pas toujours très bien pour lui témoigner leur soutien ;
- Fait dépendre son bonheur du fait que le PN est en accord ou en conflit avec elle : elle n'arrive à être heureuse que si ce dernier est en bons termes avec elle.

Un autre moyen de repérer un manipulateur pervers narcissique est donc d'identifier notre propre état psychologique d'emprise. Sortir de l'emprise est un processus en plusieurs étapes que j'ai détaillé dans mon livre au sujet des pervers narcissiques.

Les personnes hypersensibles et empathiques sont les proies préférées des pervers narcissiques

Les personnes hypersensibles et empathiques sont les plus sujettes à la relation d'emprise pour plusieurs raisons. Tout d'abord, elles sont empathiques, donc perçoivent l'état émotionnel du pervers narcissique et veulent son bien (du moins avant de réaliser qu'une manipulation a lieu). La technique préférée du pervers narcissique pour faire du mal à une personne empathique et de lui faire croire qu'elle lui fait du mal. Se positionnant en victime, il accable l'autre de reproches, l'attaquant sur ses valeurs et se montrant en train de souffrir à cause d'elle. La personne empathique va donc vivre une intense émotion de culpabilité et commencera à se sacrifier dans le but de faire plaisir au pervers narcissique.

Ensuite, les personnes empathiques sont sensibles au conflit. Elles s'y sentent généralement mal à l'aise. Le pervers narcissique utilisera leur peur du conflit pour les intimider et faire pression sur elles. Étant engagées dans le couple ou dans la relation familiale, celles-ci risquent de mettre du temps à fuir.

Les personnes empathiques ont également du mal à dire non. Elles ont souvent l'impression de faire du mal à l'autre en refusant sa demande. C'est l'occasion idéale pour le manipulateur de profiter d'elles.

Elles ne croient pas non plus que la méchanceté gratuite puisse exister. Elles pensent que le pervers narcissique a des raisons d'agir ainsi et tentent en vain de justifier ses actes malveillants.

De plus, leur hypersensibilité peut rappeler la sienne au pervers narcissique. À la base, le PN a un fonctionnement très sensible mais s'est peu à peu enfermé dans une impénétrable couche d'ego. Il est attiré par l'hypersensibilité des autres personnes, croyant s'y reconnaître. Réalisant que vous n'êtes pas comme lui, il se sentira insécurisé face à votre spontanéité car il s'interdit d'exprimer la sienne, étant toujours dans le contrôle de ses moindres faits et gestes. Il essayera alors de vous rabaisser le plus possible pour, entre autres, se sentir sécurisé par sa position de dominant.

Enfin, les personnes hypersensibles sont généralement persévérantes, intelligentes et résistantes. Elles représentent pour le pervers narcissique des proies de qualité. Elles peuvent s'épuiser à essayer de le rendre heureux avant d'abandonner. Elles ont de la conversation et peuvent faire bonne figure en société.

Si vous êtes une personne empathique en relation avec un pervers narcissique, vous trouverez plusieurs clés de compréhension et des conseils pour sortir de la relation d'emprise dans le chapitre suivant. Des conseils utiles figurent également dans la partie de ce livre concernant la gestion des émotions.

SORTIR DE LA RELATION D'EMPRISE : SE LIBÉRER DU PERVERS NARCISSIQUE

Sortir de la relation d'emprise est un processus qui s'accomplit en plusieurs étapes. Il peut être long ou bref, cela dépend des attaches que vous avez le pervers narcissique et de vos souffrances émotionnelles. Pour certaines personnes, le simple fait de prendre conscience de la nature manipulatrice du PN leur permet de s'en détacher instantanément et de le fuir. D'autres ont besoin, pour arrêter de souffrir, de dépasser leur culpabilité, leur tendance à vouloir sauver le manipulateur, leur colère, leur angoisse et les problèmes liés au partage de garde des enfants.

Le parcours qui mène à la fin de la souffrance liée à une personne au comportement toxique vous est propre. Vous l'accomplissez à votre rythme personnel. Son but est de vous amener à vous retrouver et à vous décharger des tensions psychologiques liées à la relation. Généralement, ce parcours comporte quatre étapes.

1) La prise de conscience

La prise de conscience est le point de départ de votre libération psychologique. Il ne s'agit pas forcément ici de prendre conscience que l'autre est un pervers narcissique (car cela est difficile à identifier au départ), mais plutôt de réaliser que vous vivez une relation qui est toxique pour vous. Cette prise de conscience peut se faire en lisant des livres et des articles, en regardant des vidéos sur le sujet, ou encore en parlant à un proche qui est déjà passé par là.

Vous réalisez alors qu'il y a un problème au sein de votre relation et que vous n'en êtes pas entièrement responsable, contrairement à ce que vous croyiez. Ce que vous vivez n'est ni normal ni sain. Vous prenez conscience que depuis le début, vous sentiez que quelque chose était malsain dans votre relation, que vous aviez raison de vous y sentir mal, et que mettre des mots dessus permet de vous libérer d'un poids.

Cette prise de conscience est souvent suivie d'une période au cours de laquelle vous cherchez beaucoup d'informations sur le sujet des relations toxiques ou des pervers narcissiques pour mieux les comprendre. Elle prend fin lorsque vous avez réuni assez d'informations pour apaiser votre soif de compréhension et que vous sentez qu'il est temps d'agir. Vous avez compris des choses importantes sur votre situation et cela vous a soulagé sur le moment. Votre regard sur les choses a peut-être changé, mais votre relation avec le manipulateur est toujours en place. Il va donc falloir agir : vous adapter, la modifier ou bien fuir.

2) La prise de décision

Cette étape peut être rapide ou bien assez lente et durer plusieurs mois, voire plusieurs années. Certaines personnes, en comprenant à qui elles ont affaire, voient comme une évidence le fait que la relation n'est plus envisageable et sont instantanément décidées à y mettre un terme. Dans ce cas, la décision suit la prise de conscience. Dans d'autres cas, plusieurs questions doivent trouver leurs réponses avant que la décision puisse être prise.

Prendre une décision fermement ancrée est une étape majeure de votre libération. Cela consiste à être sûr à cent pour cent que vous voulez mettre un terme à cette relation. Bien entendu, il reste ensuite à appliquer cette décision, ce qui peut vous demander beaucoup d'énergie selon le cas (si vous avez des enfants, un mariage et une maison, cela peut être plus long que s'il vous suffisait de bloquer la personne sur votre téléphone pour terminer la relation).

Les deux points cruciaux pour prendre votre décision sont le dépassement de la culpabilité (la peur d'abandonner) et de la dépendance affective (la peur de l'abandon). Dans certains cas, si le pervers narcissique vous a séquestré, isolé et rendu dépendant de lui, il faut aussi braver votre angoisse et de ne pas hésiter à y laisser des plumes, à perdre certaines choses pour se retrouver soi-même.

Me concernant, j'ai déjà eu à fuir le domicile d'une personne au comportement pervers narcissique durant ma jeunesse. Encore scolarisé, j'habitais chez elle et je n'avais aucun moyen financier ni aucune famille chez laquelle me réfugier. Grâce à l'aide d'un éducateur, j'ai réussi à trouver un logement dans un foyer de jeunes travailleurs financé par le conseil général. Le jour où je me suisévadé de chez cette personne, j'ai renoncé à la totalité de mes possessions matérielles. Je suis parti avec un seul pantalon, trois boxers, deux t-shirts, une brosse à dents et quatre cigarettes. Arrivé dans mon logement, je n'avais quasiment aucune possession matérielle et pas d'argent, mais au moins j'étais libre.

Pour dépasser la lourde culpabilité qui peut vous lier au pervers narcissique, je vous invite à vous rendre au chapitre de ce livre concernant la culpabilité. Je vous y explique comment vous pouvez vous en libérer radicalement. Pour sortir de la dépendance affective au pervers narcissique, vous pouvez vous rendre au chapitre qui lui est consacré ainsi qu'à celui qui concerne la tristesse (n'hésitez pas à consulter la table des matières pour cela.

Prendre cette décision consiste à ne plus laisser une autre personne décider de la tournure que notre vie va prendre, à se libérer de l'emprise d'un tyran.

Voici quelques clés pour vous aider à la prendre.

Une relation avec le (ou la) pervers(e) narcissique est-elle compatible avec votre épanouissement ?

Tant que vous avez encore l'espoir de pouvoir améliorer votre relation avec le pervers narcissique, votre esprit est divisé entre votre désir de fuite et la volonté d'arranger les choses entre lui/elle et vous. Pour sortir de ce conflit intérieur, je peux vous conseiller d'éliminer toute trace de doute quant au fait qu'une relation saine avec lui est possible. Bien entendu, si vous êtes en danger physique face à un pervers narcissique, je vous encourage à faire le nécessaire pour vous placer en sécurité, et ce, même si vous avez encore des doutes. Vous pourrez les résoudre une fois que vous ne serez plus en danger.

Afin d'éliminer le doute, vous pouvez vous fixer comme objectif de voir si une relation saine pour vous est possible avec cette personne, qu'il s'agisse de votre conjoint(e), d'un membre de votre famille ou d'un(e) ami(e). Vous pouvez ensuite procéder à différents tests ? et voir quels résultats ils donnent :

- Essayez de faire tout ce que le pervers narcissique vous demande afin de le contenter et de jouir d'une bonne entente au sein de la relation. Cela fonctionne-t-il ou bien n'est-il jamais satisfait ? Y parvenez-vous encore ou bien n'arrivez-vous plus à vous forcer ?

- Communiquez avec lui. Discutez de ce qui ne vous plaît pas et demandez-lui s'il peut faire des ajustements dans son comportement. Cela donne-t-il du résultat ou bien toute tentative de communication est-elle vouée à l'échec avec cette personne ?

- Tentez de communiquer de toutes les manières possibles : parlez-lui calmement en communication non-violente, exposez-lui vos besoins, suppliez-le de vous écouter, pleurez devant lui pour lui montrer à quel point vous souffrez, mettez-vous en colère et criez-lui dessus, justifiez-vous, essayez de rétablir la vérité et de lui faire comprendre ce qui est important pour vous, et persévérez. Essayez d'appliquer plusieurs fois chacune de ces stratégies. Si vous n'obtenez aucun résultat, alors vous saurez que vous avez absolument tout tenté pour arranger votre relation. Si vous avez fait de votre mieux pour que la relation corresponde à vos besoins de sécurité, d'épanouissement et de liberté et que rien n'a changé, alors vous avez le droit d'aspirer à mieux en dehors de la relation et de décider de fuir.

- Proposez une thérapie de couple au pervers narcissique ou amenez-le voir un thérapeute. Est-il d'accord pour s'y rendre ? S'il s'y rend, dit-il la vérité au thérapeute en question ou bien lui ment-il ?

- Vous pouvez aussi tester toutes vos meilleures idées du moment pour le faire réagir si cela vous tient à cœur. Quel qu'en soit le résultat, il sera positif pour vous. Soit vous arriverez à vous sentir enfin respecté et en sécurité dans votre relation, soit vous aurez éliminé le doute et vous vous pourrez prendre la décision de fuir.

Bien entendu, si vous partagez votre quotidien avec une personne au comportement pervers narcissique, il est probable que vous ayez déjà testé toutes les idées précitées. À vous de voir si vous souhaitez continuer d'essayer ou si vous souhaitez accepter votre impuissance à produire un changement dans son comportement.

Vous est-il possible de vous sentir en sécurité dans la relation avec le pervers narcissique ?

Qu'on le veuille ou non, nous avons besoin de nous sentir un minimum en sécurité dans nos relations. La sécurité n'est pas un simple désir mais un besoin. La preuve en est : dès lors que vous ne vous sentez plus en sécurité, vos pensées s'agitent pour trouver un moyen d'arranger cela.

La relation d'emprise est tout sauf sécurisante. Vous ne savez jamais dans quel état vous allez trouver le manipulateur avant de le voir : va-t-il être gentil avec moi, indifférent, ou bien s'énerver pour quelque chose que je ne pouvais pas anticiper ? Qu'il le fasse consciemment ou non, il agit dans le but de vous déstabiliser et de vous influencer à angoisser. Si ce paramètre ne change pas, logiquement, avec le temps, vous finirez par prendre la décision de vous éloigner du PN pour pouvoir reposer votre esprit.

Constater sa manipulation et sa malveillance

Un bon moyen de prendre la décision de quitter le pervers narcissique consiste à constater sa manipulation et sa malveillance. Que ce soit conscient ou non de sa part, il agit pour perturber vos émotions en permanence. Son but n'est pas votre bonheur, mais la satisfaction de ses désirs au détriment de votre santé mentale (et parfois même de votre santé physique). Il joue un rôle lorsqu'il se met en colère ou pleure devant vous. C'est une représentation qu'il donne, un jeu d'acteur exercé dans la vraie vie, le PN étant à la vie comme il est à la scène.

Si vous ne me croyez pas, alors attendez son prochain caprice et pendant un instant, prenez du recul pour constater le grotesque de la scène. Regardez cet adulte qui se tient devant vous agissant

comme un enfant gâté. Regardez-le s'énerver, trépigner, faire des grimaces sous le coup de la colère et des pleurs. Observez son visage se déformer pour mimer des expressions liées aux émotions. Voyez ses mimiques disgracieuses et sa posture corporelle et prêtez attention à son discours fou et incohérent.

Plus vous pratiquerez cet exercice, plus il vous sera facile de faire tomber le « charme » qui vous unit à lui. Voyez-le jouer un comportement dans toute sa splendeur. Qu'il le fasse exprès ou non, il n'a aucun besoin de parler, de pleurer et de crier comme il le fait. La seule utilité de ces gestes est d'impacter votre émotionnel.

Vous avez le droit d'avoir une liste de critères pour vos relations sociales

Un autre moyen de prendre votre décision est de réaliser que vous le droit d'avoir une liste de critères d'exigence concernant vos relations sociales (familiales, conjugales, amicales ou professionnelles). Le pervers narcissique vous rabaisse tellement que vous en oubliez que vous avez le droit d'être exigeant quant à la qualité de vos relations. Avec lui, vous avez l'impression de ne pas avoir de valeur, que sa présence dans votre vie est un honneur qu'il vous accorde.

En réalité, il n'en est rien.

Je vous encourage à devenir exigeant et sélectif quant aux personnes que vous allez côtoyer dans votre journée. Sur vingt-quatre heures, vous êtes réveillé en moyenne seize heures et quarante-cinq minutes par jour. Les personnes que vous allez côtoyer dans ce laps de temps impacteront votre énergie de manière positive, négative ou neutre. Ces échanges d'énergie influent sur vos pensées et vos émotions qui influent sur vos actes. Et vos actes décident de ce que va devenir votre vie. S'entourer de personnes positives et neutres est donc capital à votre bien-être présent et futur.

L'étape la plus difficile est de parvenir à prendre la décision fermement ancrée de fuir le pervers narcissique. Mon avis concernant cette décision est que face à un pervers narcissique, celle-ci est inéluctable. Toute tentative de combat échoue (donc il est impossible de l'amener à modifier son comportement de manière positive pour vous), et votre capacité adaptative a des limites. Vous pouvez vous adapter et renier vos besoins pour le bien-être du PN pendant un temps, mais il y a forcément un moment où cela ne fonctionne plus. Il ne vous reste alors plus qu'à prendre vos distances avec la-personne-sans-laquelle-quatre-vingt-pour-cent-de-vos-problèmes-seraient-réglés a.k.a. alias le pervers narcissique.

3) Appliquer votre décision - la fuite

Appliquer votre décision de fuite consiste à couper cent pour cent des liens que vous avez avec le pervers narcissique, voire un peu moins si vous avez un enfant en commun. Dans ce cas, vous pourrez limiter vos communications à l'écrit et aux considérations strictement pratiques pour les enfants. Pour plus de conseils concernant la fuite, reportez-vous à mon livre *Pervers narcissique : l'identifier, le fuir, se reconstruire.*

La fuite n'est pas une stratégie de lâche, contrairement à ce que beaucoup croient. Dans certaines situations, c'est même la stratégie la plus intelligente que vous pouvez employer, notamment dans la relation d'emprise. Si combattre est voué à l'échec et que vous adapter ne vous apporte rien en

retour, il ne vous reste plus qu'à simplement prendre vos distances avec la personne la plus désagréable à côtoyer que vous connaissiez. Cela relève de la logique et de l'intelligence davantage que de la lâcheté.

Voici les différents points clés de la fuite :

- Vous extraire du cadre de vie physique du manipulateur (déménager si vous vivez avec lui). Cela vous évite d'être exposé à son énergie négative et à son harcèlement et vous permet de retrouver un lieu de vie dans lequel vous êtes en sécurité.

- Le bloquer des réseaux sociaux et de votre téléphone. Si vous avez un enfant en commun avec lui, gardez le contact par mail uniquement et ne répondez qu'aux demandes concernant le partage de garde en ignorant ses provocations.

- Parler à vos proches qui le connaissent personnellement, leur expliquer que vous avez rompu et que vous ne voulez plus entendre parler de lui, que vous refusez qu'ils vous transmettent des messages de sa part. Si vous le souhaitez, vous pouvez leur expliquer que cette personne vous a fait du mal et leur demander de ne pas répondre à ses appels et messages.

- Ne plus répondre à aucun de ses messages. Chaque fois que vous lui répondez, vous alimentez le moteur du mécanisme d'emprise qui est présent en vous. Une sorte d'excitation malsaine s'empare de vous, vous poussant à répondre et faisant naître dans votre organisme une émotion liée à la souffrance et à l'obsession. Le seul moyen de casser ce schéma consiste à bloquer le pervers narcissique et à ignorer ses messages une bonne fois pour toutes.

Divorcer et vous séparer au plus vite des biens communs pour ne plus garder de lien avec lui (ou liquider votre entreprise en commun dans le cas où le PN est votre associé).

Un bon moyen de fuir consiste donc à mettre en place des actions symboliques pour vous libérer, comme par exemple lui annoncer que c'est fini entre vous et vous y tenir même si cela est difficile parce qu'il s'agit de la meilleure option pour vivre un futur heureux, le bloquer des réseaux sociaux, poser une main courante ou bien déménager.

Chacune de ces actions symboliques vous permettra de vous libérer d'un lourd poids.

Je précise que chaque personne avance à son propre rythme. Il n'y pas de rythme que vous « devriez » arriver à suivre : faites les choses au rythme qui vous est propre sans vous mettre de pression inutile.

Contrer un pervers narcissique : une stratégie d'expert

Cette stratégie de fuite est particulièrement utile aux personnes qui souhaitent fuir un pervers narcissique tout en habitant chez lui. Si c'est votre cas, vous êtes probablement confronté à un problème de taille : si vous lui dites que vous souhaitez quitter le domicile, il est probable qu'il vous mette des bâtons dans les roues, rendant votre fuite plus compliquée qu'elle ne l'est déjà.

J'ai une solution à vous proposer. Elle est très efficace pour pouvoir sortir d'un huis-clos avec un manipulateur pervers narcissique.

Cette stratégie repose sur le fait que le pervers narcissique a une énergie violente et conflictuelle. Il vit par la guerre. Cette donnée est importante à prendre en compte pour établir une stratégie solide. Cela signifie que si vous lui déclarez la guerre, que vous la gagniez ou que vous la perdiez, il vous épuisera. Si vous tentez de changer sa nature pour l'apaiser et le rendre non-violent, vous aurez de grandes chances d'échouer également. Rien ne vous empêche d'essayer si vous le souhaitez, mais cette stratégie est utile lorsque vous êtes à court d'idées.

Étant donné qu'il vit par le conflit et s'en nourrit, autant accepter que la nature du PN est violente et ne pas essayer de la changer.

Ici, nous allons choisir la cible de la violence. Nous allons donc accepter son comportement malfaisant et colérique, mais nous allons choisir dans quelle direction il va canaliser sa colère.

Concrètement, je vous conseille de créer un leurre qui va occuper le pervers narcissique pendant que vous préparez votre plan d'évasion secret.

Vous pouvez observer que le manipulateur n'apprécie pas que vous soyez joyeux et épanoui. Chaque fois que c'est le cas, il dit ou fait quelque chose dans l'intention de vous déstabiliser et de faire baisser votre niveau émotionnel. Je vous conseille donc de lui faire croire que vous avez un projet qui vous permet de vous épanouir et d'être pleinement joyeux, voir même de vous autonomiser pour au final ne plus dépendre de lui. Vous pouvez lui raconter que vous voyez de nouveaux amis qui vous proposent de faire des activités avec eux ou bien que vous postulez à une nouvelle offre pour avoir un travail épanouissant à tous les niveaux. Pour que cela fonctionne, il faut que votre leurre remplisse plusieurs critères. Il doit être :

Épanouissant : vous allez faire croire au PN que votre prochain projet vous apporte de la joie et du contact social ;

Autonomisant : votre projet en question est censé vous permettre de vous affranchir un peu plus de son emprise (en vous apportant de l'argent, de nouveaux amis, ou l'occasion de voyager) ;

Crédible : n'hésitez pas à lui en parler souvent, à vous enfermer dans votre chambre pour faire semblant de travailler dessus, ou encore à vous absenter en simulant que votre absence est en rapport avec votre projet.

Destructible : il faut que le pervers narcissique ait l'impression d'avoir une chance de saboter votre projet. Dites-lui par exemple que vous avez un entretien d'embauche le lendemain et que vous avez besoin d'être en pleine forme pour cela, et qu'il ne faudrait surtout pas qu'il y ait une dispute ce soir. Ça lui fera croire qu'il a une chance de saboter votre unique chance de libération.

Beaucoup de personnes ont du mal à croire que le pervers narcissique a réellement l'intention de nuire et de faire du mal à sa victime, pourtant c'est le cas. Je ne dis pas que c'est conscient de sa part, mais dans les faits, face à un PN, vous pouvez observer la chose suivante : dès lors que vous êtes heureux, enthousiaste, spontané et joyeux, quelque chose se passe ensuite en lien avec le manipulateur et votre joie retombe. Bien entendu, il ne vous dit pas clairement que votre joie le dégoûte, mais il agit de manière détournée pour faire baisser votre taux vibratoire.

Le but de cette stratégie est d'utiliser cette tendance au sabotage du PN contre lui. Vous allez donc lui mentir en lui faisant croire que vous travaillez sur un plan vous permettant de vous sortir de son emprise. Logiquement, il fera de son mieux pour saboter votre plan sans en avoir l'air. Pendant ce temps, vous pourrez travailler dans l'ombre sur votre réel plan d'évasion sans qu'il ne se doute de rien. Préparez votre déménagement sans le prévenir en utilisant le leurre comme couverture.

J'ai conseillé cette technique à de nombreuses personnes en consultation de coaching et elle a toujours porté ses fruits.

4) Se reconstruire

La reconstruction est la dernière étape d'une relation d'emprise et il s'agit de la plus longue. Elle commence dès que vous êtes sorti des griffes du manipulateur et que le danger est écarté.

Se reconstruire consiste à apaiser votre esprit, à vous défaire de toutes les croyances qui vous limitent relativement à cette relation passée, et à comprendre et apaiser vos émotions de souffrance.

Il existe deux moyens de se reconstruire. Le premier consiste à améliorer votre cadre de vie, à vous recréer une vie sociale, à découvrir vos passions et à monter des projets motivants. Vous vous déployez peu à peu dans le monde, devenant acteur de votre vie. Le deuxième moyen consiste à comprendre et dépasser vos émotions de souffrance. Après une relation d'emprise, il est probable que certains traumatismes ou conditionnements vous empêchent d'être totalement vous-même. Chacun d'entre eux représente un challenge qui vous permettra de passer à l'étape suivante de votre vie.

La reconstruction se fait en grande partie au travers de vos relations avec d'autres personnes. Les relations ont le pouvoir de réveiller en vous des mécanismes psychologiques qui étaient jusque-là endormis, ou bien d'appuyer là où ça fait le plus mal. Une fois la souffrance activée, il ne vous reste plus qu'à l'observer et à vous entraîner pour la dépasser à votre rythme.

Le conditionnement fondateur de l'emprise

Une personne qui vit une relation d'emprise ne parvient pas à être pleinement heureuse et détendue tant que le manipulateur n'est pas pleinement en accord avec elle. Son bonheur dépend des réactions du pervers narcissique : s'il est en accord avec elle, alors elle s'autorise à se détendre psychologiquement. S'il est en désaccord avec elle, alors elle fera ce qui est en son possible pour adoucir les pensées de son bourreau.

La personne manipulée par un pervers narcissique a posé une condition à son bonheur : elle ne peut s'autoriser à exister pleinement que si le manipulateur est en accord avec elle. Elle ne s'autorise donc à être heureuse que si son bourreau est d'accord pour qu'elle le soit.

Ce mécanisme mental est un piège et ne mène qu'à la souffrance. Plus la relation d'emprise s'installe, plus le PN va renforcer ce conditionnement chez sa victime à coup de chantage affectif et d'ascenseurs émotionnels, et moins il va être en accord avec le fait que sa victime soit heureuse. Donc, plus l'emprise se resserre, moins vous avez de chances d'être en accord avec le manipulateur, et moins vous avez de possibilité d'exister. Cela se traduit par une intense émotion d'angoisse ou de culpabilité qui vous écrase de son lourd poids dès lors que surgit dans votre esprit une idée épanouissante.

La première solution à appliquer pour sortir de ce conditionnement est de bannir le pervers narcissique de votre cadre de vie. Cela vous permettra d'apprendre petit à petit à revivre sans obéir à une autorité extérieure. Toutefois, ce n'est pas pour cela que le conditionnement est forcément levé dans sa totalité.

Il se lèvera progressivement tout au long de votre parcours de vie. À chaque fois que vous souhaiterez suivre votre cœur et que votre mental s'y opposera, vous vivrez une occasion de trouver comment surpasser votre conditionnement.

Comment libérer votre esprit après une relation d'emprise

Les actes de reconditionnement sont à ma connaissance le meilleur moyen de sortir d'un conditionnement et de libérer son esprit.

Lorsque vous vivez en compagnie d'un manipulateur pervers narcissique, vous vous conditionnez à lui obéir et à vous soumettre à ses caprices par peur du conflit, de l'intimidation, de l'abandon, de subir des reproches, ou encore de perdre son amour dont vous croyez dépendre. Cela signifie que vous avez l'impression que si ces choses que vous redoutez arrivent, alors vous ne serez pas heureux.

Une des formes de conditionnement les plus destructrices est la croyance que vous ne pouvez pas être heureux si vous vous retrouvez confronté à une situation précise. Par exemple, une personne qui a peur de l'abandon a la croyance qu'elle ne peut pas être heureuse si elle se fait abandonner. Elle essayera donc par tous les moyens d'éviter d'avoir à vivre pleinement une situation d'abandon quitte à « accepter l'inacceptable ».

Un moyen efficace de se reconditionner consiste à vivre la situation que vous souhaitez éviter de vivre et de réussir à trouver votre apaisement dedans. Cela peut prendre plusieurs mois pour y parvenir. Il peut arriver qu'une montée de courage vous pousse à affronter votre peur parce que vous sentez que c'est la bonne chose à faire, ou bien que la vie vous force à l'affronter même si vous avez tout fait pour l'éviter. Dans les deux cas, vous vous retrouvez confronté à La-situation-dans- laquelle-vous-n'avez-pas-le-droit-d'exister. Pourtant, vous êtes en train de la vivre. Votre esprit vit alors une incohérence logique : il est en train d'exister dans une situation dans laquelle il croit ne pas pouvoir exister.

Si cette situation ne peut pas être évitée, vous serez alors obligée de la vivre et si elle ne représente pas un danger réel pour vous, alors vous finirez par vous détendre et aimer à nouveau votre quotidien.

Certaines situations que nous redoutons, voyez-vous, sont semblables à un bain chaud. Lorsque vous trempez votre première jambe dans le bain, il est probable qu'à cause du contraste de température entre l'eau et l'air, vous soyez tenté de l'en retirer, croyant que l'eau est trop chaude. Si vous choisissez de maintenir courageusement votre jambe dans le bain, vous pouvez constater qu'il n'est en réalité pas trop chaud, mais tout juste à la bonne température. Vous pouvez alors vous y détendre.

L'esprit réagit de la sorte face à certaines situations. Il essaye du mieux qu'il le peut de les éviter. Lorsqu'il se retrouve plongé dedans, il peut alors, au fil des jours, des semaines ou des mois, constater que cette situation n'est en réalité pas dangereuse et qu'elle ne l'empêche en rien d'atteindre ses objectifs important dans la vie. Ceux-ci sont toujours accessibles, même après avoir été abandonné, humilié, trahi, impuissant, ou encore en situation d'échec.

CHAPITRE 16 :

SORTIR DES RELATIONS TOXIQUES : 13 STRATÉGIES DE CONTRE- MANIPULATION

Voici une série de clés de compréhension et d'outils qui vous permettront d'être imperméable à toute tentative de manipulation émotionnelle.

Stratégie #1 : les autres ne pensent pas forcément comme vous

Cela peut paraître logique, mais de nombreuses personnes n'ont pas totalement intégré ce concept et vivent des relations toxiques à cause de cela. Les autres personnes ne fonctionnent pas forcément de la même manière que vous.

Le fait de croire que les autres ont la même manière de se comporter que vous, les mêmes priorités ou les mêmes intentions à l'égard des autres personnes, peut vous amener à tomber dans une relation toxique de plusieurs manières différentes.

Vous pouvez partir du principe que l'autre personne est honnête, franche et bienveillant tout comme vous. Si ce n'est pas le cas, vous croirez l'autre bien intentionné alors qu'il ne l'est pas, vous suivrez ses conseils, vous vous remettrez en question suite à ses reproches et vous lui ferez confiance. L'autre n'est pas fondamentalement malveillant, loin de là, mais certaines personnes n'ont pas de bonnes intentions à votre égard. Reconnaître ce fait vous permet d'apprendre à connaître l'autre avant de lui faire confiance aveuglément et de rester sur vos gardes pour ne pas entamer de nouvelles relations toxiques.

Vous pouvez entrer dans un processus d'autodestruction psychologique. Admettons que vous ayez pour habitude de ne parler avec certitude que lorsque vous avez de l'expérience dans un domaine. Par exemple : vous êtes expert dans votre métier donc vous vous permettez d'exposer votre expertise avec certitude.

Si une autre personne vous fait des reproches ou bien vous explique comment vous devriez vous comporter (selon lui) sur le ton de la certitude, alors il est probable que vous accordiez du crédit et de l'autorité à ses paroles. Si ses conseils ne sont pas bons pour vous, alors vous souffrirez en essayant de les appliquer.

Peut-être ne parlez-vous avec certitude que lorsque vous avez de l'expérience dans un domaine. D'autres personnes, quant à elles, parlent sur le ton de la certitude sans pour autant que leurs propos soient appuyés par leur expérience de vie. Elles peuvent être sûres de quelque chose qui est faux, contrairement à vous. Avant d'accorder du crédit aux paroles d'une autre personne, vérifiez si ses propos sont en accord avec la réalité ou sont bons pour vous.

En partant du principe que les autres personnes fonctionnent de la même manière que vous, vous pouvez vivre des relations basées sur des illusions. Cela cause de la souffrance car vous vous attendez à ce que l'autre ait un comportement précis en accord avec vos attentes, mais ce n'est pas le cas.

Il est probable que vous entamiez une relation de couple en croyant que votre partenaire a les mêmes attentes et désirs que vous concernant la relation. Si ce n'est pas le cas, vous vous en rendrez compte tôt ou tard. Vous vous retrouverez face à une incompréhension car vous pensiez que les choses allaient se dérouler d'une certaine manière, alors qu'en réalité elles prennent une tournure tout à fait différente.

Prendre le temps de discuter avec votre partenaire à propos de vos attentes est un principe fondamental pour réussir votre relation de couple. Cela vous permettra de voir si vous êtes compatibles avant de vous engager ensemble.

Les pervers narcissiques sont eux aussi persuadés que les autres personnes pensent de la même manière qu'eux, du moins en ce qui concerne la trahison. Bien qu'ayant le sentiment d'être supérieurs aux autres, ils croient que ces derniers ont l'intention de les piéger et de les trahir. Cela est parfois difficile à comprendre pour leurs victimes, mais les pervers narcissiques utilisent les autres pour satisfaire leur intérêt personnel et trouvent cela normal. C'est pour cette raison qu'ils soupçonnent autrui de faire la même chose qu'eux.

Pour éviter de vivre une relation toxique, dans ce cas, il faut prendre en compte le fait que les autres personnes ont un fonctionnement psychologique totalement différent du vôtre. Apprenez à les connaître et à voir comment elles se comportent avant de croire quoi que ce soit à leurs propos.

Stratégie #2 : identifier et couper les liens toxiques

Le meilleur moyen de sortir d'une relation toxique est d'identifier les liens toxiques et de les couper. Vous verrez ensuite s'il reste quelque chose de la relation. Certaines relations comportent des liens toxiques (manipulation émotionnelle, communication agressive, attentes irréalistes) et des liens sains (soutien, communication, affection).

Je sais qu'il peut être difficile de prendre la décision de mettre un terme à une relation toxique, tout comme celle de vous y maintenir.

L'alternative que je vous propose est de couper tous les liens toxiques que vous partagez avec une personne. Utilisez les différentes stratégies présentes dans ce livre pour y parvenir. Dans le cas où la relation est entièrement toxique, le fait de couper tous les liens vous amènera à terminer la relation. Autrement, si votre relation comporte des liens sains ainsi que des liens toxiques, votre relation pourra perdurer.

Le but de cette stratégie est de vous faire passer à nouveau en premier. Vous refusez de vous oublier pour l'autre ou bien de tolérer quelque chose qui active votre souffrance. Si votre relation vous tirait vers le bas, elle serait amenée d'elle-même à se terminer, sans même que vous preniez cette décision. Vous pourrez juste faire le constat que votre relation n'a plus aucun sens ni aucune logique dans votre vie actuelle. Elle se terminera naturellement, comme le fruit trop mûr qui tombe de l'arbre, sans que nous ayons à tirer dessus pour le cueillir. En revanche, si votre relation comportait des liens toxiques et des liens sains, vous pourrez simplement y modifier ce qui ne vous convient plus à vous ni à votre partenaire, ce qui vous fera prendre un nouveau départ.

Stratégie #3 : amorcer une communication non-violente

Communiquer est le meilleur moyen d'éviter les relations toxiques. Cela consiste à voir si un terrain d'entente commun existe entre l'autre personne et vous-même. Ce terrain d'entente commun doit vous convenir à vous, tout en convenant à votre interlocuteur. Il doit également être en accord avec la réalité. Pour cela, il convient de discuter avec l'autre pour voir s'il est possible de vous

mettre d'accord avec lui.

Avec certaines personnes, il est possible de se mettre d'accord. C'est là que la communication porte ses fruits. Avec d'autres en revanche, cela est impossible. Vous n'avez donc aucun intérêt à entamer une relation avec ces gens-là car celle-ci sera obligatoirement toxique.

La communication est la base de toute relation saine. Si vous n'avez pas l'habitude de communiquer, cela peut être difficile pour vous au début. S'ouvrir à l'autre n'est pas toujours facile, surtout si nous ne l'avons pas fait depuis longtemps (ou bien si nous ne l'avons jamais fait).

Je pars du principe que certaines personnes sont réceptives à la communication à différents degrés, tandis que d'autres y sont complètement fermées. Amorcer une communication non-violente vous servira donc à vous entraîner à communiquer tout en évaluant à quel point l'autre personne y est réceptive. Ce mode de communication est conçu de sorte à vous donner le maximum de chances de comprendre l'autre et d'être compris. S'il ne fonctionne pas au bout de plusieurs tentatives, vous pourrez au moins être certain que vous avez fait de votre mieux.

Le mode de communication non-violente que je vous propose est constitué de six étapes :

1. Préparez la demande que vous souhaitez formuler à votre interlocuteur (parent, ami, conjoint, client ou autre). Ciblez un point précis que vous voulez aborder.

2. Assurez-vous de la disponibilité de votre interlocuteur. Demandez-lui s'il est disposé à vous écouter maintenant ou bien à un autre moment de la journée.

3. Exposez-lui votre sentiment en parlant au « je », en vous adressant à la première personne. Par exemple : « Lorsque tu me parles sur le ton de la colère, je me sens en insécurité et j'ai peur de toi », ou bien : « Lorsque tu sors avec tes amis tous les week-ends, je me sens délaissé et je suis triste ». Il ne s'agit pas de faire du chantage affectif, mais simplement d'exposer votre ressenti, sans pour autant utiliser vos émotions comme un moyen de pression.

4. Formulez ensuite une demande : « Serait-il possible que tu ne me parles plus sur le ton de la colère, que tu me dises les mêmes choses, mais sur un ton calme ? », ou bien : « Es-tu d'accord pour passer un ou deux jours de plus par semaine avec moi tout en continuant à voir tes amis durant les autres jours? ».

5. Demandez à votre interlocuteur comment il se sent suite à votre demande et ce qu'il en pense.

6. Persévérez. Communiquer demande de s'ouvrir l'un à l'autre. Plus vous allez communiquer, plus vous deviendrez compétent en communication. Certaines fois, il est nécessaire de répéter plusieurs fois quelque chose à quelqu'un pour qu'il le comprenne.

La communication demande un équilibre entre les deux interlocuteurs. Son but n'est pas de convaincre ou de dominer l'autre mais de chercher un terrain d'entente commun qui pourrait exister entre vous deux. Communiquer de cette manière vous permet donc d'avoir une approche pacifique et de faire votre pas vers l'autre.

Dans une relation toxique, il n'est pas toujours possible d'établir une communication avec l'autre. Vous pouvez tenter de communiquer avec lui, mais il n'y sera pas forcément réceptif. Les pervers narcissiques par exemple, ne vous écoutent que pour vous répondre, retournent vos propos contre vous et refusent de se remettre en question. Il est donc possible de bavarder ou de se disputer avec eux, mais pas d'établir une communication profonde et pacifique. Le fait d'utiliser la communication non-violente vous permettra de vérifier si l'autre personne est apte ou non à communiquer.

Stratégie #4 : Comment faire changer l'autre ?

Certaines personnes, après avoir pris conscience de la toxicité de leur relation, ont le réflexe de vouloir changer l'autre ou de l'aider à ne plus avoir un comportement toxique. Ces personnes peuvent rencontrer une sorte de blocage psychologique, et pensent en boucle à ce qu'elles pourraient faire pour aider l'autre à aller mieux ou à être heureux. Le blocage est surtout présent lorsque le moyen qu'elles utilisent pour aider l'autre consiste à modifier leur propre comportement.

Une personne voulant aider son partenaire de relation à sortir de son comportement toxique va donc essayer de se changer lui-même dans le but d'engendrer un changement dans le comportement de l'autre. Elle va donc tenter de s'autodétruire en croyant que ce processus fera du bien à l'autre. En général, cela n'a aucun effet positif durable, ni en vous, ni en l'autre ; et même si le fait de vous autodétruire amène votre interlocuteur à être heureux, cela signifie qu'il prend du plaisir lorsque vous souffrez (consciemment ou non). Quoi qu'il en soit, votre bonheur n'est donc pas compatible avec le maintien de la relation.

Avant de chercher comment vous pouvez aider l'autre à aller mieux, je vous invite à vous poser certaines questions :

L'autre souhaite-t-il recevoir votre aide ?

Si oui, quel type d'aide souhaite-t-il avoir de votre part ? Des conseils, une écoute, un sacrifice de soi ?

Êtes-vous compétent pour lui apporter cette aide ou bien cela dépasse-t-il le cadre de vos compétences ?

Aider l'autre est-il bon pour vous ?

L'autre souhaite-t-il changer ? Souhaite-t-il s'impliquer dans son bien-être ? Met-il en place un accompagnement avec un professionnel de la relation d'aide (psychologue, coach, sophrologue) ? Est-il comme vous en train de lire un livre pour comprendre comment gérer ses émotions ?

Vous poser ces questions est capital lorsque vous souhaitez aider une personne à aller mieux. Cela vous évitera de partir sur une base erronée et donc de souffrir.

Stratégie #5 : reconnaître votre part de responsabilité dans la relation toxique

Dans toute relation toxique que vous subissez lorsque vous êtes majeur, vous avez votre part de responsabilité. Vous êtes à cent pour cent responsable de tous vos actes et de toutes vos pensées au sein de la relation, tout comme l'autre est entièrement responsable de tous ses actes et de toutes ses pensées.

Cela ne signifie pas que vous devez corriger votre comportement pour éviter d'énerver l'autre. S'il s'énerve, il est responsable de son propre énervement.

Beaucoup de personnes vivant une relation toxique font de leur mieux pour que leur partenaire soit en paix avec elles. Elles tentent par tous les moyens de l'adoucir et de le satisfaire mais n'arrivent à aucun résultat durable. Le problème dans ce type de relation, c'est que la personne au comportement destructeur tente de vous faire croire que vous êtes responsable de sa souffrance. Vous cherchez alors à utiliser un pouvoir que vous ne détenez pas : celui de le rendre heureux.

Vous ne pouvez pas gérer la colère d'une personne contre son gré. Seule elle-même peut le faire, armée de sa volonté de changer. Vous pouvez d'ailleurs le constater en lisant le chapitre sur les émotions : apaiser votre colère nécessite un effort mental et de la détermination. Une autre personne n'aurait pas pu gérer votre colère à votre place, tout comme vous ne pouvez pas gérer celle d'autrui à sa place.

Votre contribution à la relation toxique peut être un comportement qui n'est pas sain pour vous ou pour l'autre. Avec certaines personnes, quoi que vous fassiez, la relation ne sera pas épanouissante. Tout type de relation entretenu sera alors malsain pour vous. Votre responsabilité dans la toxicité de la relation réside dans le fait que vous vous y mainteniez.

Stratégie #6 : faire un tri relationnel

Vous est-il déjà arrivé de constater que les personnes présentes dans votre entourage vous tiraient vers le bas, que les sujets de discussion partagés avec eux ne vous correspondaient plus ? Que vous n'y trouviez plus d'intérêt ?

Faire un tri relationnel consiste à reconfigurer votre cercle social en vous écartant des personnes qui vous sont toxiques pour laisser de la place aux relations saines. La première étape consiste à identifier les relations qui vous ralentissent, qui vous font chuter en énergie ou qui vous entraînent dans de vieux travers.

Ensuite, vous pouvez prendre de la distance avec toutes les personnes que vous n'avez pas envie de voir. À part vous-mêmes, rien ne vous oblige à côtoyer quelqu'un si vous avez envie de faire quelque chose d'autre à la place. Ainsi, vous faites une sorte de mise à jour de votre cadre de vie.

C'est donc en libérant la place occupée par des relations toxiques que vous augmentez vos chances de vivre de nouvelles relations saines.

Stratégie #7 : ta priorité tu deviendras

Un bon moyen d'écarter les relations toxiques est de faire passer votre bien-être en priorité. Que votre bonheur devienne la chose la plus importante à vos yeux. Cela vous permettra d'écarter les personnes qui souhaitent vous utiliser pour leur propre plaisir.

Bien entendu, dans notre société, se faire passer en premier est mal vu. Le fait de se dire *oui* à soi quitte à dire *non* aux autres est perçu comme une marque d'égoïsme.

Ce que je peux vous conseiller, c'est de vous faire passer en premier dans votre vie, mais pas au détriment des autres. C'est-à-dire de ne jamais vous faire de mal pour faire du bien aux autres, ni même d'agir à contrecœur pour faire plaisir aux autres, tout en faisant attention de ne jamais utiliser quelqu'un.

Refuser de vous autodétruire est quelque chose de sain. Vous pouvez devenir votre priorité, et veiller à ne pas non plus devenir la priorité de quelqu'un d'autre, car là commence la relation toxique.

Veiller à son propre bonheur comme à la prunelle de ses yeux est la chose la plus altruiste que je connaisse, car celui-ci se développe lorsque vous partagez du temps de qualité avec d'autres personnes, que vous vous impliquez dans le bien-être du monde et que vous prenez soin de vous. En étudiant et en développant votre bonheur, vous aurez un impact positif dans la vie d'autres personnes.

Stratégie #8 : comment se faire respecter ?

Le respect est un sentiment qui porte à accorder à quelqu'un de la considération en raison de la valeur que vous lui reconnaissez. Lorsque vous respectez quelqu'un, vous reconnaissez donc qu'il a de la valeur, et pour cela, vous le traitez humainement.

Concernant le respect, je distingue trois catégories de personnes différentes :

1. Les personnes qui vous respectent naturellement : ce sont les plus sensibles et empathique ;

2. Les personnes qui naturellement ne vous respectent pas, mais qui peuvent vous respecter si vous communiquez avec elles ou si vous entrez dans leurs critères de respect ;

3. Les personnes qui ne vous respectent pas, et qui ne vous respecteront pas quoi que vous fassiez : elles ne sont pas capables de vous témoigner du respect et cela ne dépend pas de vous.

Il existe donc des personnes auprès desquelles vous n'aurez pas besoin de vous faire respecter car elles vous respectent naturellement, des personnes auprès desquelles vous pouvez vous faire respecter, et des personnes qui ne vous respecteront pas. Les personnes les plus irrespectueuses ne vous accordent en général un semblant de respect que si elles ont peur de vous. Elles ne vous respectent pas vraiment, mais se tiennent juste à carreau car elles vous redoutent. Si inspirer la peur n'est pas dans votre nature, alors peut-être ne pourrez-vous pas amener ces personnes à vous respecter. Rien ne vous oblige toutefois à continuer à les côtoyer.

Identifier un manque de respect

Au cours de mes consultations de coaching en développement personnel, j'ai pu remarquer que les personnes hypersensibles ont souvent du mal à identifier ce qu'est un manque de respect.

Se remettant beaucoup en question et donnant du crédit à la parole de l'autre, il leur arrive même de croire que l'autre personne a raison de leur manque de respect. Elles pensent l'avoir mérité, ou se demandent ce qu'elles ont bien pu faire pour que l'autre ne les respecte pas.

Mon avis sur la situation est qu'aucun manque de respect n'est justifié. Certes, certaines attitudes irrespectueuses peuvent avoir des circonstances atténuantes, mais ce n'est pas pour cela que c'est de votre responsabilité que l'autre vous manque de respect. C'est lui qui est responsable de ses actes, de ses paroles et de la manière dont il vous traite. Même si vous insultez quelqu'un, c'est à lui de choisir comment il va réagir. Rien ne l'oblige à réagir par la violence et par l'insulte en retour. À mes yeux, un manque de respect n'est jamais justifié, c'est-à-dire qu'aucune personne n'a ni raison ni tort de vous manquer de respect. Elle vous manque de respect, c'est tout. Si vous n'avez pas envie de subir son manque de respect, c'est votre droit. Rien n'oblige quelqu'un à vous traiter d'une manière irrespectueuse. S'il a quelque chose à vous reprocher, il peut le faire d'un ton calme et respectueux.

Il est bien entendu plus facile de se faire respecter si vous savez identifier ce qu'est un manque de respect. À mes yeux, le manque de respect ne se limite pas aux insultes ou à la bousculade.

Voici une liste non exhaustive des différentes attitudes irrespectueuse :

-Quand autrui vous demande d'ignorer vos besoins ou vos priorités pour satisfaire les siens. Si une personne tente de vous inciter à renoncer à ce qui est important pour vous dans le but de lui faire plaisir, alors elle ne vous respecte pas, car elle ne tient pas compte de votre bien-être. Il n'y a rien de mal à ce qu'une personne vous demande de lui rendre un service, mais le manque de respect apparaît lorsque vous refusez car vous avez d'autres priorités et que la personne vous met sous pression pour que vous cédiez à sa demande.

-Lorsqu'une personne vous pousse à faire quelque chose que vous n'avez pas envie de faire, ou à adhérer à sa vision des choses.

-Demander à l'autre de modifier son comportement est fréquent dans une relation, mais le manque de respect apparaît lorsque l'autre vous demande de renoncer à vos aspirations profondes ou bien d'effectuer tant de changements dans votre personnalité que vous ne vous reconnaissez plus.

-Tout jugement ou qualification de la part d'autrui (qu'il en soit conscient ou non) est un manque de respect. Par exemple : « tu es faible », « tu es un fragile » ou encore « vous êtes un charlatan ».

-Une personne adoptant un ton méprisant et un regard hautain en s'adressant à vous ne reconnaît pas votre valeur. Elle vous voit comme son inférieur et ne vous accorde aucun respect.

-Toute manipulation consciente ou inconsciente (mentale et émotionnelle) est un manque de respect dans le sens où les intentions du manipulateur sont dissimulées au manipulé.

-En bref, dès lors qu'une personne tente de vous utiliser pour satisfaire ses désirs ou des pulsions sans vous l'exposer clairement, c'est un manque de respect.

-Je suis conscient que dans cette liste, se trouvent bon nombre de comportements qui sont courants dans la société actuelle. Ces comportements sont peut-être « normaux » (dans le sens où ils sont courants, donc conformes à la norme) mais ils n'en sont pas pour autant respectueux.

-Le manque de respect est très présent autour de nous, donc il est difficile à identifier. Il peut même nous arriver de manque de respect à autrui sans le savoir ou bien en se laissant emporter par la colère liée au sentiment d'injustice.

-Dans le cas où vous répondez au manque de respect par le manque de respect : le fait que l'autre vous ait manqué de respect en premier ne justifie pas votre manque de respect en retour. C'est une escalade de la violence.

Se respecter soi-même

N'attendez pas que les autres vous respectent pour commencer à vous respecter vous-mêmes. Si vous agissez ainsi, vous serez dépendant du respect que les autres accordent pour vous autoriser à être heureux. Je vous encourage à prendre le courage de vous respecter, et ce même si votre entourage ne vous respecte pas.

Le rappeur Kery James a dit : « Nous serons toujours des mendiants aux portes de leur monde tant que nous croiront que le respect se quémande. Le respect s'impose ».

Le respect de soi-même est donc la clé pour faire face aux relations toxiques et pour vivre en accord avec vos besoins et désirs profonds.

En l'appliquant, vous ne dépendrez plus de la manière dont les autres vous traitent pour vivre une vie sereine et paisible.

Voici donc une petite liste des comportements respectueux. Ces comportements peuvent être adoptés par une personne vis-à-vis d'une autre, ou bien entre vous et vous-même :

- Le respect commence par être à l'écoute de vos besoins ou de vos priorités. Une personne qui vous respecte s'assurera que ce qu'elle vous demande ne va pas à l'encontre de votre bien-être. De même que pour vous respecter vous-même, vous pouvez définir vos priorités et les tenir.

- Accepter votre rythme d'évolution naturelle. Une personne qui vous respecte ne vous forcera pas à faire quelque chose que vous n'avez pas envie de faire et n'exercera aucune pression sur vous pour cela. Vous avez votre propre rythme d'évolution qui n'est pas nécessairement celui que les autres attendent, ni même celui que vous attendez. Lorsque vous acceptez votre ignorance actuelle, votre impuissance ou votre rythme de progression et que vous en tenez compte dans vos projets, vous vous respectez.

- La bienveillance est la plus haute forme de respect. Elle consiste à veiller au bien-être de quelqu'un par vos actes et vos paroles sans pour autant l'amener à souffrir « pour son bien » selon vous. Pour être bienveillant, il n'est pas nécessaire de vous sacrifier pour les autres, car vous n'êtes plus bienveillant avec vous-même lorsque vous agissez ainsi. Vous pouvez trouver le juste milieu entre la bonté envers vous-même et envers autrui.

- L'absence de jugement ou de qualification de l'autre est une forme de respect.

- L'absence de manipulation est également une marque de respect. Si vous souhaitez obtenir une quelconque faveur de quelqu'un, vous pouvez lui exposer clairement vos intentions et vos besoins, puis voir avec lui s'il est prêt à y consentir.

Identifier auquel des trois types de personnes vous avez affaire

Comme je l'ai écrit précédemment, il existe trois catégories de personnes qui ont un rapport spécifique/différent au respect : celles qui vous respectent de nature, celles qui ne vous respectent pas mais que vous pouvez amener à vous respecter, et celles qui ne vous respectent pas et ne vous respecteront pas.

Dans le cas où vous voulez vous faire respecter par une personne, je vous invite à vous fixer comme premier objectif de définir si cette personne est capable ou non de vous témoigner du respect.

Si vous vous fixez comme objectif d'amener une personne à vous respecter et que la personne en question n'est pas capable de vous témoigner du respect, alors vous vous mettez automatiquement en position d'échec. Cela peut vous occasionner des angoisses car vous essayez de faire quelque chose que vous ne pouvez pas faire.

En revanche, si vous tentez dans un premier temps d'identifier à quelle catégorie appartient votre interlocuteur, vous pourrez vous fixer des objectifs réalistes et vous ne vivrez pas d'échec.

La meilleure manière de savoir à quelle catégorie de personne appartient votre interlocuteur, c'est de lui parler et de lui demander (en adoptant une communication non-violente) de vous respecter. Le résultat de cette communication vous dira si oui ou non il est capable de vous respecter.

Tenter une communication non-violente et faire preuve de courage

Dans un premier temps, identifiez le manque de respect que vous souhaitez exposer à votre interlocuteur. Par exemple, si vous souhaitez demander à une personne d'arrêter de vous parler sur un ton méprisant, je vous encourage à cibler un moment précis et récent où elle vous a parlé de

la sorte. Le but est de rappeler ce moment récent à votre interlocuteur et de lui dire que son attitude vous a déplu et que vous souhaitez que cela change à l'avenir.

Pour cela, vous pouvez prendre votre courage à deux mains et aller à parler à la personne qui vous manque de respect, en vous fixant comme objectif de voir si oui ou non elle est capable de vos respecter.

Lorsque vous allez lui parler, soyez bon et respectueux vis-à-vis de sa personne. Si vous manquez de respect à l'autre, cela risque de l'inciter à vous manquer de respect à son tour pour se défendre. Dans le cas où vous ne parvenez pas à apaiser votre colère liée au manque de respect de l'autre, rappelez-vous pourquoi vous êtes en colère. Si vous lui manquez de respect à votre tour, il risque de se mettre lui aussi en colère, et de vous manquer de respecter à nouveau. Vous êtes assez fort pour inverser ce cercle vicieux.

Pour communiquer avec une personne irrespectueuse, vous pouvez agir de la sorte :

1. Parlez-lui seul à seul (sauf si la personne est violente physiquement) ;

2. Exposez-lui son dernier manque de respect en date et comment vous vous êtes sentis en réaction à cela : « Tu sais, ce matin, lorsque tu m'as dit ceci... Eh bien, je ne me suis pas senti respecté » ;

3. Formulez une demande : « Peux-tu, la prochaine fois, me dire la même chose sans crier et en me parlant calmement ? » ;

4. Demandez-lui ce qu'il en pense : « Es-tu d'accord ? ».

Sa réaction vous montrera s'il est capable de vous accorder du respect ou non. S'il en est capable, votre quotidien en sera allégé. S'il n'en est pas capable, au moins vous serez fixé à propos de la nature de cette personne.

Rien ne vous oblige à côtoyer plus que nécessaire une personne qui vous manque de respect.

Les différents critères de respect

Un dernier point à aborder concernant le respect concerne les critères de respect. J'ai pu remarquer que chaque personne accordait son respect aux autres selon des critères bien particuliers.

Certaines personnes respectent les gens qui sont plus forts et dominants qu'eux, d'autres respectent les gens qui ont réussi l'entrepreneuriat, les gens qui travaillent avec rigueur et assiduité, ou encore les gens honnêtes et gentils. Certaines personnes respectent chaque être humain.

Chacun a donc ses propres critères de respect. Si une personne ne vous respecte pas, peut-être est-ce parce que vous ne correspondez pas à ses critères de respect ?

Afin d'en avoir le cœur net, je peux vous conseiller d'observer les gens que cette personne respecte. Admettons qu'un de vos collègues de boulot ne vous respecte pas. Observez-le dans son milieu professionnel. À qui accorde-t-il son respect ? Aux chefs uniquement ? Aux gens qui lui parlent avec autorité ?

À vous de voir si vous avez envie de correspondre à ses critères de respect ou si cela vous demande trop d'énergie pour une bien pauvre récompense. En comprenant que si l'autre ne vous respecte pas, c'est parce qu'il ne respecte pas toutes les personnes qui vous ressemblent, vous n'en faites plus une affaire personnelle. Cela peut vous alléger d'un poids. Si une personne ne vous respecte pas, ce n'est pas de votre faute. Elle n'accorde simplement pas son respect aux personnes qui ne remplissent pas ses critères de respect.

Grâce à la connaissance des critères de respect, vous pouvez aussi vous faire respecter de vos proches. Il suffit de jouer un peu leur jeu en leur montrant que vous vous impliquez dans ce qui est important pour eux. Il y a de fortes chances pour que leur respect à votre égard augmente par la suite.

Stratégie #9 : comment dire « non » facilement et sans blesser l'autre

Apprendre à dire « non » est la stratégie de base pour sortir des relations toxiques car ce type de relation est basé sur l'utilisation d'une personne par une autre. Une personne au comportement toxique va donc vous solliciter pour faire des choses qui ne sont pas saines pour vous. Par exemple : l'écouter parler de ses problèmes lorsque vous êtes déjà assailli par les vôtres et que vous avez besoin de repos, obtenir votre participation à contrecœur à ses projets ou prendre des choix de vie qui ne vous épanouissent pas.

Dire « non » est souvent difficile pour les personnes hypersensibles et hyper-empathiques. Elles peuvent avoir peur du conflit ou bien de blesser l'autre et de se sentir coupable par la suite.

Voici donc plusieurs conseils pour dire « non » sans difficulté :

– Remplacez votre réflexe de dire « oui » par un nouveau réflexe : « je vais réfléchir et je reviens vers toi ». Quand une personne vous demande un service, si vous lui répondez « oui » par réflexe, vous vous engagez alors souvent à faire des choses que vous n'avez pas envie de faire et qui vous ralentissent.

Vous n'êtes pas obligé de répondre de suite à l'autre. Vous pouvez vous entraîner à dire « je vais réfléchir » au lieu de « oui » aussi souvent que possible pour ancrer un nouveau réflexe. C'est avec la pratique répétée que cela deviendra habituel.

– Prenez ensuite le temps qu'il vous faut pour réfléchir : quelques minutes, quelques heures ou quelques jours. Ce que l'autre vous demande de faire génère-t-il en vous de l'enthousiasme, de la joie et de la motivation ou bien le sentiment d'agir à contrecœur et une lourde contrainte que vous pourriez éviter ?

– Dans le cas où vous souhaitez dire non à l'autre, vous pouvez le faire sans aucune justification. N'essayez pas de l'amener à tolérer votre « non ». Ce n'est pas grave s'il n'est pas d'accord avec vous.

– Vous pouvez néanmoins lui donner une simple explication relative au temps : « j'ai déjà quelque chose de prévu » ou bien « je ne dispose pas d'assez de temps pour me le permettre ».

–   Donnez-lui ensuite une alternative pour le rediriger vers une autre solution : « Je ne peux pas t'aider ce jour-là, mais par contre, j'ai une heure à te consacrer mardi » ou bien « je ne peux pas, mais je te conseille de demander à cette personne ou à un professionnel du métier qui pourra t'aider ». Le but de l'alternative est de rediriger votre interlocuteur vers une autre personne ou solution afin de stopper habilement le forcing qu'il pourrait tenter pour obtenir de vous ce qu'il veut.

En apprenant à dire « non » à tout ce qui ne vous nourrit pas et que vous feriez à contrecœur, le tri relationnel se fait tout seul. Cela vous amène à refuser tout ce qui pourrait être toxique pour vous, et donc à n'entretenir aucun lien toxique sur le long terme. Vous n'aurez même pas à faire de tri relationnel. En agissant ainsi, les relations toxiques s'éloigneront peu à peu d'elles-mêmes, comprenant qu'elles ne peuvent plus tirer profit de vous et les relations saines resteront.

Stratégie #10 : le dressage

La stratégie que je nomme « dressage » consiste à soumettre une personne au comportement toxique par un langage et un ton autoritaire. Je vous recommande d'utiliser cette technique lorsque vous avez du mal à bannir totalement un pervers narcissique de votre cadre de vie actuel. Qu'il s'agisse de votre collègue de boulot ou du parent de vos enfants, il est probable que vous vous retrouviez « forcé » de côtoyer un minimum la personne toxique en question. Dans le cas où elle tenterait de vous nuire, la technique du dressage peut entrer en jeu. Il s'agit donc d'un moyen de défense contre les personnes les plus malveillantes et non d'un moyen d'attaque.

Le but du dressage est de parler au pervers narcissique (ou à toute autre personne toxique) avec autorité pour l'amener à vous obéir. La plupart des pervers narcissiques ont vécu plus jeunes avec d'autres pervers narcissiques. Il est fort probable qu'ils aient été conditionnés à obéir aux ordres. Si vous leur donnez des ordres, peut-être pourrez-vous réactiver leur conditionnement et les amener à obéir.

Voici différents points clés pour réussir votre « dressage » :

1. Considérez le pervers narcissique comme un méchant chien à qui vous allez donner des ordres. Rien ne sert d'argumenter ni de formuler une demande lorsque vous pratiquez le dressage.

2. Il convient de lui parler sur un ton autoritaire pour l'inciter à vous obéir. Signifiez-lui ce que vous ne voulez plus qu'il fasse : dire du mal de vous dans votre dos ou bien parler des problèmes d'adultes à votre enfant par exemple.

3. Parlez-lui au présent de l'indicatif, et non à l'impératif. Ne lui formulez aucune demande sous la forme interrogative. Par exemple, si vous souhaitez qu'un PN arrêter de mentir à votre sujet à ses proches, ne lui dites pas : « Arrête de leur mentir à mon sujet ! » ni : « Peux- tu arrêter de leur mentir à mon sujet ? » mais plutôt : « Tu vas arrêter de leur mentir à mon sujet » ou bien : « Je t'interdis de leur mentir à mon sujet ».

4. Posez votre interdiction, qu'il soit d'accord ou non. Il va peut-être contester, mais cela importe peu. Affirmez votre interdiction quoi qu'il dise en retour. N'hésitez pas à persévérer. Pratiquez le dressage à chaque fois qu'il recommence. Rappelez-lui que ce qu'il fait est

interdit par vous et parlez-lui sur un ton autoritaire et respectueux à la fois.

Je sais que les personnes hypersensibles peuvent avoir du mal à s'exprimer avec autorité, ce n'est pas dans leur nature. C'est pourquoi je vous donne cette technique comme un dernier recours à utiliser dans une situation où vous avez besoin d'influencer le pervers narcissique à arrêter de vous nuire.

Le dressage risque de ne pas fonctionner du premier coup. Plus vous le pratiquez, plus ses chances de réussite augmentent.

Stratégie #11 : sortir de la relation de sacrifice

Une relation saine permet aux deux personnes qui la partagent de s'épanouir, ou du moins ne les tire pas vers le bas. Une relation toxique, quant à elle, est un poids ou un ralentissement dans la vie de celui qui la subit. Si cette relation n'était pas présente dans votre vie, vous vous sentiriez plus libre, plus léger, et nombre de vos problèmes n'auraient plus lieu d'être.

Il s'agit d'une relation fondée sur le sacrifice d'un des deux membres au profit de l'autre.

Pour mettre un terme au sacrifice de soi, voici une stratégie que je nomme « mettre un terme à la relation toxique sans mettre un terme à la relation ». Cette stratégie consiste à mettre progressivement fin au sacrifice de soi au sein de votre relation, et vous verrez si celle-ci tient le coup. Le but est d'arrêter de vous sacrifier pour l'autre. Si vous avez envie de voir vos amis, alors sortez avec eux. Si vous n'avez pas envie de déménager ou de changer de travail pour lui, alors ne le faites pas. Si vous ne tolérez pas la manière dont il vous parle, alors faites-le-lui savoir et arrêtez de lui parler tant qu'il continue à vous dévaloriser.

En agissant ainsi, vous ne quittez pas l'autre mais vous faites seulement ce qui est sain et épanouissant pour vous. Vous arrêtez donc de vous sacrifier pour faire plaisir à une autre personne.

À vous de voir ce qu'il va se passer ensuite : un nouveau modèle de relation sera-t-il possible avec l'autre personne, ou bien refusera-t-elle d'entretenir une relation avec vous dans laquelle vous ne sacrifiez pas vos besoins pour elle ?

Vous ne rejetez pas l'autre, vous cessez simplement de vous rejeter vous-mêmes. Si l'autre n'est pas content, il se rejettera tout seul.

Stratégie #12 : comment se détacher d'une personne toxique ?

Se détacher d'une personne toxique est plus ou moins long selon le nombre de liens que vous avez tissés avec elle. Par exemple : prenons le cas d'une personne qui ne reste en couple que par culpabilité. Le jour où elle comprendra qu'elle n'est aucunement responsable des émotions de l'autre, alors elle pourra se détacher aisément de lui. En revanche, si vous restez en couple à la fois par culpabilité, par peur de l'abandon, par espoir que l'autre change, et parce que vous dépendez financièrement de lui, le détachement pourra prendre un peu plus de temps.

Chacun a son propre processus de détachement, alors ne croyez pas que vous êtes anormal si cela prend plusieurs mois ou années.

Se détacher d'une personne toxique est néanmoins plus facile que de se détacher d'une personne parfaitement saine à laquelle vous ne pouvez rien reprocher. La raison pour laquelle le détachement est nécessaire dans une relation toxique est qu'elle n'est pas compatible avec votre bonheur. Vous ne pouvez pas vous épanouir pleinement et vivre la relation en même temps. Dire oui à votre bonheur implique de dire non à la relation et inversement. Une fois que vous avez tout essayé sans succès pour rendre votre relation compatible avec votre épanouissement, alors vous pouvez être sûr et certain que prendre vos distances reste votre meilleure option.

Se détacher d'une relation consiste à ne plus éprouver d'émotions de souffrance en lien avec la personne concernée. Le détachement peut se faire subitement suite à une prise de conscience, ou bien lentement et progressivement. Il fait partie de l'évolution de votre organisme. Que vous le souhaitiez ou non, le détachement opère à son rythme, même auprès des personnes saines. Plus les années passent, et plus vous vous détachez des choses terrestres, c'est-à-dire que vous n'éprouvez plus de souffrance en lien avec certaines situations qui paraissaient auparavant insurmontables.

Voici donc une liste des étapes clés pour réussir à vous détacher d'une personne toxique :

Soyez certain que la relation ne peut pas s'améliorer. Essayez tout ce qui est en votre pouvoir pour améliorer la qualité de votre relation si vous le souhaitez. Si aucune de vos idées n'ont donné de résultat, alors vous pourrez être assuré que vous êtes impuissant à changer les choses. Accepter son impuissance permet de lâcher-prise lors d'un combat perdu d'avance.

Dépassez la culpabilité liée à la rupture. Vous pouvez vous reporter au chapitre concernant la gestion des émotions pour comprendre la culpabilité et la dépasser. Vous n'êtes pas une mauvaise personne si vous décidez de mettre fin à une relation toxique. Vous êtes une bonne personne qui décide de s'accorder le droit au bonheur.

Regardez l'autre tel qu'il est et non tel que vous croyez qu'il est. L'autre n'est plus forcément celui qu'il a été au début de votre relation. Peut-être a-t-il bien changé depuis. Ayez le courage de le regarder tel qu'il est aujourd'hui : quel est son comportement actuel ? Peut-il redevenir comme avant ? Si oui, avez-vous un quelconque pouvoir pour l'y aider ?

Gardez espoir ! Vous avez de la valeur et j'en suis convaincu. À mes yeux, chaque personne a des talents et une énergie uniques. Peut-être que votre partenaire de relation ne constate pas à quel point vous avez de la valeur et vous êtes génial. Ce n'est pas parce qu'il est aveugle à votre valeur que vous n'en avez pas.

Si vous cherchez de l'affection et de la gentillesse auprès d'une personne au comportement toxique, je peux vous proposer de canaliser votre désir d'affection autrement. Si la personne en question est affectivement avare ou si elle vous fait payer cher les quelques minutes de gentillesse dont elle vous fait grâce, alors vous pouvez décider de passer à autre chose et d'aller chercher de l'affection chez une personne qui est capable de vous en donner.

Passez des moments drôles et agréables durant votre processus de détachement. N'attendez pas d'avoir réussi à vous détacher de l'autre personne pour vous autoriser à être heureux. Vous pouvez vous programmer des sorties entre amis et des moments de rire et de joie qui viennent entrecouper votre souffrance. Ces moments permettent de se détacher plus vite car vous apprenez à vivre votre bonheur autrement.

Bien que cela ne soit pas obligatoire pour vous en détacher, vous pouvez couper tout contact avec la personne concernée. S'il s'agit d'un pervers narcissique, n'hésitez pas à le bloquer définitivement de tous vos réseaux car toute communication avec un tel être est toxique pour vous. Le fait de couper contact vous permet de revenir tout doucement à vous-même et de connaître autre chose que la relation.

Prenez votre temps. Le processus de détachement peut-être long. Il est tout à fait normal que vous n'arriviez pas à obtenir le sentiment de vous être détaché de l'autre même après avoir appliqué tous mes conseils.

Le détachement peut tarder à venir, ou bien arriver d'un coup au moment où vous l'attendez le moins. Une chose est sûre : cette difficile épreuve vous fera grandir intérieurement.

Une addiction amoureuse

L'attachement émotionnel à une personne au comportement toxique peut être perçu comme une addiction à une substance psychotrope. Dans les deux cas, vous adoptez un comportement compulsif et irréfléchi pour vous trouver en présence de l'objet de votre addiction. Je rencontre de nombreuses personnes en consultation de coaching qui me disent qu'elles sont attachées à une personne toxique. Elles ne comprennent pas pourquoi elles retournent auprès de cette personne qui leur a fait tant de mal, mais elles sentent en elle quelque chose qui les y poussent.

En ayant bien analysé ce phénomène, j'ai pu en déduire que ce qui poussait la personne à revenir auprès de son bourreau, dans ce cas, c'est la sensation de manque qui apparaît lorsqu'elle ne se trouve pas en sa présence. Elle ne retourne pas vers lui pour se sentir bien, mais pour arrêter de se sentir mal en son absence.

C'est moins pour ressentir le positif lié à sa présence que vous retournez vers cette personne, que pour éviter de ressentir le négatif lié à son absence.

La solution, dans ce cas, pour vous détacher de cette personne, consiste à vous entraîner à ressentir du positif en son absence jusqu'à ce que vous constatiez que vous n'avez pas besoin de lui pour vous sentir en paix intérieure.

Voici une stratégie qui peut vous aider à dépasser une addiction amoureuse.

Premièrement, il faut que vous soyez convaincu que ce « manque » que vous ressentez en l'absence de l'autre doit être supprimé. Si vous n'en avez pas l'intime conviction, cela signifie que vous croyez que ce manque est légitime et qu'il a le droit de vous submerger. Vous lui donnerez même peut-être du crédit et de l'importance, comme si le manque était normal et qu'il était sain de le cultiver. En vérité, il n'en est rien. Le manque est une souffrance psychologique qui se manifeste en l'absence d'une personne dont vous ne pouvez pas contrôler le comportement. Vous dépendez donc d'une personne sur laquelle vous n'avez aucun pouvoir et qui, dans ce cas, a un comportement toxique. Ce manque n'est pas sain. Ce n'est pas « la voie ». Si votre cœur vous appelle à rejoindre une personne, rejoignez-la. Mais dans certains cas, la personne en question a un comportement destructeur à votre égard. Soyez certain que la petite voix qui vous crie de revenir vers cette personne ne vous amènera rien de bon. Si vous revenez auprès de la personne toxique, votre manque s'apaisera. Vous retiendrez encore une fois que c'est votre seule manière d'apaiser le manque. Il faut briser ce cercle vicieux.

Pour vous détacher, vous pouvez donc utiliser la manière douce comme la manière forte. Cette dernière consiste à couper tous contacts avec la personne en question en attendant de vous reconstruire et d'apaiser votre cœur. La manière douce, quant à elle, consiste à vous détacher progressivement de la personne concernée par votre addiction.

Pour ce faire, je vous invite à appliquer la méthode suivante. Dans un premier temps, identifiez les différentes situations dans lesquelles votre sentiment de manque s'active :

- Au bout de plusieurs heures sans recevoir de message de la personne ;

- Après plusieurs jours sans avoir discuté avec elle ;

- Lorsque vous ne l'accompagnez pas à une sortie ;

- Lorsque vous refusez de la voir ;

- Lorsque vous n'avez aucun contact avec elle durant deux mois d'affilée, voire plus.

Vous pouvez noter quatre à cinq situations qui réactiveraient votre sentiment de manque de manière plus ou moins intense. Ces situations vont constituer votre « échelle de déconditionnement ».

Il va ensuite falloir vous entraîner à apaiser votre esprit dans chacune de ces situations autrement que par la présence de cette personne. Confrontez-vous à ces situations progressivement, de la plus simple à affronter, à la plus intense. Ne passez à la situation suivante que lorsque vous êtes totalement à l'aise.

Il vous faut trouver un moyen d'apaiser votre esprit dans la situation de manque :

- Écouter une méditation guidée ;
- Travailler sur un projet professionnel ;
- Faire un effort mental pour orienter votre pensée dans la direction souhaitée ;
- Faire de nouvelles rencontres.

Le but est de parvenir à trouver des moments de paix intérieure dans la situation qui était auparavant liée au manque. Plus vous y parviendrez, plus votre esprit se souviendra qu'il peut trouver la paix et qu'il n'a pas besoin de la personne concernée par votre addiction amoureuse pour y parvenir.

Voici une métaphore qui illustre bien cette méthode : admettons que vous ayez peur des chats. Les chats ne représentent pas un réel danger. Le problème n'est pas le chat en lui-même, mais la peur que vous éprouvez en leur présence, tout comme le problème n'est pas l'absence de cette personne mais le manque que vous éprouvez en son absence.

Vous avez relevé les quatre situations où votre peur est la plus active :

1. Lorsque vous vous trouvez dans une maison dans laquelle il y a un chat ;
2. Lorsque vous vous trouvez dans une pièce dans laquelle il y a un chat ;
3. Lorsque vous vous trouvez sur un canapé sur lequel il y a un chat ;
4. Lorsqu'un chat se trouve sur vos genoux.

La stratégie, pour dépasser la peur du chat, consiste à identifier avec votre pensée rationnelle votre peur comme étant le problème, et non le chat en lui-même qui n'est pas dangereux. Pour dépasser votre peur, confrontez-vous à la première situation de manière répétée jusqu'à ce que vous soyez en paix avec l'idée qu'un chat se trouve dans la même maison que vous. Voyez cela comme un défi à relever pour le bien de votre croissance spirituelle.

Confrontez-vous ensuite à la situation suivante : parvenir à être en paix lorsqu'un chat se trouve dans la même pièce que vous. Continuez ainsi jusqu'à ce que vous ayez relevé tous les défis de la liste.

Vous pouvez agir ainsi pour faire face au manque : trouvez un moyen d'apaiser vos émotions et appliquez-le dans chaque situation habituellement liée au manque.

Cette stratégie marche mieux si vous êtes accompagnée d'un sophrologue. Il s'agit d'une technique de sophrologie nommée « correction sérielle ».

Je vous encourage à appliquer la méthode que vous pensez être la plus efficace pour vous. Si vous vous sentez capable de couper net les ponts avec cette personne, alors rien ne sert de traîner. Agissez rapidement et efficacement.

Stratégie #13 : les trois choses qui rendent fou un pervers narcissique

Lorsqu'un pervers narcissique est en colère, mieux vaut s'en éloigner (non pas par peur mais par intelligence). L'énergie de colère qu'il alimente est lourde et explosive. Même si vous connaissez bien le personnage, je vous conseille de ne pas vous exposer à sa colère si cela peut être évité, simplement parce que le fait de recevoir une salve d'énergie négative de sa part est néfaste pour vous. Voici donc les trois situations dans lesquelles le pervers narcissique entre le plus facilement en colère.

Bien entendu, il s'agit de trois techniques pacifiques de contre manipulation que vous pourrez utiliser avec toute personne toxique.

1 – Vous restez stable et calme face à sa manipulation

Le pervers narcissique déteste que vous restiez de marbre face à ses tentatives de déstabilisation. Dès lors qu'il n'arrive pas à vous déstabiliser ou à vous surprendre, il commence à s'énerver. Cet énervement se traduit par un haussement du ton et une succession de plus en plus accélérée de différentes techniques de manipulation émotionnelle. Si vous réussissez à rester calme et impassible face à ses caprices telle la montagne face au vent qui souffle, l'échange se terminera probablement par des accusations et une prestation de victime de sa part.

2 – La technique du disque rayé

Il s'agit de *LA* stratégie de communication la plus efficace face à un pervers narcissique. Je pars pour cela du principe qu'il pervertira et retournera tout ce que vous lui direz contre vous. Son but dans une discussion est de séduire ou de déstabiliser mais pas de communiquer.

Cette stratégie vous permet de garder votre calme et de ne pas perdre votre énergie lorsque vous discutez avec un pervers narcissique. Elle s'articule de la sorte :

1. Lorsqu'un pervers narcissique tente de vous amener à pratiquer la joute verbale avec lui, je vous invite dans un premier temps à en

prendre conscience. Plus tôt vous réalisez que la discussion n'est pas saine ni bienveillante, plus tôt vous pourrez réagir en conséquence.

2. Face à des reproches, des paroles offensives et accusatoires, des jugements et des mensonges, je vous invite à réagir de la sorte : Ne vous prononcez jamais. Ne vous justifiez pas. Ne lui donnez pas votre avis et n'essayez pas « de lui faire comprendre les choses ».

3. Contentez-vous de lui répondre des phrases de ce style :

« D'accord, c'est ton avis »

« Ok, j'entends ton point de vue, mais je n'y adhère pas »

« Soit, c'est ta vision des choses et je l'accepte même si elle ne reflète pas la réalité »

« Ceci n'est que ton point de vue ».

Ramenez-le pervers narcissique à la réalité de la situation : il n'exprime que son avis et non la réalité.

4. Maintenez ce mode de communication indéfiniment, jusqu'à ce que le PN en ait marre de vous embêter, ou jusqu'à ce que vous puissiez quitter le lieu de la discussion.

5. Il est probable qu'il vous pose une question pour briser votre protection du disque rayé. Dans ce cas, vous pouvez lui répondre par une autre question : « Quelle est ton intention derrière cette question ? » ou encore « Quel intérêt as-tu à poser cette question ? ». Une fois qu'il vous répond, reprenez le disque rayé et dites-lui que vous comprenez son point de vue mais que vous n'y adhérez pas.

Vous pouvez également lui dire « je ne souhaite pas répondre à tes questions ». S'il vous demande pourquoi, dites-lui : « ceci est une question et je ne souhaite pas y répondre, merci de le respecter ».

Cette stratégie est particulièrement utile lorsqu'un pervers narcissique vous parle et que vous ne pouvez pas immédiatement fuir. Il est probable que plus vous arriviez à maintenir le disque rayé, plus le pervers narcissique s'énerve. Je vous encourage donc à éviter si possible de discuter avec ce genre d'individus.

3 - Vous vivez heureux et épanoui

La troisième chose en réaction avec laquelle un manipulateur narcissique peut s'énerver est votre épanouissement. N'avez-vous pas remarqué que dès lors que vous avez un projet épanouissant, le pervers narcissique initie une dispute qui tombe tout juste au même moment ?

Plus vous êtes heureux et épanoui, plus vous vous accomplissez, plus le pervers narcissique est en colère. Étant incapable d'évoluer car il ne se remet pas en question, il se sent en position d'infériorité vis-à-vis de ceux qui progressent. Il n'essaye pas de grandir mais plutôt d'empêcher les autres de grandir pour se sentir plus grand qu'eux.

Essayez et vous verrez. Plus vous vous développez, plus le pervers narcissique entre en colère. Il voudrait que vous vous développiez auprès de lui et de la manière dont il l'a prévu, mais il est dans le faux. La manière dont il souhaite que vous vous développiez n'est en rien une évolution. Il s'agit d'une régression, d'un oubli de soi.

CHAPITRE 17 :

COMPRENDRE ET DÉPASSER LA DÉPENDANCE AFFECTIVE

La dépendance affective est un comportement initiateur de nombreuses relations toxiques. Le dépendant affectif peut devenir contrôlant et oppresser son partenaire, tout comme il peut aussi s'oublier pour combler les exigences de l'autre par peur d'être quitté. Dans un sens comme dans l'autre, dépasser la dépendance affective peut vous apporter des relations plus saines.

De manière générale, voici les différents traits de caractère d'une personne dépendante affective :

1. Vous êtes en incapacité à être heureux seul. Vous êtes donc toujours en quête d'une autre personne qui vous aimera.

2. Il vous arrive de vous comporter en sauveur au sein du couple. Vous pouvez attirer des personnes qui attendent que vous régliez leurs problèmes à leur place ou que vous gériez leurs propres émotions.

3. Vous avez des pensées envahissantes dirigées vers votre partenaire actuel ou votre ex dans le cas où vous êtes célibataire.

4. Vous avez sans cesse besoin d'être rassuré à propos des sentiments de l'autre à votre égard.

5. Vous pouvez vous oublier ou mettre votre bonheur entre parenthèses pour faire plaisir à l'autre.

6. Vous avez peur d'être abandonné et de traverser une période de solitude.

7. Vous pouvez être jaloux et possessif.

8. Vous avez tendance à attirer les pervers narcissiques et les personnes autoritaires ou bien les personnes soumises au tempérament de victime.

9. Vous avez l'impression que l'amour est une denrée rare et que peu de personnes peuvent s'intéresser à vous.

10. Vous vous accrochez à l'autre du mieux que vous le pouvez et plus vous vous accrochez, plus il fuit.

11. Vous avez tendance à vous attacher à des personnes qui naturellement ne vous donnent pas toute l'affection que vous attendez. Vous essayez de leur soutirer le peu d'affection qu'ils sont capables de vous donner.

Si vous vous reconnaissez dans le profil du dépendant affectif, rassurez-vous : il ne s'agit pas d'une maladie. C'est un comportement qui peut être modifié de manière simple et paisible. Pour dépasser la dépendance affective, nul besoin de vous priver de vivre en couple pour trouver votre bonheur seul. Il existe d'autres solutions plus censées et concrètes.

La dépendance affective, d'après ce que j'ai pu observer, résulte de croyances que vous entretenez et que vous prenez pour vraies. Ces croyances, bien entendu, ne sont pas en accord avec la réalité donc tant que vous les croirez, vous souffrirez.

Les trois croyances limitantes à l'origine de la dépendance affective

1 – « J'ai besoin d'être en couple pour être heureux. »

La première cause de dépendance affective est la croyance que vous avez besoin de partager votre quotidien avec un partenaire de couple pour être heureux. Tant que vous serez persuadé de cela, vous ne parviendrez pas à trouver votre bonheur dans le célibat.

Le problème n'est pas que vous ayez pour objectif d'être heureux en couple, mais plutôt que vous soyez persuadé qu'en dehors du couple, vous ne pouvez pas l'être. Le couple n'est pas une condition obligatoire à votre bonheur. Tant que vous serez persuadé du contraire, vous vous sentirez dépendant du couple pour être heureux. C'est là qu'apparaît la notion de « dépendance affective » : vous avez l'impression fortement ancrée d'être dépendant d'un partenaire pour être en paix intérieure.

Bien entendu, le fait de souhaiter être en couple n'est pas problématique en soi. Le problème apparaît dès lors que vous êtes en incapacité de connaître la paix intérieure tant que vous n'êtes pas en couple. Admettons que vous soyez célibataire actuellement. Si vous avez pour objectif de rencontrer quelqu'un avec qui partager votre quotidien, je vous encourage à vous y investir. Dans cet exemple, la personne dépendante affective sera angoissée chaque nouveau jour qui passe, sans avoir pour autant fait de nouvelle rencontre. La personne qui est indépendante affectivement, quant à elle, réussira à apprécier son quotidien dans le célibat et à y trouver son bonheur pendant qu'elle poursuit à son rythme, son objectif d'être en couple.

Cette croyance que vous avez besoin d'un partenaire de couple pour être heureux n'est pas toujours un problème. Si votre conjoint(e) se comporte comme vous le souhaitez, tout ira bien pour vous. L'aspect problématique de la situation apparaît dès le moment où votre conjoint devient plus distant, vous trompe ou adopte un comportement toxique à votre égard. À ce moment, votre croyance selon laquelle vous avez besoin d'être en couple pour être heureux génère de la peur. Vous avez l'impression que la rupture est la pire chose qui puisse vous arriver. Vous êtes donc partagé entre le choix d'accepter le comportement toxique de votre conjoint et le choix de rompre.

Ces deux choix étant tous deux synonymes de souffrance, il sera difficile de vous aligner totalement sur l'un d'entre eux. C'est un conflit intérieur.

Cette croyance entraîne donc deux conséquences principales :

1. Vous pouvez vous engager en couple avec « le premier venu » sans avoir pris le temps d'évaluer si un engagement avec lui était une bonne idée.

2. Vous pouvez vous maintenir dans une relation toxique de couple ou bien dans un couple qui n'est pas épanouissant car vous avez peur de traverser une période de célibat.

Il est possible de se défaire de cette croyance de deux manières possible. La première consiste en une prise de conscience que vous pouvez vivre seul tout en étant heureux pendant un moment, que la solitude n'est pas un danger et qu'elle ne réduit en rien vos chances de connaître le bonheur en couple. Vous n'avez aucun pouvoir pour acquérir cette prise de conscience rapide et instantanément active. Elle arrive à certains, mais pas à tout le monde.

Voici donc une manière de vous défaire de cette croyance sur laquelle vous avez du pouvoir. Elle consiste à traverser une période de célibat et à réussir à y trouver son bonheur. Bien entendu, je ne vous encourage à agir ainsi que si vous y êtes contraint (si votre conjoint(e) vous quitte) ou bien si la rupture se révèle être votre meilleure option pour arrêter de souffrir. Le but n'est pas de renoncer au bonheur du couple, mais de savoir reconnaître quand il est plus sage de traverser une période de célibat pour revoir ses exigences et rencontrer par la suite une personne qui sera saine pour vous.

2 – « L'amour est une denrée rare pour moi. Peu de personnes sont capables de m'aimer ou de s'intéresser à moi. »

Il s'agit de la deuxième croyance à l'origine du comportement de la dépendance affective : de nombreuses personnes sont persuadées que les personnes capables de les aimer sont rares. Couplée à la croyance que vous avez besoin d'affection pour être heureux, le tout forme un cocktail explosif.

Voyez-vous, si vous croyez que les personnes qui peuvent vous aimer sont très rares, et que vous croyez avoir besoin d'amour pour goûter à la paix intérieure, alors vous aurez beaucoup de mal à mettre un terme à une relation qui ne vous convient plus, ou à refuser les avances d'une personne qui ne vous correspond pas. L'alliance de ces deux croyances peut donc créer un blocage mental entraînant des angoisses.

Cette croyance est surtout présente dans l'esprit des personnes qui ont vécu une enfance difficile, qui ont été maltraitées ou incomprises par leur famille.

Pour sortir de cette croyance, j'ai plusieurs conseils à vous donner :

Cela peut paraître futile, mais je peux vous conseiller de vous relooker seul ou avec l'aide d'un coach en image. Le relooking consiste à trouver un nouveau style vestimentaire, une nouvelle coiffure, et/ou un nouveau maquillage qui correspond davantage à ce que vous êtes au fond de vous. Il est aussi bien accessible aux femmes qu'aux hommes. Le but du relooking est de mettre vos atouts en valeur et de laisser transparaître votre beauté dans votre apparence physique. Je connais de nombreuses personnes qui, après un relooking, ont repris confiance en leur capacité à plaire et à séduire. Cela leur a permis de constater qu'elles pouvaient plaire à beaucoup de personnes et se sentir valorisées.

Mettez-vous au max de votre potentiel bogossitude. Allez à la salle de sport si vous aimez cela, apprêtez-vous et soignez votre hygiène corporelle. Plus vous vous aimez et plus vous prenez soin de vous, plus vous pourrez constater que vous plaisez. Osez vous faire beau/belle !

Jetez un coup d'œil rétrospectif sur votre passé. Y a-t-il des hommes ou des femmes auxquel(le)s vous avez plu ? Avez-vous refusé des avances car vous étiez en couple ? Avez-vous eu des occasions de flirter avec une personne que vous trouviez attirante au niveau physique ou au niveau de sa sensibilité ? Si tel est le cas, cela prouve que vous pouvez plaire à des personnes capables de vous aimer. Peut-être n'avez-vous pas donné suite à leurs avances, mais l'occasion se représentera.

Le seul moyen à ma connaissance d'effacer une pareille croyance, c'est l'expérience de vie. Plus vous constatez que vous plaisez, plus vous serez certain que les partenaires de couple ne sont pas une denrée rare.

3 – « Je suis capable d'amener une personne à me donner plus d'affection. Je peux amener un avare affectif à changer et à s'ouvrir à moi. »

C'est à mes yeux la troisième croyance à l'origine de la dépendance affective. Il arrive fréquemment que la personne dépendante affective s'engage en couple avec un(e) partenaire qui ne lui manifeste pas toute l'affection qu'elle souhaite avoir.

Le dépendant affectif va alors tenter d'amener l'autre à lui témoigner plus d'affection. Il va lui demander des câlins et de l'attention et ira peut-être jusqu'à lui mettre la pression pour obtenir ce qu'il veut.

Le problème dans cette situation n'est pas le désir d'affection du dépendant affectif. Ce n'est pas non plus le fait que son partenaire soit avare affectivement. L'aspect problématique apparaît lorsque le dépendant affectif cherche à influencer son conjoint à lui donner de l'affection, alors que celui-ci n'en est tout simplement pas capable. Le dépendant affectif cherche alors de l'affection là où celle-ci n'est pas localisée : chez un conjoint avare affectif.

En se maintenant dans ce couple dans lequel ses désirs affectifs ne sont pas comblés, il s'empêche de les combler d'une autre manière et reste sur sa faim.

Si votre partenaire de couple ne vous manifeste pas toute l'attention que vous souhaiteriez recevoir de sa part, n'hésitez pas à communiquer avec lui à ce propos. En échangeant de manière répétée et régulière, vous pourrez déterminer ensemble si oui ou non vous êtes compatibles au niveau affectif. Chacun peut faire un pas vers l'autre. À vous de voir ensuite si ce couple vous permet de vous épanouir et vous procure des avantages ou bien vous ralentit et vous bloque.

Pour sortir de la croyance que vous pouvez faire changer l'autre (ou qu'il changera avec le temps), je vous invite à essayer de faire changer l'autre. Si vous y parvenez, votre croyance sera validée et renforcée. Si vous n'y parvenez pas après avoir appliqué toutes vos idées, alors cela signifie que vous êtes impuissant à changer l'autre et que votre croyance n'était pas en accord avec la réalité.

Vous n'avez pas le pouvoir de changer la nature d'une personne. Par la peur, vous pouvez l'amener à vous obéir, mais une fois que la peur sera partie, le naturel reviendra. Si une personne est d'accord pour faire des ajustements dans son comportement pour vous, alors elle les fera. Mais si elle ne le souhaite pas profondément, vous pouvez tenter de lui mettre la pression pour la pousser à agir, elle n'agira qu'à contrecœur.

Essayez de communiquer avec l'autre pour voir s'il est prêt à effectuer des changements dans son comportement pour vous plaire. Si cela fonctionne, tant mieux. Vous pourrez célébrer votre victoire. Si la communication ne porte pas ses fruits, tentez de communiquer de plusieurs manières différentes, mais si chacune d'entre elles échoue, alors il ne vous reste plus qu'à constater la nature de votre partenaire.

Dans le cas où vous souhaitez que votre partenaire de couple change, il faut d'abord voir s'il est capable de procéder à ces changements de manière durable. Dès lors que vous attendez que l'autre change alors qu'il ne souhaite pas changer, vous souffrez car vous projetez votre bonheur sur un objectif que vous êtes incompétent à atteindre. Je veux dire par là que si vous n'avez pas de pouvoir pour faire changer l'autre et qu'il ne change pas de lui-même, alors espérer un changement de sa part vous plongera dans l'angoisse. Dans ce type de situation, vous dépendez d'une chose sur laquelle vous n'avez aucun contrôle, donc vous vous sentez en insécurité.

Je vous conseille d'abandonner les attentes irréalistes que vous projetez sur l'autre. Regardez-le tel qu'il est et non tel que vous voulez qu'il devienne. Prenez un moment pour porter votre regard sur votre conjoint tel qu'il est ici et maintenant. Avez-vous envie de partager votre vie avec lui ? Est-ce enrichissant pour vous ? Est-ce sécurisant ?

Vous pouvez abandonner vos attentes et l'accepter tel qu'il est, tout comme vous pouvez abandonner votre désir d'être en couple avec cette personne et aller trouver une personne qui correspond à vos attentes en matière de couple.

Le fait d'identifier ces trois croyances limitantes peut dans un premier temps vous aider à apaiser votre esprit et à réduire l'ampleur de votre dépendance affective. Prenez ensuite le temps dont vous avez besoin pour la dépasser définitivement.

CHAPITRE 18 :

CRÉER ET CULTIVER DES RELATIONS DE QUALITÉ CONSEILS POUR LES RELATIONS DE COUPLE ET D'AMITIÉ

UNE STRATÉGIE EFFICACE POUR TROUVER LA PERSONNE QUI VOUS CORRESPOND

Mon avis est que si vous souhaitez dépasser la dépendance affective, le fait de vous forcer à vivre seul n'est pas une solution. Si rien n'a changé dans votre esprit, il se peut que vous soyez toujours dépendant affectif, même après des années de célibat. La solution à mes yeux consiste à aller chercher l'affection et la gentillesse auprès d'un partenaire de couple qui est capable de vous en donner et à trouver votre bonheur dans le célibat en attendant d'atteindre vos objectifs.

Pour cela, voici une stratégie en plusieurs points clés qui vous permettra d'augmenter grandement vos chances de rencontrer un partenaire de couple qui vous correspond.

1 – La liste de critères

Avoir une liste de critères est à mes yeux indispensable si vous êtes dans l'optique de rencontrer le conjoint idéal. C'est elle qui vous aidera à déterminer si oui ou non la personne que vous côtoyez correspond à vos exigences.

De nombreuses personnes veulent faire des rencontres mais n'ont pas défini précisément ce qu'elles recherchaient en matière de conjoint. En se mettant en couple avec la première personne venue qui semble leur correspondre, il est possible qu'au fil des mois, elles se rendent compte que leur couple ne leur correspond pas. La séparation se fait alors déchirante.

La liste de critères, si elle est utilisée dès la première rencontre, permet d'éviter beaucoup de souffrances. Il s'agit du récapitulatif de vos exigences concernant ce que doit être votre prochain conjoint. Notez-y tout ce qui est selon vous obligatoire à ce niveau-là, tout ce à quoi le prochain élu de votre cœur doit correspondre pour être compatible avec votre bien-être et vos aspirations.

Vous pouvez y mettre tous les critères que vous souhaitez. Voici tout de même quelques idées de critères généraux qui contribuent au bien-être du couple :

- La communication ;

- Avoir des discussions profondes et sérieuses ;

- La transparence (le fait de connaître la vie sociale de votre conjoint, que celle-ci ne soit pas un mystère pour vous) ;

- Le respect, l'absence de dévalorisation ;

- La constance des intentions de votre conjoint à votre égard ;

- La cohérence entre les actes et le discours de votre conjoint ;

- L'exclusivité de la relation (le fait que votre conjoint(e) ne soit pas déjà en couple avec une autre personne) ;

- Que votre conjoint n'essaye pas de vous changer ou de vous dicter votre conduite ;

- Le fait que votre conjoint s'estime responsable de ses propres actes. Il ne vous accusera donc pas de l'avoir mis en colère, de l'avoir poussé à vous manquer de respecter, et ne vous dira pas que s'il agit d'une certaine manière, c'est de votre faute ;

- Le partage d'activités ou de centres d'intérêts communs.

Une fois que votre liste de critères est prête, il est temps de passer à la période d'évaluation.

2 - La période d'évaluation

Il s'agit des mois durant lesquels vous allez juger si votre nouveau/ nouvelle conjoint(e) correspond à votre liste de critères.

Dans les premiers temps qui suivent votre rencontre avec une nouvelle personne, je vous invite à ne pas vous engager dans votre cœur avec elle avant d'être certain qu'elle corresponde à ce qui est bon pour vous. Vous pouvez vous engager « officiellement » dans un couple avec cette personne tout en gardant en vous une certaine distance, en ne vous attachant pas à elle. Cela vous évitera de souffrir si au fil des mois, vous vous apercevez que la personne ne vous correspond pas.

Avant de vous projeter dans un futur lointain auprès de votre nouvelle rencontre, vous pouvez donc adopter une approche réaliste de la relation. Pour cela, je vous conseille d'alterner entre le mode « moment présent » et le mode « évaluation ».

Lorsque vous passez du temps avec votre chéri(e), je vous invite à vous plonger dans le mode « moment présent », c'est-à-dire à profiter du moment et à être spontané à votre manière.

Ensuite, lorsque le rendez-vous prend fin et que vous vous retrouvez seul chez vous, vous pouvez passer en mode « évaluation ». Cela consiste à relire votre liste de critères et à déterminer si l'autre y correspond ou non.

Que ce soit clair, je ne vous encourage pas ici à tester les réactions de votre partenaire en jouant avec ses émotions, mais plutôt à déterminer si son comportement naturel vous correspond ou non.

N'hésitez pas à évaluer l'autre durant plusieurs mois avant de vous engager avec lui, surtout si vous êtes à la recherche d'une relation longue et sérieuse.

3 - L'autre ne correspond pas totalement à ma liste de critères, que faire ?

Ne laissez rien perturber votre période d'évaluation.

Si vous vous apercevez que votre conjoint ne correspond pas à votre liste de critères, vous pouvez considérer qu'il s'agit là d'une bonne occasion de l'évaluer. Formulez une demande à votre conjoint sous forme de communication non-violente. Parlez à la première personne en employant le « Je » pour lui exprimer votre besoin et ce qui vous plairait.

Sa réaction vous permettra d'en apprendre davantage sur lui et sur ses priorités.

4 - Acceptez de devoir expérimenter plusieurs tentatives avant de réussir

Appliquer cette méthode vous permet d'accroître vos chances de vous engager avec « la bonne personne », c'est-à-dire avec une personne avec laquelle votre relation de couple sera joyeuse et épanouissante.

Cela implique tout de même qu'il est possible que vous rencontriez plusieurs personnes avant de trouver celle qui vous correspond.

De nombreuses personnes cherchent le partenaire de couple idéal et ne veulent pas se tromper. Si vous êtes dans ce cas, il faut accepter qu'il est probable que vous deviez procéder à plusieurs essais pour apprendre à vous connaître avant de réussir.

Si vous vous dites que vous devez trouver le conjoint parfait avec lequel vous allez vivre toute votre vie, et que vous n'avez droit qu'à une seule tentative pour y parvenir, alors il est probable que vous traversiez une période de pression psychologique et d'angoisse intense. En ne vous autorisant qu'une seule tentative, vous réduisez considérablement vos chances de trouver le conjoint parfait. Et si vous vous trompiez ? Cela signifierait que vous avez gâché votre seule tentative. Vous serez alors obligé de choisir entre une douloureuse rupture ou un couple qui ne vous convient pas.

La solution que je peux vous proposer pour vous débloquer est la suivante : acceptez de devoir faire plusieurs tentatives avant de trouver enfin le partenaire de couple qui vous correspond, cela n'implique pas forcément de souffrir en cas de séparation.

La souffrance intervient lorsque vous vous êtes projeté dans le futur avec votre partenaire et que vous vous sentez contraint de mettre fin à votre relation. La projection reste alors présente dans votre esprit (en gros, le futur que vous avez imaginé avec lui est toujours présent dans votre pensée) mais le présent que vous vivez n'y mène plus. L'incohérence entre les deux produit de la tristesse.

5 - L'engagement

Pour éviter d'avoir à faire un deuil, je peux vous conseiller de ne vous engager avec l'autre que lorsque vous serez assuré que cela sera épanouissant pour vous. Il existe à mes yeux deux types d'engagement :

1. L'engagement « officiel ». Il s'agit de la promesse que vous faites à votre partenaire de couple. Vous vous engagez à ne pas le tromper et à vous lancer dans un projet de couple avec lui. Le projet change selon le couple : il peut s'agir de vivre ensemble, de fonder une famille ou encore de se lancer dans un projet d'entreprise familiale.

2. L'engagement « avec le cœur ». Il s'agit de votre investissement émotionnel dans le couple.

Lorsque vous prenez cet engagement, vous décidez de vous impliquer avec votre esprit, votre corps et vos émotions dans ce couple.

Vous pouvez vous engager officiellement avec votre partenaire durant la période d'évaluation et attendre de mieux le connaître avant de vous engager avec le cœur. Cela vous permettra d'éviter de souffrir en cas de séparation, car vous ne serez pas investi corps et âme dans la relation.

Appliquez cette méthode et vous diminuerez vos probabilités de souffrir d'une prochaine rupture amoureuse.

Pour conclure ce chapitre concernant la dépendance affective, je peux vous conseiller d'être bon avec vous-même. C'est cela qui vous aidera à trouver une personne qui vous correspond. En effet, lorsqu'une personne est attirée par vous, elle l'est par votre apparence physique, votre comportement et l'énergie que vous dégagez.

Si votre comportement est autodestructeur, cela se sentira et vous risquerez d'attirer les relations toxiques. De même que si votre comportement est colérique et autoritaire, vous attirerez davantage les personnes soumises ou aimant le conflit.

En étant bon avec vous-même et avec les autres, vous ne vous soumettez pas et vous ne dominez pas. Vous pourrez alors attirer à vous d'autres personnes qui ne soumettent ni ne dominent les autres. Du point de vue de la loi d'attraction, le fait de changer votre comportement et vos pensées est la clé qui vous permet d'attirer à vous ce que vous souhaitez avoir dans la vie.

Passons maintenant aux conseils pour améliorer votre communication au sein du couple.

5 RÈGLES POUR COMMUNIQUER EFFICACEMENT EN COUPLE

La communication est un des piliers fondamentaux d'un couple qui dure. C'est elle qui vous permet de régler les problèmes présents entre vous et votre bien-aimé(e).

Si la communication n'est pas présente au sein du couple, vos problèmes ne se résoudront pas et resteront en suspens. Ils s'accumuleront jusqu'à ce que l'un d'entre vous craque et décide de rompre.

La communication consiste donc à s'accorder avec votre partenaire de couple, à vous remettre mutuellement en question et à trouver des solutions profitables à tous les deux pour avancer.

Voici donc cinq clés importantes pour réussir votre communication de couple :

1 – Ne pas faire de reproches à l'autre ni l'accuser

Le principal ennemi de votre communication est le ton accusateur. Il transforme automatiquement l'échange en rapport conflictuel. Or, quand vous communiquez avec votre conjoint(e), vous ne cherchez pas la guerre mais plutôt à trouver un arrangement de paix.

Voici quelques exemples de reproches à ne pas utiliser lorsque vous communiquez au sein du couple :

« Tu m'as fait telle chose ! »

« Tu as osé faire cela ! »

« Tu manques de maturité ! »

« Tu es paresseux ! » (ou bien égoïste, autocentré, narcissique, immature ou tout autre adjectif accusateur). Employer le ton du reproche amènera votre partenaire à se sentir agressé et à se placer sur la défensive.

2 – La communication non-violente

Plutôt que de parler sur le ton du reproche, voici comment échanger calmement avec votre conjoint. La communication non-violente vous permet de mettre de votre côté toutes les chances de réussir votre communication. Si cela échoue, au moins vous aurez fait de votre mieux et il n'y aura pas de culpabilité à avoir.

Pour la pratiquer :

Exprimez votre besoin ou bien votre malaise à l'autre de manière factuelle (en décrivant les faits) et en parlant au « Je » uniquement. Par exemple, plutôt que de lui dire « tu ne t'occupes pas assez de moi, tu ne penses qu'à sortir avec tes potes ! », dites-lui : « lorsque tu sors avec tes amis plusieurs fois par semaine, je me sens délaissé(e) et abandonné(e) ».

Formulez ensuite une demande à votre conjoint qui vous serait profitable à tous les deux.

Par exemple : « Serais-tu d'accord pour prévoir de passer un soir par semaine supplémentaire avec moi ? »

Demandez-lui s'il est d'accord. Si ce n'est pas le cas, échangez jusqu'à arriver à un arrangement.

Important : si votre conjoint renie votre besoin ou que vous reniez le sien, alors la communication aura échoué. Par exemple, si vous en arrivez à la conclusion que votre souffrance de départ n'est pas si grave que cela et que vous pouvez relativiser, alors le problème demeure non résolu et se représentera.

3 – La reformulation

Reformuler le propos de votre conjoint(e) vous permet de vous assurer de l'avoir bien compris. Lorsqu'il/elle vous exprime son point de vue, vous pouvez l'écouter jusqu'à ce qu'il/elle ait fini de parler. Ensuite, répétez ce qu'il a dit avec vos mots et demandez-lui si vous avez bien compris son message.

Par exemple :

Votre conjoint vous dit : « J'en ai marre de devoir faire plus de choses que toi pour la maison. Tu travailles et tu t'amuses, mais tu ne m'aides presque jamais à entretenir la maison ».

Vous pouvez reformuler de la sorte : « si je comprends bien, tu souhaites que je m'occupe davantage des tâches ménagères ? ».

N'hésitez pas à demander à votre conjoint de reformuler à son tour ce qu'il comprend de votre discours. Plus vous reformulerez le propos de votre interlocuteur, plus il se sentira compris, et plus vous parviendrez à trouver un terrain d'entente commun.

4 – Maîtrisez vos émotions, ne parlez pas lorsque vous êtes en colère

Maîtrisez vos émotions pour réussir votre communication. Parler à l'autre sous le coup de la colère n'aura aucun effet positif concernant le bien-être de votre couple.

Si vous sentez la colère monter en vous, je vous encourage à la maîtriser. Respirez par le ventre, forcez-vous à réprimer votre ego ou bien quittez la pièce et revenez plus tard.

Le but n'est pas de punir votre partenaire par un silence radio en attendant que passe votre colère, mais plutôt de faire un effort pour ne pas laisser votre ego s'emporter, ce qui ne fera qu'envenimer les choses entre vous deux. Si vous vous sentez énervé, alors prenez le temps de vous calmer et expliquez à votre partenaire ce qui vous a déplu.

5 - Persévérez

Il est très probable que vos problèmes de couple ne soient pas réglés en une seule session de communication. Le but est de progresser dans leur résolution à chaque échange.

Dans le cas où vous êtes tous deux ouverts à la communication, je vous encourage à persévérer dans la pratique. Elle portera progressivement ses fruits.

Plus vous communiquerez, plus vous pourrez vous ouvrir et vous dévoiler à votre partenaire de couple. C'est dans ce sens-là que le couple est à mes yeux un merveilleux outil de développement personnel.

Afin d'améliorer votre pratique de la communication de couple, je vous conseille de ne pas tenter d'appliquer tous mes conseils en une seule fois, mais plutôt de choisir un point sur lequel vous allez travailler. Par exemple, la prochaine fois que vous parlerez avec votre conjoint, vous pouvez vous fixer pour objectif de vous améliorer en reformulation. La fois suivante, vous pourrez tenter la communication non-violente.

La relation de couple est à mes yeux la chose la plus complexe que puisse expérimenter un être humain. Elle fait ressortir des émotions enfouies, le place face à ses incohérences et l'amène à prendre des décisions importantes. Une partie importante des challenges quotidiens des êtres est liée à la relation de couple. Sans elle, de nombreux problèmes n'auraient pas lieu, mais nous la recherchons car elle nous apporte beaucoup de joie. À la fois mystérieuse, énigmatique, joyeuse, complexe et source de souffrance, la relation est un pilier de développement personnel. Elle permet de grandir intérieurement dans la joie comme dans la peine.

L'IMPORTANCE DE CRÉER DES RELATIONS POSITIVES

Nous avons énuméré ensemble les différents schémas de relations toxiques. Voyons maintenant comment se créer des relations saines et positives à tous les niveaux.

Concernant le cercle relationnel, les personnes hypersensibles peuvent rencontrer différentes problématiques récurrentes :

- Avoir envie de rencontrer des semblables tout en ignorant comment s'y prendre ;

- Se sentir isolées et incomprises ;

- Avoir compris l'importance de créer des relations saines, mais entretenir consciemment ou inconsciemment des relations toxiques ;

- Se refermer dans leur solitude car les relations sont perçues comme synonymes de souffrance.

Une relation est un échange d'énergie entre deux personnes. Dès lors que vous communiquez avec quelqu'un, quelque chose se transmet de vous à lui et de lui à vous. Qu'il s'agisse d'une discussion, d'un câlin ou d'un simple regard, un échange a lieu entre vous et votre interlocuteur.

C'est pourquoi il est important de s'entourer de personnes positives et de travailler votre positionnement vis-à-vis des personnes qui vous tirent vers le bas. Même si aucun mot n'est dit, vous échangez en permanence de l'énergie avec les personnes présentes autour de vous ou dans votre esprit. Prenons le cas d'un glaçon trempé dans un verre d'eau chaude : la température de l'eau diminue tandis que celle du glaçon augmente. Pourtant, ils n'ont pas besoin de discuter pour cela.

Le même phénomène se produit entre vous et les personnes que vous côtoyez. Votre état d'esprit ne sera pas forcément le même si vous passez la journée dans une pièce avec dix moines bouddhistes ou bien avec dix pervers narcissiques.

Étant plus sensibles que la norme aux interactions d'énergie entre les personnes, les hypersensibles ont un grand besoin de rompre les liens toxiques et de créer ensuit des liens sains. Vos journées ne comportent que vingt-quatre heures. En moyenne, un tiers de ce temps est consacré à votre sommeil. Vous passez une partie du temps qu'il reste seul, et le reste est partagé avec d'autres personnes. Ces interactions peuvent influencer votre esprit et donc ce que vous allez faire de votre temps de vie. Voilà pourquoi il est important de s'entourer de personnes saines et de se protéger des relations toxiques. Votre temps de vie est limité. Remplissez-le avec des relations de qualité.

Plus vous progressez dans votre développement personnel, plus ce que vous considériez hier comme désagréable devient aujourd'hui insupportable.

Voyons ensemble comment se créer des relations saines, comment apprendre à dire non et comment couper les liens toxiques.

5 Conseils pour faire des rencontres de qualité

Avant de voir comment tisser des liens de qualité avec les personnes de votre entourage, voyons ensemble comment se créer un entourage de qualité. Certaines personnes ont des facilités à parler aux gens qu'elles croisent et à se faire des amis. D'autres ne savent pas comment s'y prendre et peuvent vivre une véritable situation de blocage mental, partagés entre l'envie de se faire des amis et la peur de l'autre.

Je pars du principe que nous ne pouvons pas créer les mêmes liens avec chaque personne. Il existe de très nombreux types de relations :

- Les relations amoureuses ;
- Les relations amicales ;
- Les relations thérapeutiques ;
- Les relations toxiques et vampiriques ;
- Les relations professionnelles ;
- Et bien d'autres.

Avant de chercher à créer des liens avec les gens que nous rencontrons, mieux vaut partir sur de bonnes bases. C'est pourquoi je vous propose cinq conseils pour faire des rencontres de qualité qui sont propices à la création de liens amicaux.

Ce type de lien est important pour l'épanouissement de chacun, en particulier celui des personnes hypersensibles. Souvent incompris par leurs parents ou par leurs collègues, ils ont besoin de s'entourer de leurs semblables afin de partager une vision du monde similaire. Même s'ils se comptent sur les doigts d'une main, les amis d'une personne hypersensible lui apportent un soutien immense, lui permettent de prendre du recul sur ses problèmes et de partager des moments complices dans l'écoute et dans le non-jugement en toute circonstance.

1 - Pratiquez vos passions à plusieurs

Si vous avez une passion ou un centre d'intérêt, je vous invite à le pratiquer accompagné d'autres personnes. Cela vous permettra de rencontrer des gens qui sont passionnés par le même domaine que vous. Cela augmente vos chances de faire des rencontres de qualité pour trois raisons. Premièrement, vous pourrez pratiquer ce que vous aimez avec autrui, ce qui créera automatiquement des liens. Deuxièmement, vous pourrez échanger avec ces personnes à propos de votre passion en dehors des heures de pratique. Troisièmement, une personne qui est passionnée par le même domaine que vous est susceptible de vous ressembler sur de nombreux points hormis la pratique. Elle peut avoir une sensibilité similaire à la vôtre et partager votre vision du monde.

Si vous ne connaissez pas vos passions, vous pouvez vous reporter au chapitre de ce livre sur le sens de la vie. Autrement, il n'est pas nécessaire de trouver une activité qui nous passionne au point de nous obséder, mais simplement une activité que nous aimons faire et auquel à laquelle nous portons de l'intérêt.

Il existe de nombreux moyens de pratiquer sa passion à plusieurs :

Rejoindre un club de pratique ;

Participer à des salons, des rassemblements ou autres événements en lien avec l'activité concernée ;

S'inscrire dans des groupes sur les réseaux sociaux et pouvoir être tenu au courant des prochains événements.

2 - Meetup

Meetup est un site internet qui vise à rassembler des gens autour de centres d'intérêt qu'ils ont en commun, que ce soit une passion, une cause pour laquelle on s'est engagé ou une pratique spirituelle ou professionnelle.

Sur ce site, vous avez la possibilité de créer un événement gratuit ou payant auquel d'autres utilisateurs peuvent participer, ou bien de participer aux événements organisés par d'autres membres. Vous pouvez donc participer à des activités en groupe liées à un de vos centres d'intérêt et rencontrer de nouvelles personnes qui sont dans la même optique que vous : faire des rencontres et pratiquer leur passion.

Personnellement, j'ai déjà fait de belles rencontres lors d'événements organisés sur Meetup et je vous recommande d'utiliser ce site si vous souhaitez élargir votre cadre social.

Le lien du site : https://www.meetup.com/fr-FR/

3 - Les stages et conférences

Toujours sur le même modèle, le fait de participer à des stages ou d'assister à des conférences liées à vos centres d'intérêt vous permet d'entrer en contact avec des personnes intéressées par les mêmes sujets que vous. C'est dans ces rassemblements de personnes que vos chances de tisser des liens avec vos semblables sont accrues.

Afin de trouver un stage ou une conférence qui vous convient, il suffit d'effectuer une recherche sur Google ou dans l'onglet « événements » de Facebook en tapant les mots clés « stage » ou « conférence » suivis du nom de votre centre d'intérêt et de votre ville ou région. Par exemple : « conférence de développement Paris » ou « stage d'équitation Nantes ».

Lors d'un stage ou d'une conférence, n'hésitez pas à poser des questions à l'organisateur et à participer. Cela vous fera déjà connaître du public. Ce sera plus facile pour les autres participants d'engager ensuite une discussion avec vous. Vous pouvez ensuite attendre la fin de l'événement ou les moments de pause pour entamer une discussion avec eux.

4 - Voyager avec des inconnus

Le voyage est LA chose par excellence qui permet de tisser des liens forts et authentiques avec une personne. Après avoir voyagé durant plusieurs jours ou semaines avec une personne, votre relation ne sera plus la même. Quelque chose aura changé entre elle et vous pour plusieurs raisons :

- Vous passez plusieurs jours de suite avec la (ou les) personne(s) qui sont vos compagnons de voyage. Vos énergies respectives ont le temps de s'habituer l'une à l'autre.

- Vous vivez des moments forts ensemble : des moments bons et joyeux tout comme des moments difficiles au cours desquels il y a un challenge à surmonter.

- Vous avez le temps d'apprendre à connaître l'autre. Il n'est pas nécessaire de créer rapidement des liens à la fin d'une conférence ou dans un événement organisé sur Meetup. Ici, vous pouvez vous détendre. Il n'y plus de contrainte de temps, rien à surveiller.

Il existe plusieurs sites permettant d'organiser ou de participer à des voyages avec des inconnus, notamment Meet to travel ou Barounding.

Sur Meet to travel, vous pouvez publier votre idée de voyage et attendre que d'autres participants vous contactent pour y participer ou bien participer aux voyages proposés par les voyageurs déjà inscrits. Les voyages peuvent être de tous genres : road trip de six mois en Australie, voyage d'un week-end dans un coin de votre pays, ou encore vacances luxueuses en Asie par exemple.

Sur Barounding, vous pouvez soumettre votre proposition de voyage au site qui l'approuvera ou non ou bien participer aux voyages déjà proposés. Les voyages y sont en général plus coûteux, organisés sur plusieurs jours avec ou sans agence.

Selon votre inspiration, en combinant ces deux sites, il y en a pour tous les goûts. Meet to travel : http://meettotravel.com/

Barounding : https://www.barouding.fr/

5 - Les retraites spirituelles

Une retraite spirituelle est un voyage intérieur et extérieur. En général encadrée par un ou plusieurs organisateurs, elle vise à regrouper les participants sur plusieurs jours dans un lieu apaisant et propice au retour à soi. Le nombre de jours peut varier selon la retraite, tout comme le programme.

- Voici quelques exemples de retraites spirituelles dont j'ai eu connaissance :

- Une retraite spirituelle de yoga sur sept jours et sept nuits en Indonésie. Le yoga sera pratiqué deux fois par jour ainsi que diverses activités choisies par l'organisateur.

- Une retraite sur le thème du chamanisme et de la pratique du surf, alliant rituels chamaniques et sports aquatiques au Costa Rica.

- Une marche de sept jours dans le désert Marocain encadrée par l'organisateur ainsi que des guides expérimentés, le tout organisé par la société Maroc en Conscience.

- Une retraite de dix jours de silence et de pratique de la méditation Vipassana (une sorte de scan corporel avancé) organisée à divers endroits de France.

- Les retraites de coaching et de pratique de la sophrologie que j'organise en France et à l'étranger.

Pendant un week-end ou bien une semaine nous avançons ensemble dans le développement personnel et la connaissance de soi au travers du coaching, de la pratique de la sophrologie et de l'exploration de lieux inspirants, le tout dans la bienveillance et le non-jugement.

Lors d'une retraite spirituelle, vous rencontrez donc de nouvelles personnes, aussi bien les organisateurs que les participants qui sont venus dans un but pacifique tout comme vous. L'ambiance est en général bienveillante et propice au travail sur soi. Si vous souhaitez rencontrer de nouvelles personnes, voyager et grandir spirituellement en même temps, je vous recommande de tenter ce genre d'expérience.

Comment appliquer ces idées ?

Dans le cas où vous souhaitez vivement rencontrer de nouvelles personnes, je vous encourage à appliquer au moins deux de ces cinq idées sans plus attendre. Vous pouvez par exemple vous fixer un événement toutes les deux semaines sur une période de six mois.

Le principe est de participer à plusieurs événements différents de manière continue. Il est tout à fait probable que vous n'ayez d'affinités avec aucune personne rencontrée lors de vos premiers événements. Ne vous découragez pas et persévérez.

Si votre objectif est de faire des rencontres de qualité, visez des résultats sur le long terme plutôt que sur le court terme. Par exemple : dites-vous plutôt que vous souhaitez vous faire un nouvel ami dans six mois plutôt que dans une semaine. Cela paraît évident, mais je sais par expérience que certaines personnes qui se sentent isolées souhaitent mettre rapidement un terme à ce vide social et angoissent car elles ne se font pas rapidement de nouveaux amis.

COMMENT SE FAIRE DES AMIS GRÂCE À LA STRATÉGIE DE L'ENTONNOIR

Un ami, pour moi, c'est quelqu'un avec qui vous allez vous organiser pour partager du temps de qualité. Selon vos attentes et la nature de cet ami, le temps de qualité portera sur différents domaines. Avec certains amis, il est donc possible de partager des voyages, des jeux ou des moments drôles, tandis qu'avec d'autres, vous pouvez aussi échanger des conseils et du soutien.

Je considère les amis comme une richesse. Afin de récolter cette richesse en abondance, il convient donc de semer des graines d'amitié et de bienveillance tout au long de votre vie. Cela vous garantira une récolte abondante durant les prochaines années. Les graines peuvent mettre du temps à germer, et les résultats peuvent mettre du temps à venir, mais il ne faut pas se décourager : continuez à les semer.

Les personnes hypersensibles ont plus besoin que d'autres de s'entourer de leurs semblables. Leurs émotions sont intenses et parfois écrasantes et elles peuvent se sentir seules, incomprises, ou isolées dans un monde dans fou. Le fait de côtoyer des personnes perçoivent le monde comme elles leur fait beaucoup de bien. Cela leur permet de se sentir écoutées, comprises et de pouvoir partager leur vision du monde avec un semblable.

Voici donc quelques conseils pour se faire de nouveaux amis.

La stratégie de l'entonnoir

Cette stratégie consiste à faire de nombreuses nouvelles rencontres pour augmenter vos chances de créer de forts liens amicaux avec certaines personnes.

Je pars du principe qu'il existe plusieurs types de liens amicaux :

1. Les moments sympathiques échangés au gré des rencontres (lorsque vous croisez une nouvelle personne et que vous passez du bon temps avec elle).

2. Les personnes avec lesquelles vous allez vous organiser pour passer du temps de qualité. Cela implique une envie mutuelle de se voir et de s'organiser pour cela.

3. Les personnes avec lesquelles vous allez passer des moments significatifs de votre vie : des moments forts, qu'ils soient plaisants ou difficiles. Il peut s'agir d'une aventure à l'étranger, d'aide mutuelle dans la résolution de vos problèmes, de collaboration professionnelle...

Au cours de toutes les nouvelles rencontres que vous allez faire, vous allez dans un premier temps rencontrer des personnes qui se situeront dans la première catégorie et passerez avec elle du temps de qualité échangé au gré des rencontres. Vous pourrez ensuite garder contact avec seulement une partie d'entre elles en fonction de votre entente et de votre désir mutuel de vous revoir.

Vous allez vous organiser pour revoir des personnes et parmi elles, seule une petite portion sera apte à partager des moments forts avec vous.

Vos nouveaux amis seront donc les personnes qui seront passées au travers de ces filtres, leur nombre se réduisant à chaque passage.

Si vous avez une grande envie d'enrichir votre cercle social et que vous êtes prêt à appliquer cette stratégie, encore une fois, visez des résultats sur le long terme uniquement. Si vous souhaitez vous faire des amis à court terme, vous serez sous pression, attendant de chaque nouvelle personne qu'elle passe les trois filtres. C'est cette attitude qui fait fuir les gens.

Le plus gros du travail consiste à lâcher-prise relativement à l'attente d'un résultat rapide et immédiat. Pour y parvenir, je vous conseille d'être très attentif à vos angoisses. Dès lors que vous vous surprenez en train d'angoisser parce qu'une personne que vous avez rencontrée ne souhaite pas vous revoir, il est important de canaliser l'énergie de cette angoisse d'une manière différente. J'entends par là que si vous mettez la pression à l'autre pour qu'il ait envie de vous revoir, l'effet inverse se produira et il sera plus distant (du moins, la plupart du temps, c'est ce qui se produit).

Lorsque vous angoissez, je vous invite à mettre le paquet sur les actes qui sont utiles. Chaque fois que vous vous surprenez à angoisser car vous n'avez pas autant d'amis que vous le souhaitez, vous pouvez vous programmer une nouvelle sortie. Le fait de cogiter à ce sujet ne portera ses fruits que s'il est suivi d'actes.

Pour pallier à une angoisse, rien de mieux que les actes sécurisants.

NE PAS PROJETER D'ATTENTES INJUSTIFIÉES SUR LES PERSONNES

Vous en avez assez d'être déçus par les autres ? Vous souhaitez pouvoir compter sur eux, qu'ils soient fiables et tiennent leurs engagements ? Il existe une très bonne méthode pour cela : ne plus projeter sur les autres des attentes injustifiées.

Pour vous citer un exemple : Cécile invite son ami Julien à sa fête d'anniversaire. Celui-ci lui répond qu'il sera là pour dix-neuf heures et Cécile compte donc sur sa présence pour organiser la soirée. C'est en réalité à vingt-et-une heure que Julien se pointe, désolé de son retard. Cécile, furieuse, lui fait jurer que la prochaine fois, il sera à l'heure.

Lors de la soirée suivante, quelques semaines plus tard, Cécile invite à nouveau Julien qui lui confirme sa venue en début de soirée, alors qu'en réalité il n'arrive qu'en fin de soirée. Encore une fois, Cécile est déçue et fait jurer à Julien d'arriver à l'heure la prochaine fois.

Toutes les soirées suivantes fonctionnent sur le même schéma.

Le problème n'est pas en soi le fait que Julien arrive en retard. Les attentes de Cécile ne sont pas non plus problématiques en elles-mêmes.

L'aspect problématique de la situation vient du fait que Cécile projette sur Julien des attentes qui sont incompatibles avec lui. C'est l'incompatibilité entre les attentes et la personne sur qui elles sont projetées qui est problématique.

Je vous encourage donc à prendre le temps de bien connaître les personnes afin de les voir telles qu'elles sont et non telles que vous voudriez qu'elles soient. Si vous avez trop d'attentes vis-à-vis d'une personne, vous risquez fort d'être déçu. Avez-vous déjà réussi à combler entièrement les attentes d'une personne à cent pour cent ? Non ? Alors n'en demandez pas tant aux autres.

Dans tous les cas, les personnes sont ce qu'elles sont et non ce que vous voulez qu'elles soient, que vous soyez en accord ou non avec ce fait, alors autant le prendre en compte dans votre équation. Cela vous permettra de vous libérer des attentes irréalistes et de satisfaire vos désirs là où vous le pouvez

Pour reprendre l'exemple de Cécile et Julien, il existe plusieurs solutions à la situation :

- Cécile peut accepter que Julien ne soit pas quelqu'un de ponctuel. Elle n'a pas besoin de lui en vouloir pour cela.

- Elle peut accepter qu'en invitant Julien à une soirée, il est fort probable qu'il arrive en retard. L'invitation formulée en connaissance de cause, elle ne sera pas déçue par son prochain retard.

- Elle peut aussi refuser d'inviter Julien si elle souhaite que tout le monde soit présent à l'heure et se contenter d'inviter des personnes ponctuelles.

- Cécile peut aussi proposer d'autres types de sorties à Julien pour lesquelles la ponctualité n'est pas de rigueur.

- Dans tous les cas, rien ne l'oblige à voir Julien. Mais si elle souhaite le voir, elle peut prendre en compte le fait que Julien n'est pas une personne ponctuelle.

Je vous encourage donc à aller satisfaire vos attentes là où l'objet de votre attente est réellement situé. Si vous êtes déçu, vous êtes seul responsable de votre déception. L'autre est responsable de ses actes irrespectueux, je vous l'accorde, mais vous êtes responsable de l'émotion de déception qui est présente en vous. Cela signifie que vous pouvez exercer une influence dessus en renonçant à vos attentes ou bien en élaborant une stratégie pour satisfaire vos désirs d'une manière réaliste. Plutôt que d'attendre d'un ami qu'il soit davantage présent qu'il ne le peut, vous pouvez mettre au point un plan pour élargir votre cercle amical par exemple, et rencontrer de nouvelles personnes qui correspondent à ce que vous souhaitez recevoir d'un ami.

Avoir des attentes ou des souhaits n'est pas une mauvaise chose, au contraire. Vous avez le droit de vous respecter et de vous souhaiter le meilleur car vous avez de la valeur. La situation devient problématique lorsque vous attendez de certaines personnes qu'elles se comportent d'une manière contraire à leur nature, surtout si ces personnes ne sont pas prêtes, dans leurs actes, à effectuer des changements.

Les différentes fonctions des amis

Toujours dans la lignée de ce que vous projetez sur les autres, notez que chacun de vos amis a des capacités et des affinités différentes. Certains sont doués pour vous remonter le moral, pour vous aider à comprendre vos problèmes, pour partir à l'aventure avec vous ou bien pour vous faire rire. En apprenant à connaître vos amis, vous pouvez attribuer à chacun d'entre eux une « fonction » différente.

Par exemple, le jour où vos émotions sont au plus bas et que vous avez besoin d'une oreille attentive, rien ne sert d'appeler votre ami qui n'arrive pas à discuter sérieusement pour ensuite lui reprocher qu'il ne vous accorde pas l'écoute espérée. Si la l'amusement est dans sa nature, alors voyez-le quand vous avez envie de vous amuser et non quand vous avez besoin de quelque chose qu'il n'est pas en mesure de vous apporter.

En repérant ce pour quoi vos amis sont doués ou non, vous pourrez donc les respecter en ne leur demandant pas plus que ce qu'ils sont disposés à vous donner.

Le sourire amène le sourire

À quelles personnes avez-vous plus de facilité à sourire ? Aux personnes souriantes, neutres, ou hostiles ?

Une bonne manière de se faire des amis est d'être bienveillant avec les personnes que vous rencontrez sans attendre de bienveillance de leur part en retour. Souriez aux commerçants, aux gens dans la rue, aux personnes que vous rencontrez dans les événements, et vous recevrez de nombreux sourires en retour.

Encore une fois, il n'est pas question de juger les personnes en colère. L'aspect problématique de la situation tient au fait que vous boudiez et que vous preniez un air maussade et renfrogné en croyant que c'est cela qui vous amènera des amis. L'attitude hostile n'amène pas des amis mais plutôt des ennemis.

La meilleure attitude pour se faire des amis est la bienveillance, ou bien une attitude neutre, mais pas une attitude hostile (qui inspire plutôt la crainte et la colère).

PARTIE 4 :

L'EMPATHIE

CHAPITRE 19 :

GÉRER SON EMPATHIE ET NE PLUS EN SOUFFRIR

Durant mes consultations de coaching, j'ai souvent entendu des personnes me dire qu'elles souffraient d'être trop empathiques. Elles assimilent donc l'empathie à une cause de souffrance. Lorsque je les interroge sur ce qu'est l'empathie et pourquoi elles en souffrent, elles me disent qu'elles en ont marre de se laisser vampiriser par les autres, d'être affectées par la souffrance des autres, ou encore de ne pas savoir dire « non ».

D'après ce que j'ai pu moi-même étudier, l'empathie n'est pas en elle-même une cause de souffrance, mais une simple faculté de perception. Souvent suivie d'un comportement autodestructeur, elle est couramment assimilée à une cause de souffrance.

Permettez-moi à présent de vous détailler les différents facteurs de souffrance liés à l'empathie.

L'empathie

L'empathie est votre capacité de perception de l'état émotionnel ou mental de votre interlocuteur. Selon le dictionnaire Larousse, l'empathie est la « capacité de s'identifier à autrui dans ce qu'il ressent ».

En gros, votre empathie vous permet de ressentir l'état dans lequel se trouvent les autres personnes présentes dans votre environnement. Même si aucun mot n'est échangé, vous repérez intuitivement l'état d'esprit dans lequel elles se trouvent. Pour vous citer quelques exemples :

- Vous repérez que quelqu'un est frustré ou en colère, et ce même s'il vous soutien que « ça va » ;

- Vous sentez quand une personne devient d'un instant à l'autre distante à votre égard ;

- Vous percevez ce qu'une personne attend de vous ;

- Vous identifiez si votre interlocuteur est concentré sur ce que vous dites ou bien s'il pense à autre chose au cours d'une discussion ;

Lorsqu'une personne est mal intentionnée envers vous, vous vous sentez mal à l'aise en sa présence.

Intuitivement, vous recevez des informations sur l'état d'esprit des personnes que vous fréquentez. Si nos parents ou le système scolaire ne nous ont pas enseigné ce qu'était l'empathie, il est probable que nous l'ignorions, et que nous nous fiions plutôt à nos pensées qu'à elle, ce qui peut nous attirer des ennuis.

Cette capacité n'est pas une cause de souffrance mais une simple perception de l'état émotionnel ou mental d'autrui. On parle alors d'empathie émotionnelle ou cognitive. Vous avez la capacité de percevoir ce que l'autre ressent et de vous y identifier.

Son utilisation peut être consciente ou inconsciente. Vous pouvez percevoir l'état émotionnel d'une personne sans même vous en rendre compte, tout comme vous pouvez en être conscient et décider ensuite du comportement que vous allez adopter. L'empathie est une capacité de perception et d'identification à l'autre, mais comme toute capacité, vous pouvez l'utiliser de manière intuitive ou bien contrôlée. Pour exemple, vous utilisez en ce moment-même votre capacité de respirer de manière inconsciente. Vous pouvez aussi décider de l'utiliser de manière consciente et « faire exprès » de respirer fort ou à un rythme particulier.

Les humains, les animaux et les végétaux disposent de cette capacité, mais elle est développée chez chaque être d'une manière différente, tout comme le sont la vue ou le toucher. Nous pouvons tous voir avec nos yeux, mais nous ne voyons pas tous de la même manière. Certains ont une vue perçante, d'autres sont quasiment aveugles. Certains sont plus sensibles à des fesses de femmes qui passent dans leur champ de vision, d'autres à des voitures ou des arbres.

L'empathie est, à ma connaissance, active chez tout le monde, même chez les psychopathes, bien que ceux-ci en fassent un usage pathologiquement malveillant. Les manipulateurs pervers narcissiques, par exemple, utilisent leur empathie pour repérer ce qu'ils considèrent comme étant les faiblesses de leurs victimes afin de les exploiter par la suite.

Certaines personnes ont une empathie beaucoup plus développée que la moyenne. On parle ici de personnes hyper-empathiques.

LE COMPORTEMENT QUI SUCCÈDE À L'EMPATHIE

La véritable cause de souffrance n'est pas votre empathie, qui n'est qu'une capacité de perception, mais le comportement que vous adoptez après avoir perçu l'état émotionnel de l'autre. Vous percevez, et ensuite vous adoptez un comportement (la plupart du temps inconscient, sans le décider) qui n'est pas bon pour vous.

Voici les trois comportements entraînant la souffrance qui sont le plus fréquemment adoptés par les personnes empathiques :

1 – Adopter un comportement qui correspond aux attentes de l'autre

Après avoir repéré l'état émotionnel de son interlocuteur, la personne à l'empathie développée peut entrer en résonance avec lui, c'est-à-dire qu'elle va jouer un rôle dans la pièce de théâtre son interlocuteur. Pour vous citer quelques exemples :

- Une personne se plaint. Vous l'aidez à trouver des solutions pour régler son problème. Elle les rejette l'une après l'autre à coup de « oui, mais... ». Vous continuez à vous épuiser à trouver des solutions qu'elle persiste à rejeter. À la fin de la discussion, vous vous sentez vidé.

- Une personne se met en colère contre vous. Vous percevez sa colère et commencez à vous justifier dans le but de l'apaiser. Plus vous vous justifiez, plus elle assoit sa domination sur vous. Encore une fois, vous vous sentez vidé.

- Une personne souffre intérieurement et est décidée à trouver une solution à son problème.

Vous lui en proposez et elle les étudie. Vous sentez son désir d'avancer. À la fin de la discussion, vous vous sentez de bonne humeur.

Entrer en résonance avec l'autre n'est pas forcément quelque chose de négatif. Vous pouvez entrer en résonance avec une personne joyeuse et partager sa joie, tout comme vous pouvez entrer en résonance avec une personne qui vous accuse d'être la cause de son malheur et commencer à culpabiliser.

Le challenge consiste à choisir ses résonances. Nous pouvons accepter la résonance d'un ami et refuser celle d'une personne au comportement vampirique. Je vois la résonance comme une proposition. L'autre adopte un comportement, et libre à moi de choisir si j'entre ou non en résonance avec lui, donc en correspondance avec ce qu'il attend de moi.

Bien entendu, c'est plus facile à dire qu'à faire car chaque comportement autodestructeur que vous adoptez est le fruit d'un conditionnement. Pour plus de détails, je vous invite à vous rendre au chapitre sur la gestion des émotions.

Soyez attentifs, lorsque vous essayez de contenter l'autre, à ne pas conserver votre comportement autodestructeur après que la discussion soit finie. Autrement, vous risquez de vous sentir angoissé jusqu'à ce que vous vous en soyez défait.

Un bon exercice pour se remettre à zéro après avoir vécu ce type de situation consiste à se poser dans un endroit calme et à se souvenir du dernier état émotionnel positif que l'on a vécu. Fermez les yeux et plongez-vous dans le dernier souvenir positif qui vous vient à l'esprit. Portez votre attention sur ce souvenir, le cadre extérieur, vos sensations physiques et vos émotions. Puis, décidez que vous allez garder cet état durant les prochaines heures car l'état négatif que vous aviez auparavant n'est pas utile à l'accomplissement de vos objectifs.

2 – Prendre la souffrance de l'autre pour la guérir : la synchronisation

Un autre comportement autodestructeur lié à l'empathie consiste à s'aligner sur l'émotion de l'autre dans le but de régler son problème. La plupart du temps, ce comportement est inconscient. Lorsqu'il devient conscient, il prend généralement fin. On parle ici de synchronisation.

Il est possible de se synchroniser physiquement sur l'autre ou bien émotionnellement. La synchronisation physique consiste à adopter un comportement physique similaire à l'autre dans le but de le mettre à l'aise. C'est d'ailleurs une technique de coaching.

La synchronisation émotionnelle consiste à adopter le comportement émotionnel de l'autre.

Le problème des personnes hyper-empathiques est qu'elles se synchronisent à l'autre sans même y prêter attention. Elles ne sont pas conscientes du moment où elles se synchronisent, donc elles ne pensent pas à se dé-synchroniser par la suite et peuvent rester bloquées plusieurs heures, voire plusieurs jours dans l'état de synchronisation, à essayer en vain de régler un problème qui n'est pas le leur.

Pour vous citer quelques exemples de synchronisation émotionnelle inconsciente :

Une personne vous parle de sa vie injuste et de son impuissance à réparer tout le mal qu'on lui a fait. Vous vous trouvez dans le même état émotionnel qu'elle de colère et d'impuissance. Vous vous sentez incapable de rétablir la justice je n'ai pas compris et cela vous travaille, pourtant ce problème n'est pas le vôtre. C'est le problème de l'autre, et vous ne pouvez rien faire pour l'aider à le régler.

Une personne est très angoissée car son compagnon est sur le point de la quitter. Elle vous raconte qu'elle a tout essayé pour le garder mais qu'il va l'abandonner tout de même. Elle vous soutient qu'elle ne supportera pas un abandon (ce qui est faux, elle s'en sortira très bien avec le temps car l'abandon n'est pas un réel danger). Vous commencez à angoisser avec elle et essayez de trouver des solutions pour éviter l'abandon, non pas d'une manière détachée et extérieure, mais comme si vous étiez à la place de cette personne.

Vous rencontrez un ami qui a gagné un match de football. Il vous raconte les exploits de son équipe sur le terrain et a envie de fêter sa victoire. Vous vous calquez sur son état de joie et vous êtes aussi heureux pour lui que si vous aviez gagné le match à ses côtés.

La synchronisation n'est pas un problème en soi. Elle en devient un quand vous la pratiquez de manière inconsciente. Si vous le faites consciemment, vous pouvez, une fois la discussion terminée, choisir de vous désynchroniser de l'autre et de lui laisser le soin de régler son problème qui n'est pas le vôtre. Ne continuez pas à angoisser plusieurs jours durant dans le but de régler le problème de l'autre si vous n'avez aucune solution à y apporter et si celui-ci ne vous concerne pas.

Vous pouvez aider les autres personnes à régler leurs problèmes, mais n'oubliez pas que ce problème n'est pas le vôtre. Vous avez déjà vos propres problèmes à régler, alors nul besoin de vous impliquer émotionnellement dans leurs problèmes, surtout si vous n'avez aucun pouvoir d'action sur la situation et si cette émotion vous fait souffrir.

Comment se désynchroniser

Pour vous désynchroniser, vous pouvez appliquer les étapes suivantes :

1. Prendre quelques respirations lentes et profondes par le ventre. Quand vous inspirez, le ventre se gonfle pour accueillir l'air. Quand vous expirez, il se dégonfle pour accompagner l'air vers la sortie.

2. Décidez que le problème de l'autre n'est que son problème et non le vôtre. Vous avez fait votre part pour l'aider. Vous pourrez recommencer quand vous le souhaiterez. Mais maintenant, vous pouvez lui laisser le soin de régler son problème.

3. Concentrez-vous sur vos objectifs personnels, et faites de suite une action qui vous permet d'avancer vers leur achèvement.

Comment éviter de se synchroniser

La première clé pour éviter de se synchroniser à l'autre est de rendre ce phénomène conscient.

Soyez conscient du moment où vous souffrez en lien avec votre implication dans les problèmes d'autrui.

Vous pouvez ensuite éviter de vous synchroniser de deux manières. La première consiste à choisir de ne pas aider l'autre à résoudre le problème dont il vous parle. Vous avez le droit de lui dire « non » car vous avez besoin de vous dire « oui » à vous.

La deuxième manière de ne pas se synchroniser consiste à aider l'autre d'une manière utile et plus réaliste. Dans un premier temps, lorsqu'un proche vous parle de ses problèmes (dans le cas où vous souhaitez l'aider), demandez-lui ce qu'il attend de vous. Souhaite-t-il simplement avoir votre oreille attentive, se plaindre, obtenir votre aide pour trouver des solutions, recueillir votre avis sur son problème ? Cela vous évitera de chercher des solutions pour une personne qui ne souhaite qu'exprimer sa plainte.

Une fois que vous connaissez l'intention de la personne, vous pouvez juger votre compétence à lui donner ce qu'elle attend. Si elle souhaite se plaindre, peut-être vous sentez-vous trop fragile pour entendre quelqu'un se plaindre, auquel cas vous pouvez le lui exprimer. Si elle souhaite que vous l'aidiez à trouver des solutions, vous pouvez l'aider à votre manière, mais sans vous impliquer émotionnellement dans le problème, juste en lui proposant vos meilleures idées.

Le fait de juger votre compétence à aider l'autre est une puissante clé. Si une personne attend que vous la rendiez heureuse, vous pouvez évaluer si vous avez ou non la capacité de la rendre heureuse. Si oui, libre à vous de l'utiliser ou non. Si non, alors cela ne fait pas de vous une mauvaise personne. Vous pouvez dans ce cas, vous contenter d'écouter l'autre et de le réconforter.

3 – Absorber la souffrance de l'autre

Les personnes dont l'empathie est la plus développée ont tendance à se laisser directement affecter par la souffrance des personnes présentes dans leur environnement. Lorsqu'elles sont présentes dans un lieu public ou un transport en commun par exemple, elles peuvent ressentir la souffrance des personnes environnantes et se sentir mal à leur tour, et ce même si aucun mot n'a été échangé.

L'absorption s'effectue de deux manières. Voici lesquelles et voici leurs solutions.

1) L'échange d'énergie entre les personnes

Lorsque deux personnes se trouvent en présence l'une de l'autre, de l'énergie et des informations s'échangent entre elles. Par exemple : vous ne vous sentirez pas de la même façon selon que vous aurez passé l'après-midi dans un bureau avec dix pervers narcissiques ou avec dix moines bouddhistes, même si vous n'avez échangé aucun regard eux. Selon la manière dont votre énergie est actuellement structurée, vous allez être réceptif à certaines informations que les autres personnes vous envoient. Cet échange est la plupart du temps inconscient.

C'est pour cela qu'en entrant dans une boîte de nuit ou dans le métro, vous pouvez sentir votre état émotionnel baisser. De même que si vous cohabitez avec une personne instable et colérique, sa présence pourra être un frein à votre relâchement psychologique.

La solution la plus simple et directe que je vous conseille est de vous créer l'environnement le plus sain possible. Si vous vous sentez affaibli et angoissé dans certains lieux ou en présence de certaines personnes, alors ne les fréquentez plus. Cela peut paraître bête et simpliste, mais cela fonctionne.

Notre réflexe dans ce genre de situations est de travailler sur soi en espérant arriver à supporter des conditions difficiles. Si vous en tirez un avantage satisfaisant, il n'y a pas de mal à supporter un temps des conditions extérieures déplaisantes. Mais néanmoins, si cela perdure et vous vide de votre énergie, vous pouvez opérer des modifications dans votre cadre de vie pour vous y sentir plus à l'aise.

Lorsqu'une fleur est en mauvaise santé, nous modifions son environnement au lieu de modifier la fleur elle-même. Lorsque l'être humain est en mauvaise santé, il a coutume d'essayer de se modifier lui-même. N'hésitez donc pas à vous écarter des lieux ou des personnes en présence desquelles vous vous sentez mal à l'aise, surtout dans le cas où les côtoyer n'est ni motivant ni challengeant pour vous.

2) L'intention

Selon l'intention que vous avez envers une personne, vous « laissez passer » différentes énergies de sa part. Par exemple : admettons que je me trouve en présence d'une personne qui est persuadée que les autres sont la cause de sa souffrance, qui a un tempérament plaintif et qui a recours au chantage affectif pour obtenir ce qu'elle veut. Selon mon intention, je vais me laisser affecter ou non par son énergie :

- Si mon intention est d'aider (voire de sauver) les gens, et que je crois que je suis responsable du bonheur et du malheur de mes proches, alors je serais réceptif à ses énergies vampiriques. Je lui laisserais la porte ouverte pour me vampiriser.

- Si mon intention est de rester focalisé sur mes objectifs et de ne pas m'en détourner, je serais fermé à toute tentative de vampirisme, n'hésitant pas à couper court la conversation dès qu'elle commence à me prendre du temps.

Dans ce genre de situation, la seule clé est de modifier votre intention. Cela prend du temps et se fait progressivement, au fil des semaines ou des mois. Pour savoir s'il vous est judicieux de modifier votre intention, de fuir ou de modifier votre cadre extérieur, rendez-vous au chapitre sur la gestion des émotions (référence exacte). Dès lors que vous détectez que vous souffrez en lien avec autrui, identifiez l'émotion de souffrance que vous traversez afin de pouvoir travailler sur vous pour ne plus souffrir.

COMMENT GÉRER SON EMPATHIE

Voici quelques conseils pour éviter de souffrir en lien avec votre empathie. Premièrement, l'empathie n'est pas votre problème, il s'agit juste d'une capacité de perception.

Si vous souhaitez la gérer, il faut la développer et la rendre consciente. J'entends par là que vous pouvez vous entraîner à être attentif à ce que vous détectez chez les autres personnes. Que cela s'avère vrai ou faux par la suite, soyez conscients de vos impressions et vos ressentis à leur égard. Si vous sentez que quelqu'un a l'air « faux » ou malveillant, retenez que vous avez eu cette impression la première fois que vous l'avez vu. Il est probable qu'avec le temps, votre ressenti se confirme dans les actes de cette personne.

En rendant consciente votre empathie, vous pouvez par la suite modifier votre comportement qui suit la perception. Ce n'est donc pas votre empathie qu'il faut réprimer pour ne plus souffrir, mais plutôt l'utiliser de manière plus consciente, et modifier le comportement qui suit la perception de l'état émotionnel d'autrui.

Le piège des hyper-empathiques : ne pas oublier que vous existez !

Les personnes qui ont une empathie extrêmement développée peuvent avoir tendance à faire davantage attention aux émotions des autres qu'aux leurs. Dans le quotidien, elles sont aux petits soins pour les autres, essayent de leur plaire, se demandant ce qu'ils pensent d'eux, ou bien voulant les aider. Il n'y a pas de mal à cela, mais la souffrance intervient lorsque nous donnons davantage d'importance aux émotions d'autrui qu'aux nôtres.

Ces personnes peuvent alors sacrifier leurs besoins dans le but de faire plaisir aux autres.

Si vous êtes dans ce cas, j'ai quelques conseils pour vous. L'empathie est une capacité de perception de l'état émotionnel d'autrui. Cet état émotionnel en question, dans notre société, est souvent souffrant et bien agité. Les êtres hyper-empathiques vivent leur quotidien intensément et perçoivent de nombreuses souffrances et attitudes illogiques et incohérentes chez les autres.

Soyez vigilant à ne pas vous laisser absorber par cette expérience au point d'en oublier votre propre monde intérieur.

De nombreuses personnes hyper-empathiques que j'ai pu rencontrer en conférence ou en consultation n'étaient pas conscientes qu'il leur était permis d'accorder de l'importance à leur propre existence. Ils (ou elles) menaient leurs vies en se posant des questions à propos de leurs relations avec les autres, mais à aucun moment ne se demandaient : « Qu'est ce que je veux vraiment ? De quoi ai-je besoin pour me sentir en sécurité ? Qu'est-ce que je sens être bon pour moi ? ».

Il est important de se poser ces questions. Elles vous permettent d'encourager votre monde intérieur à se manifester à la surface de votre esprit. C'est ce que j'appelle « utiliser l'empathie envers soi ». C'est une métaphore, bien sûr, mais par-là, je vous encourage à garder un ?il sur votre monde intérieur lorsque vous êtes attentif à celui des autres. Autrement, vous vous laisserez totalement absorber par votre étude du fonctionnement des autres humains, en oubliant le vôtre, et la souffrance vous y ramènera.

Comment l'empathie influence l'apparition d'un comportement d'auto-sabotage

L'empathie n'est pas la cause de votre souffrance, mais elle influence fortement l'apparition de celle- ci durant votre enfance. Voici comment la souffrance que vous vivez aujourd'hui s'est formée durant votre enfance.

Que ce soit en famille ou à l'école, les enfants grandissent (sauf dans de rares cas) dans un milieu d'amour conditionnel, c'est-à-dire que les parents, les professeurs ou les autres élèves présents à l'école ne manifestent de la sympathie à l'enfant que lorsque certaines conditions sont réunies. L'amour conditionnel consiste à être bienveillant avec une personne seulement si elle le mérite (selon les critères de mérite établis par la personne qui donne l'amour).

Pour vous citer quelques exemples :

- Certains parents ne manifestent de la sympathie à leurs enfants que lorsque ces derniers se comportent en adulte avant l'âge pour combler leurs besoins affectifs. Ils sur- responsabilisent leurs enfants et leur adressent des réprimandes dès lors que ceux-ci adoptent un comportement rêveur et innocent.

- Certains parents poussent leurs enfants à atteindre ce qu'ils estiment être la perfection. Les enfants ne doivent pas faire d'erreur sous peine d'une lourde punition ou d'une réprimande.

- Certains parents ne parviennent pas à gérer leurs émotions. Ils disent à l'enfant qu'il est coupable de leur souffrance. Les parents lui font comprendre qu'il est une mauvaise personne qui ne mérite pas d'amour, sauf lorsqu'il pallie leurs besoins affectifs.

- Les professeurs forcent les enfants à rester assis sur une chaise et à retenir des informations inutiles et inintéressantes durant une trentaine d'heure par semaine. Si les enfants ne font pas ce que le système scolaire à prévu pour eux, ils sont réprimandés, humiliés et subissent des jugements de valeur. Pourtant, le système scolaire ne respecte pas la nature réelle de l'enfant.

Dans tous ces exemples, les adultes ne manifestent de la sympathie aux enfants que lorsque certains critères sont réunis. Donc, pour recevoir de la sympathie et éviter l'hostilité et l'antipathie, l'enfant doit réunir ses critères. Il doit se comporter comme les adultes l'ont décidé. Bien que ces adultes croient bien faire parce qu'ils ne connaissent aucun autre mode de fonctionnement, leur comportement reste toxique à la croissance de l'enfant. Le fait que les parents fassent de leur mieux pour éduquer leurs enfants ne change rien au fait que leur comportement engendre la souffrance de ce dernier.

Certes, il existe des exceptions à cette règle. Certains parents parviennent à donner de l'amour à leurs enfants sans condition (ce qui n'exclue pas une réprimande de temps en temps), et certaines écoles alternatives respectent la nature de l'enfant et l'accompagnent au mieux dans sa croissance tout en respectant le programme imposé par l'éducation nationale. Ces cas existent mais sont rares. Les parents sains existent et font de leur mieux pour aider leurs enfants à se développer. Plus le cadre dans lequel l'enfant grandit est sain, plus ce dernier aura des facilités à être heureux lorsqu'il sera adulte.

L'amour inconditionnel consiste à aimer l'enfant quoi qu'il fasse. Cela n'empêche pas de le punir ni de le gronder, mais toujours dans une intention pédagogique. Aimer consiste à agir pour le bonheur de l'autre, ou bien à ne pas agir pour son malheur.

L'amour conditionnel consiste à traiter l'enfant en objet. Il aura pour fonction d'apaiser les émotions d'un adulte psychotique ou névrotique qui tiendra le rôle de parent ou de professeur. La personne qui vit dans l'amour conditionnel aime l'autre lorsqu'il comble un de ses besoins et ne l'aime plus lorsqu'il arrête de combler ce besoin. Par exemple, un parent peut n'aimer son enfant que lorsque celui-ci est présent pour le soutenir dans les coups durs de la vie. Si l'enfant en a marre d'écouter son parent se plaindre, celui-ci se montrera froid et hostile envers lui.

L'enfant, quant à lui, est coincé avec ses parents et professeurs. Il est contraint de vivre dans ce cadre et ne sait pas comment le fuir. Pour parler crûment, l'enfant est coincé avec des fous et il ne peut pas s'évader. Il vient au monde en étant sain, mais est contraint de s'adapter aux adultes fous auprès desquels il est forcé de grandir.

De son côté, l'enfant qui grandit auprès d'adultes narcissiques ou enclins à l'amour conditionnel reçoit régulièrement des manifestations de violence ou de colère qu'il n'est pas prêt à surmonter. C'est difficile à vivre pour lui. Il est alors contraint de faire face et de s'adapter.

C'est là que l'empathie entre en jeu. Elle sera utile à l'enfant pour détecter l'état émotionnel des adultes névrotiques et ainsi anticiper leurs réactions hostiles. À force d'être plongé à répétition dans des situations de violence, de colère, de froideur et d'indifférence, il parviendra à comprendre ce qu'il doit faire pour éviter de souffrir. Ne pouvant pas fuir le domicile familial ni l'école et ayant besoin d'affection et de non-violence, il va donc faire de son mieux pour combler ses propres besoins dans une situation dysfonctionnelle.

L'empathie est donc un outil qui lui permet de percevoir l'état émotionnel des autres personnes pour ensuite s'adapter et éviter de les amener à déclencher des émotions de souffrance pour ne pas en subir les retombées. Si les adultes ne gèrent pas eux-mêmes leurs émotions, c'est l'enfant qui va tenter de les gérer à leur place. Il va donc prendre inconsciemment la fonction d'un objet utile pour apaiser les émotions de souffrance des adultes. Il mettra en place un comportement d'autocensure et façonnera son énergie de la manière la plus utile pour survivre.

L'enfant va donc adopter des comportements qui ne sont pas sains pour lui dans le seul but d'éviter la violence et de recevoir de la gentillesse et de l'amour. Voici quelques exemples :

- La tendance au sacrifice de soi sera un moyen de combler les besoins affectifs des autres personnes dans le but d'éviter d'affronter le conflit et la colère d'un adulte qui se sentirait abandonné ou frustré ;

- La dépendance affective sera un moyen de se raccrocher à l'amour d'un adulte qui a du mal à en donner ;

- La colère sera un moyen de réparer par la violence les injustices subies au quotidien, ou de se défendre dans un climat violent.

Moins le climat dans lequel vit l'enfant est sain, plus il doit s'adapter pour survivre. Pour ce faire, il sollicite et développe grandement sa capacité d'empathie afin de comprendre les adultes et d'anticiper leurs réactions. Cela lui permet de s'adapter à eux et d'adopter un comportement visant à éviter de les froisser afin de pouvoir rester en paix le plus longtemps possible.

Bien entendu, l'empathie n'est pas le seul facteur qui engendre chez l'enfant un comportement destructeur : les traumatismes jouent aussi, ainsi que les croyances qui nous sont transmises par nos parents ou par la société.

Un enfant qui vit dans un cadre malsain développera donc un comportement autodestructeur qui lui permettra de survivre. Par exemple : un enfant qui vit avec des parents pervers narcissiques prendra l'habitude de s'écraser et de se sacrifier pour contenter les autres car cela lui évite de subir de la violence. Le problème pour l'enfant est alors le comportement de ses parents et le comportement autodestructeur est une stratégie efficace face à ce problème.

Une fois parvenu à l'âge adulte, il y a de fortes chances pour que l'enfant garde le comportement autodestructeur qu'il a adopté pour survivre durant son enfance. Il se retrouve alors à agir dans le monde comme il agissait au sein de sa famille, alors que les autres personnes ne se comportent pas forcément comme ses parents.

Son problème n'est plus situé à l'extérieur de lui mais à l'intérieur : son comportement et ses croyances ne sont plus adaptés à son environnement. Il doit donc en changer. C'est là que les conseils contenus dans ce livre pourront vous aider.

UTILISER SON EMPATHIE TELLE UNE FORCE

Pour utiliser votre empathie telle une force, mon avis est que vous pouvez régler vos problèmes du quotidien un par un. Ce faisant, vous allez travailler sur vous, faire des actions qui demandent du courage, vous remettre en question, et comprendre votre monde intérieur et extérieur. C'est en apportant une solution définitive et radicale à chacun de vos problèmes que vous allez apaiser vos émotions de souffrance. Chaque situation que vous considérez comme un problème, comme un obstacle difficile et gênant vous obligera à en apprendre davantage sur vous pour la surpasser.

Plus vous avancez sur la voie de la résolution de vos problèmes, plus vous prenez du recul sur vous- mêmes et votre esprit s'apaise.

L'empathie est déjà une grande force en elle-même. Toutefois, ce qui cause nombre de vos problèmes est le fait que vous l'utilisiez contre vous-mêmes et non à votre service. Si vous utilisez votre empathie pour mieux comprendre les intentions des gens et ainsi atteindre vos objectifs de vie, alors elle sera une force. Si vous l'utilisez pour vous auto-censurer, alors elle sera facteur de souffrance. En elle-même, elle est neutre, un peu comme un couteau qui peut être utilisé pour tuer et blesser ou bien pour découper la nourriture que nous allons manger. Il est soit allié de la mort, soit allié de la vie. L'empathie peut être considérée comme un couteau. Soit vous êtes attentif à ce que vous percevez chez autrui pour ensuite vous contorsionner afin d'éviter qu'il soit mécontent, soit vous l'êtes pour mieux reconnaître les personnes qu'il vous est sain ou malsain de côtoyer.

Voici à présent différents moyens d'utiliser votre empathie telle une force.

La relation d'aide

Si votre travail consiste à aider d'autres personnes, votre empathie vous sera d'une grande utilité pour les comprendre. Elle m'aide et se développe au quotidien grâce à ma pratique du coaching. Grâce à mon empathie, je perçois rapidement l'état mental et émotionnel de mon interlocuteur et je peux ainsi le questionner pour voir si ce que j'ai ressenti est juste ou faux. L'empathie est utile dans la relation d'aide car elle vous permet d'entrer en phase avec le sujet pour le comprendre et l'aider au mieux. Attention toutefois à ne pas vous aligner inconsciemment sur son émotionnel, c'est-à-dire à ne pas souffrir comme il souffre. Les problèmes de l'autre ne sont pas vos problèmes, sauf si vous le décidez. Si vous le souhaitez, vous pouvez vous impliquer mentalement et physiquement dans la résolution des problèmes d'autrui, sans pour autant vous impliquer émotionnellement dedans.

Dès lors que je me surprends en train d'angoisser à la place de quelqu'un d'autre, je prends un moment pour me recentrer. Je me dis « c'est *son* problème, ce n'est pas *le mien*. Je serai plus efficace pour l'aider si je m'y implique mentalement à cent pour cent et émotionnellement à zéro pour cent ».

Il n'est pas question ici d'indifférence, au contraire ! Je vous encourage simplement à ne pas entrer dans un émotionnel de souffrance en lien avec les problèmes des autres personnes, sinon cela deviendra un problème qui s'ajoutera à ceux que vous devez déjà gérer actuellement. Si vous travaillez dans la relation d'aide ou que vous aimez aider vos proches à résoudre leurs problèmes, rien ne vous empêche de vous investir pour les comprendre et les aider à trouver des solutions, mais gardez à l'esprit que leurs problèmes ne sont pas les vôtres. Vous n'êtes donc pas contraint d'y faire face. Détendez-vous.

Votre empathie vous permet également d'identifier les personnes que vous pouvez aider ainsi que l'aide que vous pouvez leur apporter. Certaines personnes vous demandent de l'aide alors que vous ne pouvez pas les aider. Elles veulent des solutions que vous n'êtes pas en mesure de leur apporter, veulent se décharger de leur souffrance sur une personne sensible et réceptive, ou encore, elles vous partagent leur mal-être et réfutent toutes les solutions que vous tentez de leur apporter.

Savoir reconnaître les intentions de ces personnes vous permettra de déterminer trois choses :

1.   Êtes-vous en mesure d'apporter une aide à cette personne ? Il existe des personnes que vous pouvez aider à aller mieux et d'autres personnes que vous ne pouvez pas aider. Vous pouvez aider un ami qui a besoin de réconfort ou une personne qui est en recherche active d'idées pour dépasser une problématique. Vous ne pouvez pas aider un pervers narcissique ou tout autre psychotique à guérir de sa psychose (à moins que vous soyez spécialisé dans la psychiatrie), ni

aider une personne malgré elle si elle n'estime pas avoir besoin d'aide.

2. Quel type d'aide êtes-vous en mesure de lui apporter ? Peut-être pouvez-vous aider une personne à dépasser une problématique en lui proposant des solutions, lui apporter du réconfort et une simple oreille attentive, lui donner de l'affection, partager un moment amusant ou un voyage avec elle, l'inspirer en incarnant l'exemple ou lui proposer une aide matérielle. Il existe de nombreux types d'aide. Il existe certaines personnes que vous pouvez aider d'une manière précise et d'autres personnes que vous pouvez aider d'une autre manière.

3. Avez-vous envie de l'aider ? Est-ce actuellement bon pour vous d'utiliser votre énergie pour l'aider ? Vous avez le droit de ne pas vouloir aider quelqu'un qui en fait la demande. Vous aussi avez besoin d'être aidé par moment. Certaines fois, vous êtes fatigué, triste, perdu dans vos angoisses, ou bien vous avez quelque chose de plus important de prévu. Pour des conseils plus riches sur ce point, reportez-vous au chapitre sur la culpabilité (référence).

Si vous avez du mal à repérer l'intention de votre interlocuteur et à identifier son besoin, n'hésitez pas à le questionner. Demandez-lui de quoi il a besoin et ce qu'il attend de vous. Cela vous permettra de connaître ses attentes et de décider comment réagir en fonction de celles-ci.

Exemple de mise en situation : la vente

Si une de vos activités professionnelles consiste à vendre, votre empathie peut être un allié de taille. Elle vous permet de détecter quand votre prospect pourrait être intéressé par ce que vous lui vendez. Tout en étant attentif à son état mental et émotionnel, essayez différentes approches afin de savoir

s'il manifeste des signes d'intérêts à l'une d'entre elles. Je ne vous encourage aucunement à utiliser votre empathie pour détecter les faiblesses du client et ainsi exercer une pression pour le forcer à acheter, mais plutôt à identifier si la personne que vous avez en face de vous est un client ou non. Certaines personnes ne vous achèteront rien quoi que vous vous fassiez. Repérer ces personnes vous permet de ne pas utiliser votre énergie inutilement et de passer à autre chose.

Se protéger des personnes mal intentionnées

Certaines personnes ont des intentions qui impliquent votre mal-être. Elles ne veulent pas votre bien, voire même souhaitent vous utiliser pour leur propre intérêt au détriment du vôtre. Dans cette catégorie, vous retrouverez, entre autres, les personnes qui :

Souhaitent vous influencer à acheter quelque chose dont vous n'avez pas besoin ;

- Vous rabaissent pour se mettre en avant ;

- Mentent pour vous mettre en confiance ;

- Utilisent vos confidences pour vous faire du tort ;

- Veulent que vous changiez de nombreux aspects de votre personnalité ;

- Exercent le chantage affectif pour vous influencer à céder à leurs demandes ;

- Vous font des reproches et des critiques non-constructives ;

- Jouent sur vos peurs pour vous pousser à prendre des choix précipités.

Les personnes qui agissent de la sorte souhaitent utiliser les autres dans divers but : pour avoir de l'aide, apaiser leurs émotions, satisfaire leurs pulsions sadiques, ou encore se donner une image valorisante aux yeux d'un public.

En général, face aux individus agissant de la sorte, votre spider-sens, l'empathie, vous avertit que quelque chose n'est pas net. Vous ne saisissez pas clairement où se situe le danger, mais vos sensations corporelles sont différentes, voire malaisantes. Votre empathie a détecté que votre interlocuteur vous cachait quelque chose et que ses intentions étaient en incohérence avec son discours.

Lorsque vos sensations corporelles varient en présence d'une personne, deux choix s'offrent alors à vous :

1. Tenir compte de vos sensations et agir en fonction de celles-ci. Si vous vous sentez plus détendu et ouvert en présence d'une personne, alors allez vers elle. Si vous vous sentez mal à l'aise, déstabilisé ou vidé de votre énergie, alors prenez vos distances.

2. Ne pas tenir compte de ces sensations. Vous décidez alors d'aller vers les personnes auprès desquelles vous vous sentez mal à l'aise,

voir dégoûté, et vous vous écartez des personnes auprès desquelles vous vous sentez acceptées et non-jugées.

Dans les deux cas, je vous invite à rester vigilant à la tournure que vont prendre les événements. Admettons que vous ayez une mauvaise impression vis-à-vis d'une personne. Vous sentez que quelque chose n'est « pas net » ou que votre énergie change d'une manière désagréable en sa présence. Malgré tout, vous choisissez de ne pas vous écouter et de faire confiance à cette personne.

Il est important d'être très attentif à votre première impression, que vous décidiez ou non d'en tenir compte. Cela vous permettra, par la suite, de voir à quoi elle correspondait. Le futur vous apprendra

à quoi vos premières impressions faisaient référence. Il se peut que quelque temps après avoir fait confiance à cette personne, elle vous trahisse ou bien que vous appreniez qu'elle vient de trahir quelqu'un d'autre. Vous pourrez donc reconnaître ce sentiment de malaise que vous avez rencontré comme étant annonciateur d'une personne ayant pour but de vous trahir.

Que vous décidiez ou non de vous fier à votre empathie, ce n'est pas grave sur le long terme. À court terme, il est probable que vous angoissiez, que vous vous demandiez si vous feriez mieux de saisir une opportunité ou bien de la refuser, essayant de faire le meilleur choix possible. Tandis qu'au long terme, quel que soit le choix que vous preniez, vous en sortirez gagnant. Soit vous vivez une expérience agréable, soit vous vivez une expérience désagréable et vous apprendrez que votre empathie était annonciatrice de cette expérience. Plus le temps avance, plus votre empathie se développe.

Elle dispose d'une large palette d'impressions différentes. Selon le type de situation rencontrée, elle peut vous envoyer des signaux différents qui se traduisent par des sensations corporelles inhabituelles, par une autre direction que prend votre énergie globale ou par un changement d'état émotionnel (peur, tristesse, joie, motivation, sentiment d'enfermement).

Si vous êtes attentif à ces sensations, vous pourrez avec le temps comprendre à quel type de personnes elles correspondent. Dans mon cas personnel, il m'a fallu croiser la route de plusieurs pervers narcissiques différents pour enfin identifier clairement leur énergie. Je sentais quelque chose de faux et de douteux émaner de ces personnes. En discutant avec elles, je me sentais déstabilisé car je ne trouvais aucun moyen de parler à la personne qui se cachait derrière le personnage. À chaque fois, j'avertissais mes amis que je sentais que quelque chose clochait chez la personne en question. Quelques semaines plus tard, elle révélait son vrai visage et ses méfaits en venaient à être connus au grand jour. Cela me renseignait sur la nature de ma première impression.

Dorénavant, dès lors que je sens une énergie semblable à celle du pervers narcissique, je reste sur mes réserves. J'observe sa communication et en quelques phrases, je détecte son comportement toxique. Au fur et à mesure des rencontres, nous pouvons apprendre à faire confiance à notre empathie dans davantage de situations et c'est en lui faisant confiance qu'elle se renforce.

« Ce n'est pas mon problème ! » Quel soulagement !

Une simple formule permet de vous libérer de nombre de poids que vous portez et qui sont trop lourds pour vos épaules qui ne sont pas faites pour les supporter : « Ce n'est pas mon problème ».

Cette formule est particulièrement utile aux personnes qui s'impliquent émotionnellement dans les problèmes des autres et qui en souffrent. « Ce n'est pas mon problème » signifie que vous n'avez pas besoin de vous impliquer émotionnellement dans les problèmes d'autrui et d'en souffrir comme si c'était le vôtre. Vous pouvez vous impliquer mentalement pour aider vos proches à trouver des idées et des solutions, ou bien vous impliquer physiquement si vous souhaitez donner un coup de main à vos amis, mais le fait de vous impliquer émotionnellement ne fera pas avancer les choses.

Angoisser avec votre ami pour son problème, vous sentant bloqué dedans tout comme lui ne vous sera pas utile et ne lui apportera aucune aide pour avancer. Ce qui lui apportera de l'aide, ce sont vos idées, votre écoute, votre présence et peut-être un coup de main sur le plan physique.

J'utilise cette formule à chaque fois que je me surprends à stresser en lien avec le problème d'une autre personne. Je me dis qu'il s'agit de *son* problème et non du mien. Dans un premier temps, cela signifie que je ne me trouve pas dans sa situation problématique et heureusement pour moi. Je pratique alors la gratitude et je remercie la vie de m'épargner la situation à laquelle mon proche fait face. Ensuite, le fait que ce n'est pas mon problème me renseigne sur le fait que la situation ne me pose pas problème. Elle pose problème à quelqu'un d'autre. Moi, j'ai déjà mes propres problèmes et challenges du quotidien à relever. Je ne vais pas encombrer mon émotionnel des problèmes d'autrui, dans le sens où je ne vais pas souffrir, par empathie, de la même manière que l'autre souffre face à sa situation.

Ce n'est pas mon problème, donc j'en suis libéré. En revanche, je peux m'impliquer mentalement et physiquement pour aider mon proche à le résoudre. Dès lors que j'ai fait tout mon possible pour cela, je peux me reposer sans angoisser.

LE BESOIN DE SOLITUDE DES PERSONNES HYPER-EMPATHIQUES

Voici plus d'une centaine de pages que nous parlons des relations avec les autres personnes. Ici, je tiens à préciser que pour avoir des relations saines et épanouissantes, il est capital de respecter vos besoins, y compris votre besoin de solitude !

Les personnes empathiques ont tendance à s'imprégner de l'énergie des autres et à la faire vivre en elles. Elles adoptent souvent un comportement ou une émotion précise pour pouvoir communiquer avec certains de leurs proches. À petite dose, il n'y a aucun mal à agir ainsi. Le problème intervient lorsque vous n'êtes jamais seul et que votre quotidien se résume à absorber les énergies négatives des autres personnes ou bien à jouer un rôle pour les contenter.

Passer du temps seul a plusieurs utilités :

–   Cela vous permet d'apprendre à vous connaître, de vous découvrir. Lorsque vous êtes seul, il n'y personne à contenter, personne à aider et personne pour vous juger (à part vous-même). Vous pouvez ainsi découvrir progressivement qui vous êtes lorsque personne ne vous observe ou n'intervient dans votre bulle. Plus vous vous connaîtrez, plus vous respecterez vos besoins, et plus vos relations seront saines et authentiques. Passer du temps seul est donc un atout majeur pour avoir des relations de qualités.

–   En étant seul, vous pouvez vous défaire du comportement que vous avez adopté pour faire plaisir aux autres. Vous pouvez arrêter de vous sentir coupable et laisser votre authenticité s'exprimer. Bien entendu, cela ne se fait pas en un jour. Mais le fait d'être seul avec soi- même vous encourage à relâcher progressivement vos tensions psychologiques.

–   Enfin, la solitude vous permet de relâcher les énergies qui ne vous appartiennent pas.

Lorsque vous avez passé la journée en compagnie d'une personne « plaignarde » ou « colérique », le fait de vous retrouver seul vous permet d'évacuer toute la pression accumulée durant la journée. La solitude, est une forme de liberté, sauf si vous vous sentez enfermée par elle et qu'elle vous est imposée. Dans ce cas, vous pouvez considérez que vous avez toute la liberté dont vous avez pour comprendre comment sortir de la solitude.

Chez les personnes empathiques, le besoin de passer du temps seul peut se manifester tout au long de la vie ou bien il peut être endormi durant quelques années avant de resurgir.

Certaines personnes l'écoutent et se basent dessus pour construire leur cadre de vie. Certaines autres personnes l'occultent et se forcent à vivre tout le temps entourées, mais un jour ce besoin refait surface.

Et vous, avez-vous besoin de solitude ?

Pour satisfaire ce besoin, rien de plus simple. Il suffit d'alterner entre les moments passés seul et les moments partagés avec d'autres personnes. Le besoin de solitude est présent, mais le besoin de contact social l'est aussi. L'important est de se créer un équilibre de vie qui permette à la fois de respecter votre besoin de solitude et votre envie de voir du monde.

CONCLUSION

J'espère avoir pu vous apporter la connaissance nécessaire pour régler certaines problématiques auxquelles vous faites face au quotidien.

Je connais bien la souffrance. Durant de nombreuses années, elle a été ma compagne de route. Je sais à quel point elle peut faire. Tant qu'elle était présente dans mon cœur, je me sentais seul. Lorsqu'elle s'en est allée, j'ai eu l'impression d'être « de retour à la maison » après une longue période d'égarement et de retrouver celui que j'avais toujours été.

D'après ce que j'ai pu observer, la plupart des êtres humains souffrent en silence. Ils peuvent partager leurs peines avec leurs amis ou avec un psychologue, certes, mais une partie d'eux reste muette durant ce temps, elle n'ose pas parler. Il s'agit de notre vérité la plus intime, notre sentiment le plus profond. Nous pouvons mener notre vie entière sans jamais lui offrir l'occasion de s'exprimer.

Lorsque notre vérité intime parle, quelque chose change à tout jamais dans notre esprit. Nous réalisons alors ce qui *est* et ce que nous avons toujours refusé de voir. Nous pouvons avoir honte de cette partie de nous, ou croire que nous sommes stupides de penser quelque chose qui va à l'encontre ce que tout le monde pense.

Souvent, nous avons davantage de facilité à exprimer notre vérité intérieure lorsque nous voyons quelqu'un d'autre le faire. Cela nous montre que nous ne sommes pas fous de penser ainsi, de ressentir les choses comme nous les ressentons, et nous donne le courage d'assumer ce que nous sommes.

J'ai créé ce livre dans le but de vous apprendre ce que vous savez déjà et de vous révéler la logique oubliée de votre merveilleux esprit.

Si j'ai pu acquérir toutes ces connaissances par moi-même (pour la plupart d'entre elles), c'est parce que j'ai développé ma propre approche de la libération émotionnelle. Je ne suis entré dans aucun dogme, ni aucun système de croyance. J'ai simplement cherché à comprendre mes émotions de souffrance et à les apaiser.

Je vous encourage vous aussi à développer votre propre approche du bien-être et à ne pas tenter d'adhérer à la totalité de la mienne car cela ne vous rendrait pas service. Vous pouvez chercher par vous-même à régler les problèmes de votre quotidien et à trouver des solutions pour cela. Si mes conseils ou ceux d'une autre personne vous apportent du positif, de la compréhension libératrice et de la légèreté, alors appliquez-les. Si, au contraire, ils vous apportent de la complexité, de l'angoisse et un sentiment d'échec et d'infériorité, alors rejetez-les. Prenez seulement ce qui vous procure du bien-être direct et incorporez-le à votre approche.

Mon approche n'est pas un dogme ni un système de croyances auquel se conformer. Il s'agit plutôt d'un paquet d'idées dont la plupart fonctionnent pour dénouer un esprit confus.

Bouddha disait : « L'enseignement est semblable à un radeau fait pour traverser, mais auquel il ne faut pas s'attacher ». Lorsque vous arrivez sur l'autre rive, vous n'avez pas besoin de porter sur votre dos le radeau qui vous a aidé à traverser le fleuve tumultueux. Cela ne ferait que vous encombrer et vous ralentir.

Cela signifie que les explications et stratégies que vous trouverez dans ce livre peuvent vous aider à traverser une période difficile de votre vie et à apaiser votre esprit. Certaines pourront vous accompagner tout au long de votre vie, mais d'autres vous serviront de tremplin pour passer un cap et ne serviront qu'à cela.

Il est normal que certains sujets abordés dans ce livre vous « parlent » et vous attirent et que d'autres sujets ne vous « parlent pas ». Laissez-vous guider par votre curiosité naturelle.

Je tiens aussi à vous mettre en garde contre la surcharge d'informations. Si vous tentez d'intégrer un grand nombre de nouvelles compréhensions d'un coup, il est possible que vous ayez ensuite besoin de prendre une pause, ce qui est tout à fait normal. La plupart du contenu présent dans ce livre est probablement contraire à l'éducation qu'une grande majorité de personnes a reçue. Prenez votre temps pour l'intégrer tout au long de votre vie.

Je vous conseille donc de tenter de progresser sur un maximum de trois axes durant la même période de votre vie. Vous pouvez par exemple vous entraîner à dépasser la colère, à observer votre esprit et à mettre en place une nouvelle routine de travail simultanément, mais ne vous rajoutez pas d'autres axes de progression avant de vous être familiarisé avec les précédents. Cela permet à votre organisme de prendre le temps nécessaire d'ancrer de nouvelles habitudes.

Le dernier conseil que je souhaite vous donner concerne l'utilisation de cet ouvrage. Vous pouvez le consulter dès lors que vous rencontrez un problème dans votre vie. Vous y trouverez de nombreuses stratégies et explications susceptibles de vous aider. Voyez-le comme une encyclopédie ou un glossaire contenant la connaissance nécessaire pour soigner de nombreux maux de l'âme.

Je vous remercie pour le travail que vous faites sur vous-même. Être heureux est la plus belle chose que vous puissiez faire pour rendre le monde meilleur.

Un coaching gratuit avec moi, ça vous tente ?

Vous souhaitez approfondir les conseils donnés dans ce livre ?

Vous souhaitez obtenir mon aide personnalisée pour dépasser une problématique à laquelle vous êtes confrontée ?

Ça tombe bien, car j'offre un coaching 100% gratuit personnalisé en ligne pour remercier toute personne qui laissera un avis sur Amazon pour ce livre ?

Comment participer :

- Rendez-vous sur cette page de mon site : https://masophrologie.fr/coaching-gratuit/

- Téléchargez le petit questionnaire et complétez-le. Vous m'y expliquerez votre problématique et pourrez me formuler votre demande d'aide à l'écrit.

- Laissez un avis sur Amazon pour ce livre « Vivre sans souffrir » en exprimant simplement ce que vous avez pensé du livre.

- Envoyez-moi par mail : Votre formulaire complété ainsi qu'une capture d'écran de votre avis laissé sur Amazon

- Mon adresse mail : stancarrey@masophrologie.fr

Vous recevrez ensuite par mail un audio MP3 contenant mon avis concernant votre problématique, des idées de solutions et des pistes de réflexion à étudier pour avancer. Le tout vous sera envoyé dans un délai de deux semaines au maximum.

Important : Le contenu de ce coaching est soumis au secret professionnel. Il est donc confidentiel.

Durée Limitée : Ceci est une offre de lancement disponible seulement pour les 100 premiers participants.

Amicalement, Stan Carrey